絡まり合う生命

Life entangled

人間を超えた人類学

Anthropology beyond the Human

奥野克巳
Katsumi Okuno

AKISHOBO

Life entangled

絡まり合う生命

人間を超えた人類学

Anthropology beyond the Human

Index

目次

序論 平地における完全なる敗者

第1部 アニマルズ

Animals

第1章 鳥たち

species

第2部 スピーシーズ

第8章 菌から地球外生命体まで

第3部 アニミズム

第9章 人間だけが地球の主人ではない

Animism

第4部 ライフ

Life

序論

平地における完全なる敗者

1 マレーシア、現代世界の片隅で

一八六一年に、ボルネオ島の南シナ海に面したビントゥルを「白人王（ホワート・ラジャ）」ジェイムズ・ブルックが手に入れた時には、それは小さな漁村にすぎなかった。ビントゥルを含むサラワク州が一九六三年にマレーシア連邦に組み入れられた後、一九六九年になると、ビントゥルの沖合の海に、石油とガスの埋蔵が発見された。ガス田から産出される液化天然ガスのプラントが建設されたのは、一九七八年のことであった。ビントゥルは一九八〇年代には、エネルギー集約産業の拠点となった。

一九八〇年代になると、クムナ川上中流域および内陸の諸河川の流域で商業的な森林伐採が進められ、ビントゥルには熱帯材が集積するようになった。その後、アブラヤシ栽培を進め、パーム油への産業転換が図られ、ビントゥルは、サラワク州の産業の拠点として発展してきている。

ビントゥルには、旧ビントゥル空港とクムナ川の間の三〇〇メートルほどの空間に、クムナ川と平行に走る二〇〇メートルほどの三本の通りから成るオールド・タウンがある。町の発展とともにつくられてきた幾つかのニュー・タウンを含め、ビントゥルは今では、中国人、イバン人、マレー人、インド人が住む、人口二十万人規模の都市区域である。

オールド・タウンのクムナ川沿いに立ち並ぶ数軒のショップ・ハウスの二階以上の部屋は、二十四時間営業の娼館になっている。女たちは通り過ぎる客を階下に呼び込み、男たちは、階下からちらっちらっと階上の女たちの品定めをする。

二〇〇〇年代の初め頃に、その界隈のコーヒーショップで、親しくなった町の人たちと、これから狩猟民プナンの居住地に行ってみようと思っているという話をしている時に、プナンにまつわる興味深いうわさ話を聞いたことがあった。

ある時、町の娼館に、順に三人の男たちが上がった。最初イバンの男が入っていくと、娼婦は手慣れた調子で、新聞を読みながらサービスをした。次にクニャーの男が入っていくと、娼婦はまたその時も、新聞を読みながら、クニャーの相手をした。最後にプナンの男が入って行った。娼婦は新聞を読むどころではなくなった。新聞を手放して、歓喜の声を上げたのである。プナンは、ペニス・ピンを付けていた。

イバンは、州人口約二九〇万人のうち四〇%以上を占めるサラワク州最大の先住民であり、クニャーは、人口三万五〇〇〇人ほどの、プナンの隣人である。両者とも、焼畑稲作民である。客としてやってきた彼らを相手に娼婦は片手間で相手をするのだが、その次にやって来たプナンの相手をした時には、我を忘れて、快楽に耽《ふけ》った。なぜなら、プナンはペニス・ピンを付けていたからだという。

この話をしながら、ビントゥルのオールド・タウンの人たちは高らかに笑った。プナンのフィールドに入ってから私は、プナンたちからも同じ内容の話を聞かされた。それは、ペニス・ピンに関するよく知られた話なのである。

ペニス・ピンは、男性器の輸尿管に装着される性具である。ペニス・ピンの心棒には、動物の骨、竹、木、真鍮などの素材が用いられてきた。両端の突起部分には、原石、葉、種、羽、豚の剛毛などが使用されてきた。ピンの直径は、二ミリから四ミリで、長さは、二十一ミリから五十ミリのものまであるとの報告がされている。

ペニス・ピンを付ける習慣は、かつては広くボルネオ島の先住民の間に広がっていた。それは、イバン語では「パラン（*palang*）」、クニャー語では「アジャ（*aja*）」と呼ばれてきた。

イバンやクニャーはその習慣をすでに放棄してしまっているが、プナンは今日に至るまでその性の文化習慣を継承している。それは、プナン語では「ウトゥン・ニィー（*uteng nyi*）」（ペニスに突き刺すもの）と呼ばれる。

プナンが森の狩猟小屋でするこの話と、ビントゥルの町でのうわさ話では、同じ笑い話でも、それぞれに込められた笑いのツボが違う。プナンは、自らの性の文化にある種の誇りを抱いていて、この話の次に、誰某が、亀頭に垂直に縦木を二本加えて、合計四本のピンを刺して、花（*bunga*）の形状にしているとか、若い頃から装着している老人のそれは、すっかり黒光りしているという話をよくする。一方で、町のうわさ話は、近代化に乗り遅れたプナンを笑いのネタにするものであるように感じられる。

ところで、プナンのフィールドに入ってから七、八ヶ月が経過した頃、近隣のクニャーの四輪駆動車に便乗して、五時間ほどかけて、プナンの三組の父子七人とビントゥルの町に行ったことがある。子らはみな十歳以下の男の子だった。彼らは私について町に行きたいとのことだったが、木材伐採会社からの賠償金が入ったので、買いたいものがあるという他の理由もあった。コンクリート建築物が立ち並んだ町中を、車がひっきりなしに行き交うさまを見て、ひとりの男は息子に「ほら、中国人の世界（*dale kina*）だよ」と説明した。森の民にとっては、ビントゥルは、異世界なのである。

ビントゥルに着いて車から降りた瞬間に、父一人と子二人がサンダルを履いているが、

ビントゥルのオールド・タウンのメイン・ストリート

父二人と子のうち三人が裸足であることに私は気がついた。森の狩猟キャンプでは全然気にならなかったことだったので、町でそのことに気づいたことに私自身が驚いてしまった。私は二人の父に向かって、「あ、サンダルないね（*iyeng pun sandal*）」と呟いた。プナン語には「裸足」という語はない。裸足こそが、足の常態なのである。

そのうち父二人と、子一人が、雑貨屋でサンダルを購入して、履いた。二人の子どもたちは、父二人が買う時に要らないといったらしく、裸足のまま町を歩き回った。

その一泊二日の旅行中に、プナンの空間認識を知る上で、とても印象的な出来事があった。ビントゥルには三本の通りが平行に走っていて、その真ん中の通りのちょうど真ん中あたりに、私たちの泊まっているホテルがあった。

買い物に出かけようとする彼らは、ドアを開けながら私に、「水はどこ（*maa be*）？」と聞いた。何のことだか分からず、聞き返すと、川の場所を尋ねていることが分かった。プナン語では、水と川は同じである。

なぜ川なのかは判然としなかったものの、ホテルの場所を確認していると考えた私は、ビントゥルには三本の通りがあって、その真ん中の道筋のちょうど真ん中あたりにホテルがある、出かけてホテルに帰って来る場合にはこのことを思い出せばいいと彼らに伝えた。すると、大人たちは口々に、その説明ではいったいどこにホテルがあるのかさっぱり分からないと言った。

その瞬間、私はあれだけ森の中を縦横に歩き回り、ほとんど道に迷うことがないプナンが、このビントゥルのような小さな町に出かけて、元の場所に戻って来ることができないなどということがはたしてあるのだろうかと訝《いぶか》った。その直後ひとりが、再び川を持ち出して、川はどこに流れていて、どっちが上流で、どっちが下流なのかと尋ねてきた。

私は彼らがなぜそのようなことを言うのか、にわかには分からなかった。それでも、彼らがどういうふうにして町で空間を認識するのかを知りたいと思った。私を含め七人全員は、ホテルから出て、クムナ川の流れを確かめるために、川岸まで歩いて行った。父親たちは「これでいい（*jian*）」と言った。

私に分かったことは、プナンが、自分と川との関係、つまり自分が川の上か下のどちらに向かっているのかを意識しておくことをつうじて、自らの位置を認識しているということであった。後に分かったのであるが、プナンは、森の中では、自分と、山と川の上と下の関係を見極めて、空間認識を行っていた。だから、町の中であっても、川の上流がどちらであり、下流がどちらになるのかを知ることが必要だったのである。

このエピソードをつうじて、「町には三本の通りがあって、その真ん中の通りのちょうど真ん中にホテルがある」という説明は、人類に共通する普遍的な位置取りではなく、鳥瞰図的に、上方から空間を描きだす地図の想像力を用いたひとつの手法だということに、改めて私は気づいた。私は、そういう捉え方が普遍的なものであり、どこでも通じるものだと思い込んでいたのだ。

小学校低学年のとき、敬老の日の紅白饅頭をお年寄りの家に届けるために先生が道順を書いてくれた地図、駅前にある、学校や消防署や警察署の場所が示された地図の掲示板は、全て空から見た場所が示されている。しかし、そのようにして場所を特定するやり方は、人間が編み出した一つのやり方に過ぎない。

プナン語には「東」「西」「南」「北」という方位を表す語はない。つまり、概念がない。彼らには、空の上から眺めてみて、場所を特定するというやり方は知られていない。私が持ち込む地図についても、彼らは全然読み方が分からないという。

森の中にも山があり、山頂に達して景色を眺めることもあるが、プナンは私たちのように、方位を気にして、東南の方向の遠くに見えるのが○○市だ、西にあるのが△△湖だという振る舞い方をしない。彼らの目は、常に川や山を探し出すことに注がれる。

プナンはまたほとんど学校にも行かないため、方位を知る機会もないし、地図を読むための思考が身につかないといってもいい。その意味で、地図思考は、私たちが社会生活の中で知らず知らずのうちに身につけている、近代人の日常生活の技法のようなものだといえるのかもしれない。

2 平地における完全なる敗者

プナンは学校に行かないと述べた。ブラガ川の上流域にサラワク州政府によって小学校が建てられたのは一九八三年のことである。二〇〇六年の時点では、小学校創立以来三十年強の間に、プナンのうち小学校を卒業したのは約二十名であった。小学校を終えて、町の中学校に行って勉強し、そこを卒業したプナンは私の知る限り皆無である。

プナンを優遇する州政府の教育政策や小学校教員たちの努力にもかかわらず、プナンの「学校嫌い」は、一向に改善される見込みはない。寮に寄宿し、朝食と昼食が出て、教育支援金が出されたとしても、プナンは学校に行きたがらない。父母や家族から離れてそんなことをしたくないようなのである。

貧しくて行けないのではない。働かなければならないから行けないのでもない。プナンの子どもたちは、行きたくないから行かない。いや、そうした積極的な理由の読み込みは、こちら側からの過度な読みなのかもしれない。プナンが学校に行かないのは、たんに行かないからである。

プナンは、長い間出稼ぎに行くようなことはない。これまで私は、都市生活をするブラガ川上流域のプナンにお目にかかったことがない。女たちのほとんどは、ビントゥルにさえ行ったことがない。プナンは、一生涯にわたって、森の周囲で暮らすのがふつうである。森の中では、連立方程式や因数分解は役に立たないし、英語を身につけても使う機会がない、と考えることもできよう。ただそういう理由から学校に行かないのではなく、漠然と学校には行かないといった方が当たっているかもしれない。

私は、私が大学の教員をしていることを知っている何人もの小学校の先生から、プナンの学童が学校に通わないことに対して、何かいい解決法がないものかと相談されたこともある。プナンの子どもたちは、親たちが森の中に狩猟に出かける時に、たいてい親について行こうとするから、学校に行かなくなるのだろうと私が述べた時、小学校の校長は、「親が子どものことを考えて」子どもを狩猟キャンプにつれて行くのではなくて、学校に行かせることを考えるべきだと言い返した。加えて、プナンにもいずれはサラワク州の開発のメインストリームに入ってほしいし、そうすることがプナンにとってよいことだと考えていると述べた。

彼は、プナンも水道や電気のある生活を望んでいるし、車で移動しようとするし、小奇麗な服だって着たいのだし、そのためにはお金を稼がなければならないのだから、サラワク州の開発のメインストリームに乗りたいに違いないはずであり、乗らなければならないに決まっているではないかと考えていた。その思いがプナンに届いているようには思えないが、プナンは現時点では、彼らにとって「平地における完全なる敗者」のように見えているようだった。

確かに、プナンの居住地では、十歳前後の学齢期の少年少女がたえずブラブラしている。小学校の先生たちによれば、プナンは、子らの将来のことを考えて、子どもたちに教育を与え、知識を身につけさせるということをしない。「プナンは、今日のことしか考えていない。明日のことを思い描いて生きているのではない」。小学校の教員には、クニャーやイバン、その他の焼畑稲作民である先住民が多いが、こうした言い回しが、学校に行かないプナンに対する彼らのおおむね一致した見方である。

プナンには、食材や消費財についても、なくなったらなんとかする、なんとかなるだろうという考えが支配的である。実際、なんとかなるかどうかは、その場の状況次第であるが、そうした状況主義のようなもので日々を過ごしているように見える。

プナンには、現金収入はない。あるとすれば、木材企業から毎月支払われる賠償金である。彼らに所有権のある森の木々を商用に伐採すること、裸になった土地をアブラヤシ農園に転用することに対して払われる賠償金を、彼らはあてにする。プナンにとって、金は稼いで得るものではなく、他者から与えられるものと考えられている。あれば使い、なければ次回与えられる見込みを担保にしてまで、借りようとする。プナンは、私のところにもよく金を融通してほしいとやって来た。

近代社会の制外にあるかのようなプナンのそのような態度に対して、当初私は、戸惑いや居心地の悪さを感じた。数ヶ月彼らと一緒にいて、私もまた、小学校の先生たちが言ったのと同じように、プナンはその日を生きることに、大きな価値を置いているように感じた。彼らにとって、それ以外のことは、たいして重要なことではないのかもしれないとも思った。

彼らの暮らしにとって必要がないがゆえに、学校に行くことは重視されないのではないか。豊かな周辺環境から獲れる森林産物、賠償金支払いを甘受するあまり、明日のことに思い至らないのではないか。それが、一九六〇年代に州政府の求めに応じて、森の中での遊動《ゆうどう》生活（ノマド）を捨て、川沿いの村で暮らし始めたプナン流の生き方なのではないだろうかと。

私自身が感じたように、近代的な価値基準に照らしてみれば、プナンの生は不安定で、ぎこちなく見えるのかもしれない。当のプナンたちは、それをよしとしているのだろうか。よしとしているのでもなく、よしとしないでもないという価値観を彼らは有しているのではないかと、私には思える。近代以降の価値基準で測るから、彼らは平地における完全なる敗者のように見えるのだ。

複雑なのは、後発で近代へと参入しつつあるプナンの中には、自分たちは、未来志向的でなく、現代社会に適応できていない、なんとかしたいともがいていると考える者たちもまたいることである。その点においてプナンを一枚岩的に捉えることはできないし、その点に、現代社会を生きるプナンの未来の深い苦悩の種が植えられているようにも思われる。

3 森のグレートハンター

現代世界に生きるプナンをめぐる諸課題からいったん離れて、プナンそのもの、プナンそれ自体に踏み込もう。他方で、プナンが実に、いきいきと輝いて見えることがある。私にとって、プナンが神々しく感じられるのは、彼らが森の中にハンティングに出かける時である。

しとめた60キログラムほどのヒゲイノシシをまっぷたつに分け、森から担いで狩猟キャンプに戻るプナンのハンター

隣住するクニャーは、四輪駆動の自家用車にプナンたちを乗せて、周辺に張り巡らされたロギング・ロードを通って、人があまり入らない、遠くの森にまで連れて行くことがある。そこで狩猟したヒゲイノシシやシカなどの獲物を持ち帰って、村や木材伐採キャンプでその肉を売り、ガソリンや銃弾などの諸経費を差し引いて、儲けを同行者の間で山分けする。その時、クニャーに同行するプナンは、グレートハンターとして一目置かれる存在となる。プナンの狩猟の技量や能力、森での生活知識は、周辺の先住民のそれらがはるか遠く及ぶことがない域にまで高められている。狩猟だけでなく、適当な木々を周辺から集めて、小屋をあっという間に建てたり、薪を割ってすぐさま

火をつけたりするわざがとびっきりすぐれている。私が一度同行した、二泊三日の狩猟行のメンバーは、近隣の焼畑稲作民スピン一人（車のオーナー）、クニャー一人、プナンの夫婦と二人の子ども、プナン男性二人であった。

ライフル銃を肩から担ぎ、吹き矢を抱えて、狩猟の身支度を整えたプナンのハンターに対して、周囲の人たちは、声をかけることは控えなければならない。彼らは、無言で森の中に入っていく。まず彼らは、動物の足跡があるかどうかを点検するだろう。ヒゲイノシシやシカの足跡がたくさんあれば、そのあたりで獲物を追い、なければ樹上のサル類に狙いを変えるかもしれない。

彼らは、目と耳を使って、森の中をどんどん進んでいく。人間が一方的に、目と耳を使うだけではない。動物も、つねに目と耳を凝らしている。ハンターたちは、動物の目に触れないように、耳に届かないように、身をひそめ、物音を立てないように注意するだろう。立ちはだかる倒木や岩などを乗り越えて、静かに進まなければならない。

動物たちは、人間の臭いに敏感である。獲物に人間の臭いを嗅がせないように、ハンターは風を感じて、風上に向かって歩いていくだろう。獲物をしとめた場合、それはすぐさま解体される。肉や内臓や血を煮たり、燻《いぶ》したり、炒めたりして食べ、一部を持ち帰るだろう。それは、プナンにとって至福のひとときである。プナンだけでなく、人間にとって獲れたての動物を、その場で解体して食べるのは最高の贅沢に違いない。

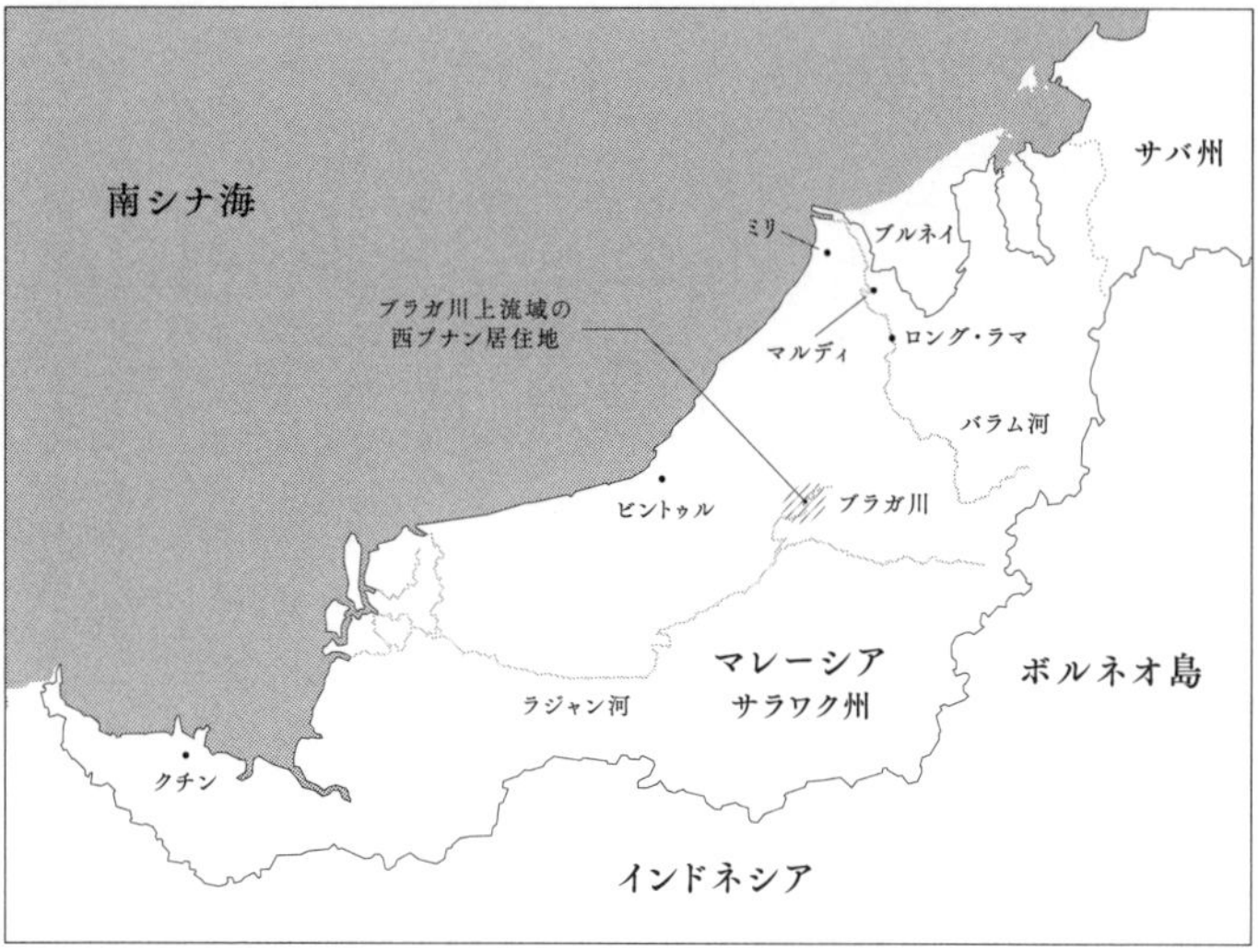

マレーシア・サラワク州地図

その狩猟行では、プナンのハンターたちが、シカ一頭とヒゲイノシシ二頭をしとめた。シカ肉は、村に戻る前に、同行した者たちでほぼ食べつくしてしまった。ヒゲイノシシ肉一頭分は、村に持ち帰った時には腐りかけていて、売れないと判断され、同行者の間で山分けにされた。残りの一頭のヒゲイノシシの肉は売られたが、その売上金からガソリン代などの諸経費を差し引かれると、今回の狩猟行では儲けは出なかった。動くのが不思議なくらい年季の入った四輪駆動車のオーナーであるスピンの男は、その直後、車を自家修理し始めた。修理が済んだら再びプナンのハンターたちを誘って、狩猟に出かけたいと言った。

平地における完全なる敗者としてのプナン。たぐい稀なるハンティング・スピリットと技能をもつ森の民プナン。プナンには、相異なる二つのプロフィールがあるように見える。

4 髪の長い女のカミ

プナンは、東南アジアの赤道直下のボルネオ島に暮らす、狩猟採集民および元狩猟採集民に与えられた総称である。そのうち、マレーシア・サラワク州には二〇〇七年の時点で、一万五〇〇〇人強が住んでいる。州内のプナンは、居住地域と言語文化の類似性の点で、民族誌的に「東プナン」と「西プナン」に分けられる。ブラガ川上流域には現在、約五〇〇人の西プナンが定住・半定住している。

ブラガ川上流域のプナンは、一九六〇年代に州政府の定住政策に応じて、森の中の遊動生活を放棄し、川沿いの居住地に暮らし始めた。彼らの居住地周辺の森では、一九八〇年代になると、商業的な森林伐採が開始され、プナンは木材企業から賠償金を手にして、次第に現金経済に巻き込まれていった。また近隣の焼畑稲作民の不法伐採やアブラヤシの植樹などの日雇い労働に従事し、不定期ながら現金収入もある。狩猟は今日でも、生業の中心である。

私自身は、プナンの森の狩猟キャンプについて行って、小屋に寝泊まりすることが多かった。狩猟小屋には、一家族から数家族が一緒に暮らし、その周辺の森に獲物が無くなると、川沿いの居住地に戻って賃労働に行ったり、そこから狩猟に出かけたりした。あるいは、森の別の場所に小屋を建てて狩猟をし始めたりした。

一つの小屋に数家族が寝泊まりする場合でも、幾つかの家族が一つずつ小屋を建てた場合でも、共同体には必ずビッグマン（*lake jaau*：大きな男）がいた。その「気前のいい」ビッグマンに人々はついて行くというのが、プナンの共同体生成の根本原理である。

夜が明けると、人々がまだ蚊帳の中で微睡《まどろ》んでいる間に、ビッグマンが話し始める。狩猟キャンプには、朝目が覚めるとふつう食べ物がなく、その日、誰がどこに何を獲りに出かけるのかが、ビッグマンの差配によって割り振られる。ビッグマンの寛大さに魅力を感じて集まった人々は、ビッグマンには何でも相談するし、彼の言うことに耳を傾けるようになる。狩猟キャンプのメンバーは、ビッグマンの朝のスピーチを聞いて、狩猟に出かけたり、魚を捕まえに出かけたりする。

ある朝、キャンプの皆の寝起きを狙って、ビッグマンは大きな声で話し始めた。その狩猟キャンプには、やや離れたところにまで、小屋が全部で四つあったからである。私も蚊帳の中でまだ横になったままだったが、聞こえてくるビッグマンの言葉に耳を傾け、理解しようとした。私が聞き取れたのは、オオミツバチ（*layuk*）という単語と、狩猟に備えよ、という言葉だった。後に、私が寝泊まりしている小屋の男に尋ねてみると、ビッグマンは、オオミツバチが突出木メンガリス（*tanyit*）の中上部に巣をつくると、花の季節が近いので、そろそろ狩猟の準備をしておくようにと言ったということであった。

ボルネオ島の混交フタバガキ林では、ある季節になると、どこでも一斉に花が咲き、実がなるようなことはない。季節性がないため、ある場所で花が咲いても、川を渡った向こう岸の森では花が咲かないということもある。ある場所の植物が一斉開花し、その後、一斉に実を結ぶというパターンが見られる。

ビッグマンの言葉は、このことをとらえたものだった。彼は遠出した誰かから、樹高七十メートルほどの突出木の中上高層にオオミツバチの巣があるのを目撃したという情報を得たらしい。オオミツバチは、一斉開花する場所を察知して、その直前に混交フタバガキ林にやって来る。オオミツバチは盛んに花粉を集めて働き蜂を増やし、新しい巣を作るのである。そして、一斉開花が終わりに近づくと、オオミツバチは旅立ちに備え、燃料となる蜜をため込む。

オオミツバチの巣を見つけると、プナンは森に入って、植物や動物から毒を集め、毒矢のストックをつくるだけでなく、銃弾を手に入れたり、吹き矢やライフル銃の整備を進めたりする。一斉開花の数ヶ月後には、大量の実がなる。

果実の季節は、人々が食べることができる喜びの季節でもある。実を食べに鳥がやって

狩猟キャンプ設営のために川を舟で遡る

突出木メンガリスの中上高層にオオミツバチの巣がつくられる

来る、樹上性のサルがやって来て、落ちた果実を求めてヒゲイノシシやシカなどの動物が樹下に集う。プナンは、果樹を見つけて、あるいは落下している果実を見つけて、そこに動物がやって来るのを待ち、動物をしとめる。そのための準備をしておけと、ビッグマンは命じたのである。

私は、かいつまんでビッグマンの言葉を説明してくれたプナンの男に、オオミツバチが巣を作った木を見に行きたいと申し入れたが、「遠い（*jiu*）」と言われて、その時は断られてしまった。それから二日ばかり獲物が獲れなかったが、オオミツバチの巣があるという場所にヒゲイノシシの足跡があり、その先のアブラヤシ農園の夜の待ち伏せ猟でクニャーがイノシシを二頭しとめたという情報が入ったために、三日目の午前になって、狩猟に出かけることになった。

三人のハンターと私の計四人が、二隻の舟でブラガ川を遡った。私たちはやがて川岸に舟を置いて、歩き始めた。その急斜面を一気に登り切ったところに、絞め殺しイチジク（*nonok*）の大木があった。そこで私たちはいったん休憩した。

イチジクの果実は、鳥や動物たちに食べられて、糞とともに排出され、発芽して、そこに立っている木の幹を伝って根を伸ばしていく。根がやがて分枝し、木の幹を網状に覆うようになると、木は枯れてしまい、幹は中空となる。じっとそれを眺めていると、地表に落とされたイチジクの種子が、意識や思考の原初形態のような、意志や志向性を持って伸びていっているさまが目に浮かんだ。

咄嗟に私は、プナンに、イチジクには魂（*berewen*）はあるのかと、問うてみた。「ない」と即答が返ってきた。絞め殺しイチジクの大木を眺めながら、プナンは、それは「髪の長い美しい女のカミ（*baley*）」だと言った。加えて、昔のシャーマン（*dayung*）には、その女神の姿が見えたとも言った。中空の幹は穿《うが》たれた孔《あな》の奥の深い神秘であり、森を歩く男たちにとっては、それは神々しい女性的な存在であると感じられるのではないかと思えた。

プナンはとても直観的に自然の働きを語ったのではないか。プナンは吹き矢や槍やライフル銃などの道具を用いてもっぱら一瞬のうちに獲物を殺害するため、「絞め殺す」ような作法をとることはない。絞め殺すことは、プナンが用いることのない、自然のもつ不思議な「力」なのである。イチジクの枝は、時間をかけて元の木をじわじわと締めつけるようにして枯らせてしまう。そのことを、プナンは、髪の長い美しい女のカミの仕業であると見ているのではないかと私には感じられたのである。

再び私たちは歩き出し、森の中を進んでしばらく行くと、少し開けたアダー川の川べりに着いた。これまでのところ、ヒゲイノシシの足跡はあるが、その日に付けられたものではなく、跡が消え入りそうな数日前のものばかりだった。そのうち木陰に、おそらく一ヶ月から数ヶ月前に放棄されたのではないかと思われる朽ちかけた小屋が目の前に現れた。

近くで見ると、先を歩いていた二人のプナンが、その小屋に上がり込んで、寝そべっていた。一人は寝息を立てていた。私たちも上がり込んで、休憩した。しばらく休んでいると、小屋の梁《はり》の部分に潜んでいた何かが一瞬動いたように見えた。よく見えなかったが、プナンは「ヤモリだ」と言った。そして、こんな話をしてくれた。

昔、小屋（*lamin*）は歩いていた。ヤモリ（*keliap*）には子どもがいた。ヤモリが川で子どもに水浴びをさせているときに、小屋が歩いてやってきて、ヤモリの子どもを踏み潰して、死なせてしまった。ヤモリは怒って、小屋の柱を思いっきり殴った。その後、小屋は動かなくなってしまったのである。

かつては小屋が一人で歩いていたという話だった。着想が奇抜で、一回聞いただけではピンと来なかったので、もう一度話してくれないかと頼んで、今度はメモを取りながら話を聞いた。メモを取りながら聞いても、この話の要点が私にはピンと来なかった。

この話に合点がいったのは、それから数ヶ月後のことだった。小屋はある時、怒ったヤモリに殴られて、直立二足歩行するという「人間性」を失ったという話だということは、なんとなくつかみかけていたように思う。

狩猟キャンプで暮らしていると、そこで獲物が獲れなくなった場合には、別の場所に移動する。別の場所とは、すでにあたりをつけた場所である。私自身も、プナンについて、

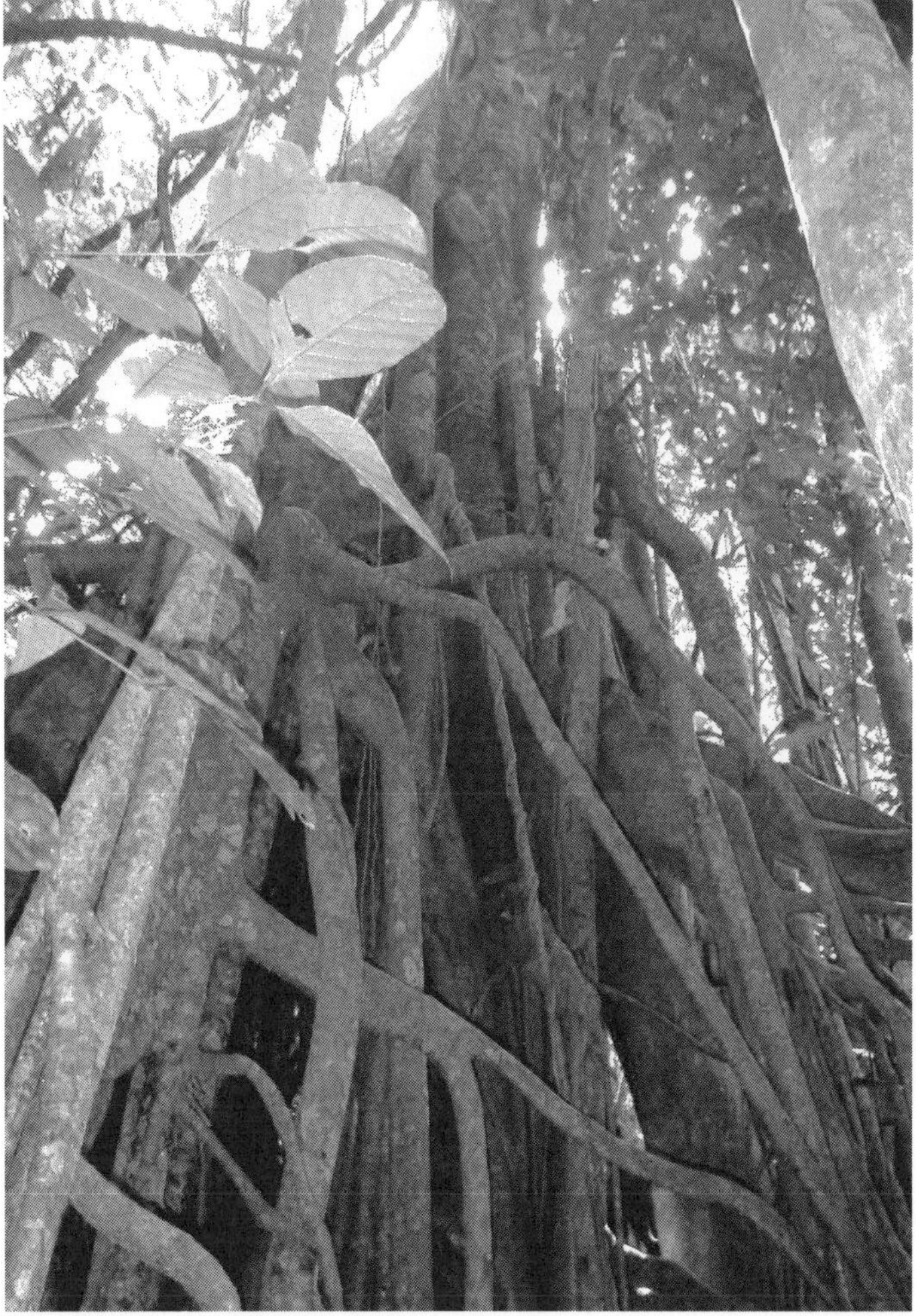

髪の長い美しい女のカミが宿るとされる絞め殺しイチジクの大木

荷を担いで次の土地へと移ったことがあった。そこには、先発隊によってすでに小屋が建てられていて、小屋があたかも自力でそこまで歩いてきたかのように感じられた。あの神話は、これではないかと直観的に合点が行った。この神話は、狩猟小屋をめぐる直観的表象だったのである。

この神話を初めて聞いた時、私は、何を言っているのかよく分からないという気持ちを抱いたまま、その場を立ち去らねばならなかった。アダー川の川べりを歩いた時は、太陽が真上にあって、体力を奪われたが、私たちはやがて森の中に入り、尾根を伝って歩いた。険しい道だったが、高木に覆われた森はとても涼しく、心地よかった。

プナンが指差した一〇〇メートルほど先に、メンガリスの突出木があった。その木の中上層に、幾つかの膨れた部分があるのが確認できた。それが、オオミツバチの巣だった。それから数ヶ月後に到来する一斉結実の季節に向けて、プナンは準備を進めていくのだろう。

再び森の中を歩き始めて間もなくのことである。前を歩いていたプナンが足を止めて、上空をじっと見上げた。直後、黒い大きな影が樹冠の真上を通り過ぎた。羽を羽ばたかせる大きな音が聞こえた。鳥の羽ばたきが、こんなにも大きな音を立てるとは知らなかった。

プナンのハンターは、籐の籠を地面の上に置いたかと思うと、適当な木を見つけてよじ登り、幹が細くなると幹の向こう側に両手を回し、足の反発力を利用しながら、みるみる

狩猟キャンプの中で過ごすプナンたち

うちに木を登っていった。肉眼でははっきり見えなかったが、遥か三十メートルほどの高所の木の股になったところに辿り着くと、そこに腰かけたようだった。同時に、ライフル銃を構える姿勢を整えているようだった。

その間わずか数分のことだった。準備が整うと、彼は、「クォクォクォクォ、カカカッカ」と、オナガサイチョウ（*tevaun*）の鳴きまねを始めた。その声は、天空に向けてよく響き渡った。二度繰り返すと、その鳴き声を聞きつけて、先ほどの鳥が戻って来る手ごたえがあったようである。もう二回鳴き声を繰り返すと、私のいる場所からは葉叢《はむら》に隠れて見えなかったが、どうやら鳥が戻ってきたようだった。鳥の羽ばたく音が聞こえた。暫くの間沈黙があった。しかし、銃声は聞こえなかった。

その後、十分ほどして、ライフル銃を肩から下げて、プナンのハンターはするすると木を降りてきた。何も言葉を発しなかったし、他のプナンも何も問わなかった。オナガサイチョウの猟は、不首尾に終わったのである。

5 森でアリの世界の一員となる

私たち四人は、また歩き始めた。暫く行くと、その日の目的地であるアブラヤシ農園に出た。陽はすでに地平線上にあった。

アブラヤシ農園には、アブラヤシの実を食べに来たのであろうヒゲイノシシたちの真新しい足跡があちこちにあった。三人のハンターはそれぞれ分かれて、ヒゲイノシシのやって来そうな場所に陣取って、待ち伏せることになった。

気がつくと、私たちはどっぷりと夜の闇に包まれていた。私は夜の闇に溶け込んで、聴覚だけを頼りに、同行者であるプナンのハンターとともに、ヒゲイノシシがやって来るのを待った。昼間長時間にわたって歩いた疲れもあって、途中私はうとうととした。

待ち伏せを始めてから六時間ほど経ち、午前一時のあたりで、後方の草叢《くさむら》がごそごそと音を立てた。懐中電灯で照らすと、別の場所で待ち伏せをしていた二人のプナンのハンターだった。ヒゲイノシシに動きがないので、帰ろうと誘いに来たのだった。

私たち一行は、来たのとは違うルートを辿って帰路についた。月夜ではなく、懐中電灯の明かりを頼りに、無言で歩き続けた。アブラヤシ農園の中の道を歩いている時に、五十メートルほど先の樹上を懐中電灯で照らすと、二つの目が光っていた。プナンのハンターは、小走りに至近距離まで近づいて、その二つ目をライフル銃で撃った。それと時をほぼ同じくして、銃声が聞こえた。先に歩いていたプナンも射撃したようだった。

獲物をつかみ上げたプナンは、「カアン・モレム（*kaan merem*：夜の動物）」と忌《い》み名を用いて、それを私に見せてくれた。プナン語では、スリヤット（*seliyat*）と呼ばれる、夜行性のベンガルヤマネコであった。プナンには、狩られた動物の名前を変えて呼ぶ習慣がある。そのまま呼ぶのは粗野な振る舞いだとされる。人の粗野な振る舞いを、死んだ動物の魂が天界の雷のカミに告げに行く。すると、雷のカミは怒って雷鳴を轟かせ、地上に災厄を降り注ぐ。そのことを回避するために、プナンは狩られた動物に対して、忌み名を用いるのである。別の場所で銃声があったのもまた、ベンガルヤマネコに対するものであった。

私たちは前日の朝以来何も口にしていなかったため、獲物をその場で解体して、食べることになった。プナンが火を焚き、食事の準備を始めた。疲労困憊し、眠くてしかたがない私は地べたにへたりこんだ。少しの時間だけでもいいから、寝たい。

枕大の石の上に後頭部を置いて、眠ろうとした。私の体の上を、何かが動き回っているのを感じた。懐中電灯で照らすと、二センチほどの体長の無数の大きなアリだった。最初は、手で振り払っていたが、それでは眠れないため、持参したレインコートを引っ張り出して、それで頭からすっぽりと全身を覆った。そのようにして、アリたちの侵入を遮って、何とか眠りにおちたのだと思う。

それから、どれくらい時間が経過しただろうか。焚火はまだチョロチョロと燃えていたようだった。あたりは深い静寂に包まれていた。夢とうつつのはざまで、シャカシャカシャカシャカというアリの音が私の頭の中に大音響で響き渡った。私のまぶたには触角を揺すりながらうごめく巨大なアリたちが映し出された。アリが人間大になったのか、はたまた私自身がアリの大きさにまで小型化したのかは分からない。いずれにせよ、その時、私はアリの世界の一員となっていたのではなかったか。

無言で獲物の食を準備するプナン。研ぎ澄まされた夜の聴覚。化学繊維の布地を大音響で歩き回る、大写しになって現れたアリたち。それは、ほんの二、三十分ほどの出来事だったに違いない。私は、肩のあたりをゆすぶられ、ベンガルヤマネコの肉を食べるように促された。

6 プナンとともにあることから考えてみる

狩猟民プナンとともに動き回る、ただただ一緒にいる。二〇〇六年の四月から一年間彼らとともに暮らしてからの私の人類学は、彼らとともにいて経験したり学んだりしたことから零《こぼ》れ落ちたものを拾い上げていったに過ぎない。

私は、森の中で、森の外で、プナンと、シカ、ヒゲイノシシ、オオミツバチ、絞め殺しイチジク、小屋、ヤモリ、オナガサイチョウ、ベンガルヤマネコなど様々な動物たちや自然の事物との間で交わされる無数の対話に心を奪われた。対話と言っても、動物や事物に祈りを捧げたり、それらの背後にある神性を取り出してきて論じたりすることは、プナンは得意ではない。プナンは、そうした対話のようなものをたんに生きているだけなのであろう。さらに、彼らの日常に溶け込むことによってまた、私自身が、アリの世界の一員となるような経験へと導かれたこともあった。

こうしたテーマは、既存の動物や植物をめぐる研究ではなく、マルチスピーシーズ人類学という、今世紀に入ってから新たに生まれた研究ジャンルでうまくすくい取ることができるのかもしれないと思われた。それらはまた、人類学の古典的なテーマの再来としてのアニミズム研究の文脈の中にも位置づけることができるのではないか。

本書で目指すのは、現代世界の内側の諸課題、あるいは現代世界を実質的に支え、あるいはそれに対抗する思想の延長線上にある課題を（再）発見することではない。私たちを悩まし続ける現代の諸問題に真正面から取り組むというのではない態度を、人類学とともにいかに再び培いうるのかという問いを探求してみたいのである。

私たちが住まう世界の内側だけに閉じこもってしまうのではなく、その外部を想像力でつかみとり、つかみとった生のままのものを、私たち自身の目の前に突きつけたり、無雑作なまま放り投げたりするのが、他の学知には見られない、人類学の持ち味であるのだから。言い換えれば、本書が取り組んでみたいのは、平地においては完全なる敗者と見えるような、圧倒的な他者たちの生とともにあることの真っただ中にじっくりと漂うことから出発して、世界を見るための、知るための地歩を探り出すことである。

本書は、私がここ十年ほどの間に様々な媒体に発表してきた論考やエッセイをまとめたものである。「第1部　アニマルズ」では、鳥、ネコ、森と人間との境界が溶け合ってしまう世界を描き出す。「第2部　スピーシーズ」では、マルチスピーシーズ（多種）で見ると世界はどのように見えるのかを考える。「第3部　アニミズム」では、動物やモノや石などとの対話をアニミズムをつうじて検討してみようと思う。そして「第4部　ライフ」では、種を超えて生命という課題を人類学がどのように語りうるのかを考えてみたい。

第1部
アニマルズ

第1章 鳥たち

1 鳥と人間が織りなす世界

鳥とは、人間にとっていかなる存在者なのだろうか。鳥は、哺乳類とは異なる生態と生理を持つ。羽毛でおおわれ、色彩は原色の華やかなものが少なくない。翼があり嘴《くちばし》を持ち、歯はない。卵生である。地上を走るものもいるが、一般に、空を飛ぶ。その一方で、人のいる近くまでやって来て、視覚的に人目を引き付ける。このように、人間とかけ離れた性質や形態を持つ一方で、人間との接点を持つ鳥たちは、人間の想像力を掻き立て、寓話世界の住人として、文化の諸要素を表象する存在だと言えよう［寺嶋 二〇〇二：一七－八］。

人類学者はそれぞれのフィールドにおいて、人々が鳥類をどのようなものとして想像し分類し名づけ、どのように扱っているのかを調査記録してきた。そうする中で、鳥に対するこのようなイメージを得るようになったのである。

人類学者・寺嶋秀明は、中央アフリカのイトゥリの森のピグミーと鳥の関係をめぐる報告を行っている［寺嶋 二〇〇二］。それを踏まえ、「主体」として行動する人間と「客体」として存在する自然という「近代的な自然観」に抗して、自然に密着して生きる人間が、自然界といかに交渉しているのかを考えている。

寺嶋は、鳥の際立った特性を、三つに整理している。一つは、空は、神、精霊あるいは祖霊たちの存在の領域であり、また空を自由に飛ぶことは、鳥たちだけの特権である。多くの民族で鳥は、神あるいは霊と深い関係にあるとされる。二つには、鳥の鳴き声は、鳥同士のコミュニケーションだけでなく、人間とのコミュニケーションにもなっている。三つには、その飛翔能力のために、鳥は、人家の近くや人のすぐそばまでやって来る。「とつぜん人間の近くにやってくる鳥たちは、否が応でも人間になにかを告げる。…（中略）…鳥たちは人間の力や知恵をこえたところから、予期せぬメッセージを携えて人間界へ飛来し、そのメッセージに対処することを要求する」［寺嶋 二〇一一：一一一一二］。鳥を介して、人間に「自然界」への回路が開かれるのだ。

「自然界」とは、精霊や神といったスピリチュアルな存在者たちだけでなく人間をも一つの要素として包含する、より大きな自然である。「人が鳥のお告げを聞くということは、人間もそういった大きな自然界の一員であることを認識し…（中略）…自然との交渉に乗り出すことにほかならない。このように鳥たちは…（中略）…人間と自然の相互交渉の重要な契機をもってくるのである」［寺嶋 二〇一一：一二］。

人類学者・菅原和孝は、アフリカ・カラハリの原野に暮らすグイ（ブッシュマン）の語りに基づいて、グイと鳥の関係を考察している［菅原 二〇一五］。人間による鳥との出会いと鳥への想像力の重なり合いから生まれる、人間と自然の関係性が、菅原の主要な関心である。

菅原は、鳥の鳴き声をめぐる人間の認知を、「直示的認知」と「遠隔的認知」に分ける。直示的認知とは、直接的な知覚により、環境に立ち現れる差異を認めることである。例えば、カンムリショウノガンの鳴き声で、グイのハンターが獲物を見つけることが、直示的認知である。他方で、遠隔的認知とは、表象を媒介にして「虚環境」に立ち現れる差異を認めることである。鳥の習性の起源を語ったり、不気味な物語を紡ぎだしたりする神話的想像力によって、鳥や動物はまざまざと目の前に喚起される。

遠隔的認知としてのグイの神話の語りは、それが語られるまさにその場で虚環境をまざまざと人々の前に立ち現れさせ、人々に哄笑《こうしょう》の渦を巻き起こす。その愉悦と表裏一体のものとして、人間の記憶に光があてられ、情動が揺り動かされる。他方で、神話的表象を心に抱くことは、実際の狩りの場面で、環境の中の差異を捻出《ねんしゅつ》する直示的認知能力に磨きをかけることにもなる。環境に立ち現れる事実に向けられる注意を研ぎ澄ますことはまた、逆に、神話的想像力に無尽蔵に素材を供給し豊かにする。

このように、直示的認知と遠隔的認知は互いを補強しあう。グイは、鳥に出くわす実際の場面と、神話の中で語られる鳥に対する想像力の双方を磨き上げることによって、鳥との間で親密な関係性を築き上げてきた。原野を歩きまわり、鳥の声に耳をすまし、鳥の飛ぶ姿に目をこらすことによって練磨《れんま》される神秘的な想像力は、凡百の自然と人間の二元論を跨《また》ぎこすことになると菅原は言う。

本章では、こうしたアフリカでの鳥をめぐる人類学者たちの先行研究の後を追いかけるために、民族鳥類学的な素描を試みてみたい。ボルネオ島の熱帯林に暮らす狩猟民プナン(西プナン)を取り上げて、人間ではなく、動物や鳥たちが中心に描かれ、組み立てられる世界の一端を描き出してみよう。

2 鳥を食べ、悼《いた》む人々

プナンの子どもは大人と一緒に、または自分たちだけで森の中に入り、道すがら、鳥の鳴きまねを競い合う。例えば、サイチョウやオナガサイチョウ。その鳴き声は、子どもたちの成長につれて、本物の鳥の声と聞き分けられないほど、そっくりになる。

大人になった男たちは、獲物を求めて狩猟に出かける。上空を飛ぶ鳥を発見すると、その場に止まるか、木の上によじ登るかして、鳴きまねをして鳥をおびき寄せる（序論「4 髪の長い女のカミ」参照）。そして、鳴きまねの声におびき寄せられた鳥を吹き矢で射止めるか、猟銃でしとめる。

キャンプに持ち帰られた鳥は解体・調理されるが、鳥を含めて、狩られた動物に対しては厳格なタブーがある。狩られた動物の名前は、忌み名（死後の名前）に変えなければならない。ベレガン（サイチョウ）の忌み名は「バロ・アテン（目が赤い）」。トゥヴァウン（オナガサイチョウ）およびモトゥイ（シワコブサイチョウ）の忌み名は、「バアト・ウルン（頭が重い）」というふうに。

もしタブーを犯せば、その動物の魂が天へと駆け上がり、カミに人の粗野な振る舞いを告げ口する。人間であれ動物であれ、死んだ者の名前を呼ぶことは、粗野な行動だとされている。動物からの報告を受けたカミは、雷を轟かせ、大雨を降らせて洪水を引き起こしたり、雷を落としたり、人を石にしたりして、人びとに厄災をもたらすと考えられている。そのような災いを避けるために、狩られた鳥たちは丁重に忌み名で呼ばれる。

スミゴロモ（プナン名：キヨン）の忌み名は「ジュイト・ブォ（果実の鳥）」。その鳥が、果実が実っていることを告げて飛び回ることに由来する。オオフクロウ（プナン名：コン）の

「目が赤い」という忌み名があるサイチョウ（プナン名ベレガン）

「頭が重い」という忌み名があるシワコブサイチョウ
（プナン名モトゥイ）

忌み名は「ウアト」である。夜にウア、ウアと咆哮《ほうこう》するからである。セイラン（プナン名：クアイ）は「ジュイト・モク」あるいは「ジュイト・アニ」。何もないところ（アニ）に座る（モク）からである。オジロウチワキジ（プナン名：ブリンギウ）の忌み名は「ジュイト・ムディク」。果実の季節に実を求めて、川を下流から上流に「遡る（ムディク）」ようにやって来るからである。コシアカキジ（プナン名：ダタア）の忌み名「ジュイト・ダト」は、「平らなところにいる鳥」という意味である。

鳥の忌み名の特徴は、目が赤い、頭が大きいなどの鳥の「形態」や、開けた場所に座る、平らな場所にいるなどの「行動様式」に基づいて付けられていることである。だが、忌み名を持つ鳥よりも持たない鳥の方が圧倒的に多い。食用に供される機会が多い鳥に忌み名が付けられる傾向にある。

忌み名とは、すでに述べたように、生前の名前で直接呼ぶことを控えて、死んだものを別の名で呼ぶことである。それは、人間であれ動物であれ、いなくなった存在の死を悼むために用いられる。

3 実りを告げる鳥

「何もないところに座る」という忌み名があるセイラン（プナン名クアイ）

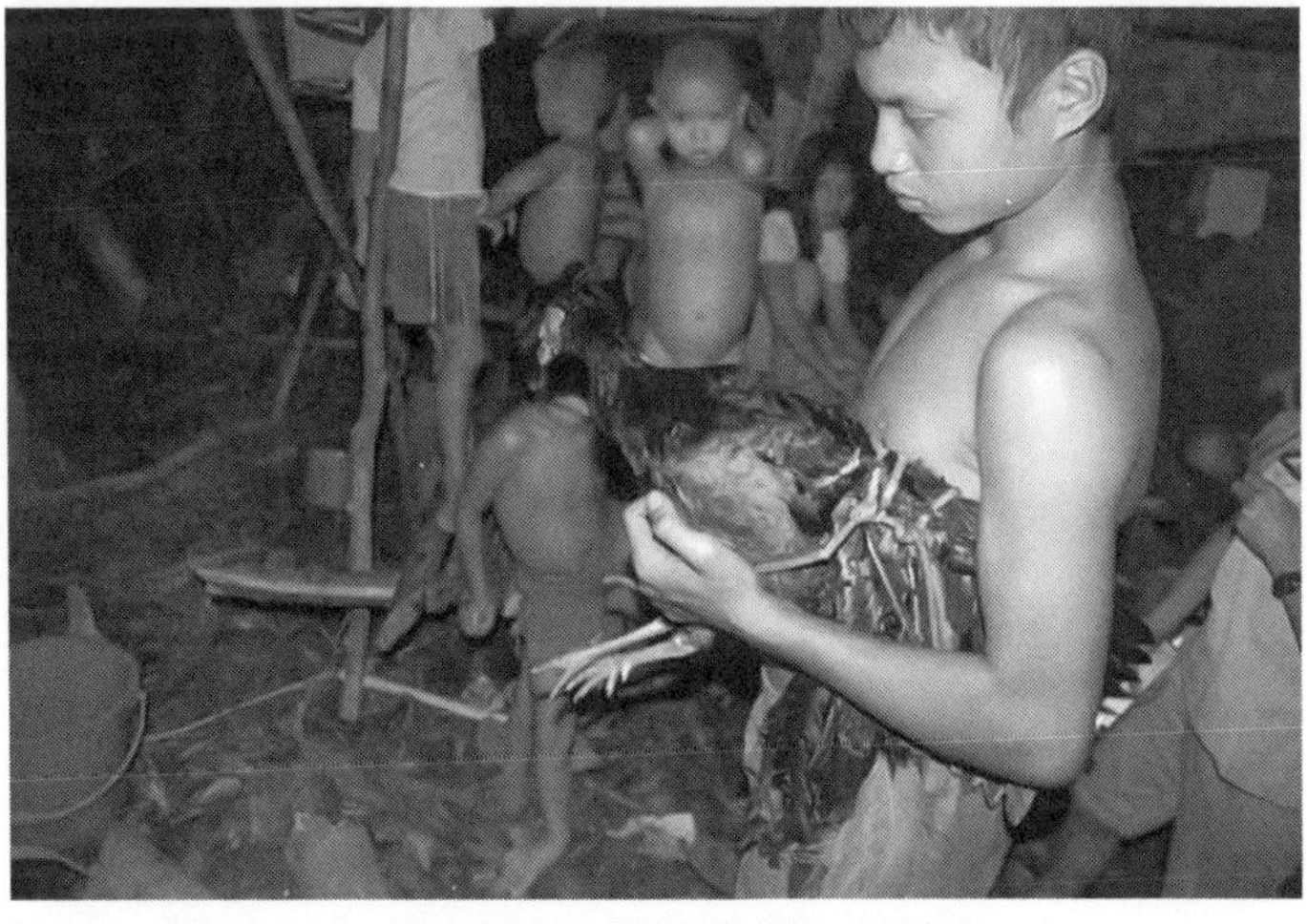

「平らなところにいる鳥」という忌み名があるコシアカキジ（プナン名ダタア）

カンカプットと呼ばれる鳥がいる。果実の季節を告げにやってくる鳥である。しかし、その鳥を間近で見たとか、捕獲したプナン人にこれまで私は会ったことがない。それは、大空の高い所で囀《さえず》るため、見たり捕まえたりすることができないとも言われる。カンカプットは、カッコウの一種だという説もあるが、その生態は、その存在を含めて謎である。

ある神話は、カンカプットの囀りがうるさくて、川に住む子魚の耳が聞こえなくなったというエピソードから始まる。カンカプットに腹を立てた子魚の親魚が川から飛び上がって、カンカプットの足に噛みついて、折ってしまった。傷つき、驚いて、カンカプットは遠くの地に逃げ去ってしまい、果実の季節が告げられなくなった。それだけでなく、カンカプットがいなくなったために、果物も実らなくなってしまった。その結果、人間も動物も飢えに苛《さいな》まれるようになった。カンカプットに帰って来てもらうために、サイチョウが使者として遣わされたが、カンカプットは帰らないと言い張った。次に、チョウが遣わされると、カンカプットが帰還し、森に果実が戻ったとされる。

この神話の異聞では、遠くの地に逃げたカンカプットは、残してきた卵を温めて雛を孵《かえ》すようにチョウに伝え、それでお告げの鳥がふたたび空に放たれるようになって、果実が実るようになったとされる。加えて、その事件を引き起こしたブレンという名の魚には、果実を食べると、死んでしまうという罰が与えられたことが語られる［Jayl Langub 2001］。

また別の神話では、カンカプットの囀りを聞いて、ヒゲイノシシたちが移動しはじめたのを見て、オジロウチワキジがその後について行くと、果実がたわわに実る場所にたどり着いたことが語られる。このように、カンカプットをめぐる話はどれも、その鳥が果実の季節を知らせることに関わっている。

謎多き神話の鳥カンカプットとは、果実を見つけて囀る鳥としての「鳥の総体」のことなのかもしれない。最初に、鳥たちが木になった実を啄《ついば》みにやって来る。その後、樹上性の動物たちが実を食べに来る。つづいて、樹上から落下した実を食べるために、地上の動物たちが木々の下に集う。それらの動物をめがけて、人間が森に猟に入る。プナンはその因果についてよく知っているが、そのような森の生命現象の開始を、カンカプットに仮託して語っているのだ。

鳥の鳴き声は、人間に届くだけではない。それは、物たちにもまた等しく届く。その意味で、鳥の声は、すべての生きものにとっての共通言語のようなものだと、プナンたちは言う。

プナンが住まうボルネオ島の森では、人間と鳥の関係は必ずしも人間を中心にして組み立てられているわけではないように見える。非人間、この場合、鳥や動物を中心とした見方が人間の世界に組み入れられている。

次章とその次の章でプナンの森に棲む鳥たちを取り上げながら、そのことをさらに考えてみたい。

第2章 リーフモンキーの救命鳥

1 レヴィ＝ストロースの「空中の階層」

一九三七年サンパウロ大学の職を辞してフランスに戻ったC・レヴィ＝ストロースは、ブラジル北西部の広域調査を計画し、翌三八年トゥピ＝カワイブを訪ねている。アマゾンの森は外から見ると「凝固した泡の堆積、緑の浮腫《ふしゅ》の垂直方向への積み重なりであるように見え」［レヴィ＝ストロース 二〇〇一：二八二］たが、「表皮を破って中に入ると、すべては一変」［レヴィ＝ストロース 二〇〇一：二八二］した。その内に入ると、「森は地上の秩序の乱れであることを止める。それは、われわれの世界と同じくらい豊かで、われわれの世界に取って代わったかのような、一つの惑星の世界である」［レヴィ＝ストロース 二〇〇一：二八二]。そう述べた後、レヴィ゠ストロースは、アマゾンの森を描きだしている。

これらの遠近を狭められた景観を認知することに目が慣れ、圧倒されるような第一印象を精神が乗り越えることができるや否や、入り組んだ一つの体系が姿を現す。…(中略)…まず、人間の高さで止まっている植物や草の頂きがある。その上に、木の蒼ざめた幹や蔓草が、あらゆる植生から解き放たれた空間を僅かのあいだ享受している。もうすこし上では、これらの幹は、灌木の葉の茂みや、野生のバナナ、パコヴァの深紅の花に隠されて見えなくなる。幹は、一瞬この泡から迸《ほとばし》り出るが、再び椰子の葉叢《はむら》の中に姿を消してしまう。さらに高い所で、幹はそこから出て水平方向への初めての枝を伸ばす。枝には葉は付いていないが、ラン科やパイナップル科の着生植物が、船が索具を付け過ぎたように過剰に纏《まと》わり付いている。そしてこの世界は、ほとんど視力の届かなくなる高みで、広大な円天井によって閉じられる。円天井の或るものは緑で、或るものは葉は付いていないが、白、黄、橙、緋、薄紫の花で覆われている…。

[レヴィ゠ストロース 二〇〇一：二八一－二]

レヴィ゠ストロースは、想像力をたよりに、「通常の視覚によってはとらえられない、見えない、しかし森の住人によっては鋭く感知されている、頭上に展開する生物種の『階層』」［今福 二〇一〇：七六］を見事に描き出している。それは、今福龍太が言うように、「猿や鳥や昆虫のように、空中の階層を上下に自由に飛んだり跳ねたりしなければ見えてこない構造」［今福 二〇一〇：七七］だというのは、大きな驚きである。それは、ある種の文学的想像力でもある。

レヴィ＝ストロースによるアマゾンの熱帯雨林の「空中の階層」の描述は、それから約半世紀の後に、地球を半周した別の熱帯雨林であるボルネオ島の森で、実際に、地上三十五メートルのウォークウェイから、生態学者によって観察されたもうひとつの空中の階層につながる。ボルネオ島の低地の混交フタバガキ林は、「林床の数メートルの高さの草本層」「数メートルの高さで花を咲かせる低木層、十メートル以上に成長する亜高木層」「林冠を形成する高木層および樹高六十〜七十メートルに達する突出木層」から構成される［百瀬 二〇〇三：二三］。それは、ボルネオの森の「空中の階層」そのものである。

今福によれば、そのような「空中の階層」の秩序を反映しているのが鳥である。鳥は、空中の階層の上空から森を訪れる。今福は、鳥の持つ特性を、以下のようにまとめている。

鳥とヒトの間には、羽の有無や嘴《くちばし》の有無、卵生であるかないかなどの形態学的なものも含め、明確な種的断絶があります。一方で、巣＝住居、子育て、よくしゃべる（鳴く）など、人間生活との類似性も同時に挙げられる。…（中略）…鳥は…（中略）…人間的な領域に反抗したり裏切ったり、孤高をつらぬいたり…。一種の狡獪《こうかい》なずる賢さみたいなものすらもっている存在です。

［今福 二〇一〇：七七］

熱帯雨林の空中の階層における鳥の位置をめぐるこのような見通しを踏まえて、ここで取り組んでみたいのは、ボルネオ島の空中の階層の上空からその高所を訪れる「鳥」たちと、空中の階層を地面から樹上までを駆け上ったり下りたりする「猿」たちと、地上から空中の階層の高所で行われていることを想像する「人間」たちという三者によって織りなされる森の世界をめぐる狩猟民プナンの民族誌である。とりわけ「リーフモンキー鳥」と名づけられた鳥に焦点をあてて、プナンにとっての鳥と人間の関係の一端を描きだしてみたい。

2　熱帯雨林の生態学

まずは、「空中の階層」を構成するボルネオ島の熱帯雨林と鳥を含む動物の役割について、生態学的な観点から概観しておきたい。熱帯雨林は、月の平均気温が摂氏十八度以上で、一日の気温は変化するが、同時刻の気温は年間をつうじてほとんど変化せず、常に雨が多いせいで蒸発量が降水量を上回る月がないような気候条件下において見られる［百瀬二〇〇三：一六］。そのうち、ボルネオ島の標高六〇〇メートルくらいまでの低地に分布するのが、「混交フタバガキ林」である。生命活動が低温や乾燥という気候条件の制約を受けることがない、季節性のない東南アジア島嶼《とうしょ》部の混交フタバガキ林では、平均して数年に一度の割合で多くの植物が一斉に開花し、その後一斉に結実する［井上 一九九八：湯本一九九九：百瀬 二〇〇三］。

熱帯生態学は、これまで「一斉開花・一斉結実」がなぜ起こるかという謎に取り組んできた。ヤンツェンらは、動物が一年中活動できる熱帯では、連続的に種子を生産すると全ての種子が捕食されるので、ふだんは種子を作らずに捕食者を飢えさせておいて、時々種子を作って飽食して食べ残させるという、「捕食者飽食仮説」を唱えた。これに対して、井上民二らは、同種の樹木が離れた場所に生育していることが多く、そのため一斉開花することで花粉を運ぶ昆虫や動物を引き寄せて、繁殖効率を高めているとする「送粉仮説」を提唱した［井上 一九九八］。以下では、井上らによる送粉仮説に沿って、熱帯植物の生命活動を考えてみよう。

混交フタバガキ林では、一斉開花期直前になると、オオミツバチがやって来る。オオミツバチは、盛んに花粉を集めて働き蜂を増やし、新しい巣を作る。一斉開花が終わると、混交フタバガキ林から旅立ち、花粉の運び屋となる［百瀬 二〇〇三：八一］。

種子散布を動物に依存する植物が出現するようになったのは、地球上で鳥類や哺乳類が栄え始めた新生代以降のことである。鳥によって送粉される花は、鳥媒花と呼ばれる。それは、色覚が卓越した視覚によって行動する訪花性の鳥を引きつける［湯本 一九九九：一一八］。温帯では、鳥が動物散布の主な担い手であるが、熱帯域では、鳥類に加えて霊長類なども また種子散布を行う［湯本 一九九九：一二二］。大型霊長類のオラン・ウータンに食べられることに特化して大型化した果実が、果肉も甘くて多いドリアン（*Durio zibethinus*、キワタ科）やチュンペダ（*Artocarpus integra*、クワ科パンノキ属）である。

リーフモンキー（*Prebytis*）は樹上で暮らし、主に木の葉、若い枝や種子をかじったり、果実を食べたりする［安間 一九九一：八〇］。樹上性のテナガザル（*Hylobates*）も、長い腕を利用して、小枝をたわめて果実をとったりする。果実を中心として、若い葉、茎、花、時には鳥の卵やひな、昆虫、はちみつなどを食べる［安間 一九九一：一五五－六六］。これらの霊長類は、果実を食べて、種子を散布させる。

林床で活動する動物たちは、植物にとっては、葉や種子を食べる厄介な存在である一方で、食べた種子を糞として体外排出してくれるため、種子散布のパートナーともなる。ヒゲイノシシ（*Sus barbatus*）は、落下した果実、種子、木の根、若い灌木や草、ミミズ、カエル、ヘビなどの小動物を食べる雑食性動物である［安間 一九九一：一四九－五四］。一斉開花期にはオオミツバチが花に集い、一斉結実期にはヒゲイノシシが果実や種子を求めて多数現れ、それらの資源を消費し、去って行く［鮫島 二〇一五：一七七］。

ボルネオ島に生息する動物の多くは、一年を通して個体数が大幅に増減することもなく、明確な繁殖期もない。イチジク以外の樹木の開花・結実に周期的サイクルがないからである。数年に一度、一ヶ月以上雨が降らない時期が続くと、その一～二ヶ月後にはフタバガキ科や野生のマンゴー、ドリアンの木が次々と開花し、さらに二～五ヶ月後には大量の果実がなる。一斉開花を引き起こすキューについては、不規則に起こる乾燥であるという説が有力である。一斉開花の規模と乾燥の厳しさの相関はなく、むしろ前回の開花以降の資源の蓄積期間に依存しているとされる［コレット 二〇一三：五七］。

一斉結実は二～三ヶ月続き、その間はヒゲイノシシ、サイチョウ、インコ、アオバト、ネズミ、リスなどの果実食動物の個体数が増加する。一斉結実期には果実だけでなく、動物も増える。ヒゲイノシシは、一斉開花期に交尾し、約七ヶ月後の一斉結実の末期に出産する。ヒゲイノシシの生息密度は、一斉結実直後には通常の十倍以上に増加するとされる［加藤・鮫島 二〇一三：一三四－五］。

ここでは、送粉仮説に拠りながら、熱帯雨林の「フェノロジー（生物の季節変化）」を一瞥した。植物は工夫して動物を利用し、動物もまた自らの生存のために動植物を食対象として利用してきたのである。湯本貴和によれば、「現在の熱帯雨林は、白亜紀中期以降過去一億年の歴史を記した、被子植物や昆虫や脊椎動物との共進化の産物である」［湯本 一九九九：四八］。そのような動植物の共進化によってつくりあげられてきた熱帯雨林に、人間はどのように関わってきたのだろうか。狩猟民プナンを取り上げて考えてみよう。

3 果実の季節を告げる鳥たち

プナンは、最も好まれる獲物であるヒゲイノシシとの関係で、一斉開花・一斉結実に大きな関心を払う。彼らは、ヒゲイノシシを三種に分けて、その生態や食感などに言及する。第一に、「一斉開花にやって来るヒゲイノシシ（*mabui menyerang busak*）」には、脂身はない。第二に、「スミゴロモのヒゲイノシシ（*mabui kiyong*）」にも同様に、脂身がない。それは、一斉結実の季節にやって来るスミゴロモの落とした実を食べる。これらの二種のヒゲイノシシは、ブラガ川上流の森に住むヒゲイノシシである。第三に、「オオミツバチのヒゲイノシシ（*mabui layuk*）」は、遠方から大勢でやって来るヒゲイノシシである。オオミツバチが飛んでくると、プナンは毒を集めて大量の毒矢をつくる。来たるべきヒゲイノシシの大量出現の狩猟に備えるためである。オオミツバチのヒゲイノシシは、その後、「歩き回るヒゲイノシシ（*mabui tuun*）」と呼ばれるようになる。オオミツバチのヒゲイノシシ、歩き回るヒゲイノシシはともに、脂肪が厚い。一斉開花期に交尾をしたヒゲイノシシが一斉結実直前に出産し、実を食べて太るからである［cf. 加藤・鮫島 二〇一三］。

このように、プナンにとって、フェノロジーを見極めることは重要な関心事である。これに対して、鳥の活動は、一斉開花・一斉結実を含めて、果実の到来を知る上で重要である。

カンカプット（プナン名：*kangkaput*、学名：不明）という鳥がいる。それは、果実の季節を告げに来るとされる。しかし、その鳥を間近で見たり、捕獲したりしたことがあるプナンはいない。

第1章で見たように、カンカプットは神話の中で果実の季節をもたらす鳥として描かれる。木々に果実が実る。最初に、鳥がその実を啄《ついば》みに来る。次に、樹上性の動物がやって来る。つづいて、落下した実を食べに、地上の動物たちがやって来る。それらの動物をめがけて、人が猟に行く。人間はこうした形式を利用しながら、狩猟行動を組織してきたのである。プナンは、その因果についてよく知っている。他方で、そのような森の生命現象の開始を、プナンは、カンカプットという架空の鳥に仮託して語り始めるのだ。

果実の季節は、プナンにとって、おなか一杯食べることができる喜びの季節でもある。プナンがよく言うように、一斉開花の前にヒゲイノシシは交尾をし、一斉結実の前に出産し、落ちた果実を求めて、樹下に集う。その頃になると、ハンターは、あちこちで子連れのメスのヒゲイノシシに出会う。さらに、子ヒゲイノシシの肉は柔らかくゼラチン質で、美味であると好まれる。花が咲き、実がなり、ミツバチや鳥や動物たちにとってだけでなく、ヒゲイノシシを狙って狩猟を行う人間たちにとっても、森はひとときの楽園となる。

4 鳥の声を聞く

カンカプットのように、鳥が、それぞれ独特の音色と節で囀って、人の耳に届く時には、何らかの意味を運ぶものとして解釈される。山口仲美によれば、鳥の鳴き声を再現する「写生語」（例えば、「ホーホケキョ」というウグイスの鳴き声）に対して、鳴き声に人間の気持ちを担わせるのが「聞きなし」（ウグイスの鳴き声に「法華経」を担わせて、尊い鳥と崇める）である［山口 二〇〇八：一五－六］。川田順造は、鳥やムシの声の中に言語メッセージを聞く「聞き做《な》し」を、文化によって形づくられる音の共感覚の重要な一領域であると位置づけている［川田 一九九八：一〇〇］。「それは元来言語メッセージを含まない異類の発信に、民俗信仰に裏打ちされた言語メッセージをあてはめること」であると言う［川田 一九九八：一二〇］。

プナンも頻繁に鳥の聞きなしを行う。

プナンの場合、鳥の声をカミの声として、プナン語で聞くことが少なくない。そのメッセージは、狩猟をはじめとする生活のさまざまな面にかかわる予言を伝えている。

［卜田 一九九六：八七―八］

一九八〇年代にプナンの現地調査を行った卜田隆嗣《しめだたかし》によれば、鳥の「鳴き声の多くが、狩猟や果実の採集に関わる」［卜田 一九九六：八八］。ただし、「こうしたメッセージは、互いに矛盾する内容のものも少なくない。当然、同時にいくつかの鳴き声が聞こえるといった状況もあるわけで、どのメッセージを優先するかという実際的な問題が浮上してくる…（中略）…どの鳥がどの方向で鳴いたか、飛行中であったか、木に止まっていたのか、それとも地上にいたのか、複数いたか、などといった付帯状況がわかっているならそれを勘案し、どうすべきかを決定するのである」［卜田 一九九六：八九］。

卜田によれば、鳥はカミの媒介者である［cf. 山田 二〇一三：二二：平林 二〇一一：一一八―一二二］。プナンにとって、カミ（バルイ）とは、魂から神までを包括的に含むような超自然的な存在者のことである。いつも狩猟に成功する男には「狩猟のカミ」がついている。「咳のカミ」がいると人は咳き込み、「くしゃみのカミ」がついているとくしゃみが出る。他方で、カミはまた天上界にもいる。天高きところには、動物に対する人の粗野な振る舞いに怒って、雷雨や洪水などの天候激変を引き起こす「雷のカミ」、稲妻を起こす「稲光のカミ」、長雨をもたらす「長雨のカミ」などがいる［奥野 二〇一四：八六－七］。プナンにとって、鳥の鳴き声は、天上界にいるカミの意志を運んでくるものとして捉えられている。

しかし、鳥の聞きなしは、超自然的な存在者からのメッセージであるというだけでは不十分である。その点を考える上で、南部アフリカ・ボツワナの中央カラハリ動物保護区に暮らす狩猟採集民ブッシュマン（サン）の方言集団グイの民族鳥類学を取り上げた菅原和孝の議論を見てみよう［菅原 二〇一五］。菅原によれば、カンムリショウノガン（グイ名：ガイ）が鳴きながら飛ぶとき、グイは、目当ての獲物が手に入らないことを知る。そのことを、グイは、「べつにガイが教えるわけじゃない。ガイが鳴きながら飛んだら、もうその罠に獲物が入らないことを、人間が知っているのだ」と、確信に満ちて述べたという。菅原は、このことに注目して、「ガイが鳴きながら飛ぶ」ことと「獲物が入らない」こととの関係は、黒雲が降る雨を予示するのと同じくらい自明な結びつき、つまり、記号論の用語を使えば、「指標（インデックス）」だと述べている［菅原 二〇一五］。

菅原が報告する事例は、鳥の聞きなしには、「民俗信仰」とは別の面があることを示している。聞きなしをする人々にとって鳥の囀りは、はためく旗が風の吹いていることを示すような、指標記号なのである。カンムリショウノガンがハゲワシを警戒して鳴くとき、その声に気づいた人間はいち早くハゲワシを発見し、その下に横たわる獲物の死骸を「めっけもの」にできるかもしれない［菅原 二〇一五：二七二］。それに対して、警戒を知らせるのではない鳴き声、すなわちカンムリショウノガンがただ鳴きながら飛んでいることは獲物がいないこと、獲物が手に入らないことの指標なのである。つまり、鳥の聞きなしは、ある事実を指し示す場合がある。

森の中には、動物の鳴き声に交じって、鳥の声が充ちることがある。何の音もしないときもあれば、あちこちで鳥が囀ることもある。遠くで、近くで。左の方で、後ろの方で。森に生命が溢れていると感じられる瞬間である。プナンは、そうした森の生命の鳴動に耳をそばだて、聞きなしをする。それは、地上で行われている人間と動物の競り合いである狩猟行動に新たな平面を加えて、世界を立体的なものにする。上空の鳥が運んでくる意味を加えることで、世界はより豊かになる。

伝承された知識に経験を加えてなされる鳥の聞きなしは、特定の場所と特定の時間で鳥の声の意味を読み取るという習慣である。そうした習慣は、森の中で、鳥を身近なものとして暮らしてきた人たちであったがゆえに身に付けることができたものである。鳥の囀りが人に意味を伝えることによって、世界は意味で充ちたものになる。

鳥の囀りが、人に意味をもたらすのは驚くにあたらないが、それは、必ずしも人間だけに意味をもたらすだけではないとプナンは考えている。サイホウチョウの一種、ソッピティ（プナン名：*sok pitih*、学名：未同定）は、*pitih*（「暑さ」）を *sok*（「開く」）と名づけられているように、暑さを告げる鳥である。ソッピティ、ソッピティと囀って、雨が上がって晴れ間が訪れることを告げる。スミゴロモ（プナン名：*kiyong*、学名 *Oriolus hoshii*）は、その鳥の名になっているように、キヨン、キヨンと鳴いて、果実があることを告げて回る。そうした鳴き声は、もっぱら人間だけに届くのではないとプナンは言う。カンカプットの神話もまた、そのことを物語っている。鳥の囀りは、人間以外の動物たちにも等しく届く。その意味で、鳥の声は、あらゆる生きものにとっての共通言語のようなものである。

ブラガ川上流の森で鳥の囀りが動物に意味をもたらすのだとプナンが考えていることを示す事例として、地上性の鳥、ボルネオハシリカッコウ（プナン名：*butji*、学名：*Carpococcyx radiates*）の鳴き声を取り上げてみよう。ハシリカッコウは、ヒゲイノシシが木の下で果実を齧っていると、その傍に来て、うるさくがなり立て、落下した果実にありつこうとする。落ち着いて実を食べることができなくなったヒゲイノシシは、その場から逃げ去ってしまう。そのため、ヒゲイノシシは、森の中に大きく反響する、果実を齧る音を聞きつけてやって来るハンターから逃れることになる。そのことで、逆に人間は、ヒゲイノシシを逃してしまう。ハシリカッコウの鳴き声はヒゲイノシシに届けられて、その命を救うのである。

卜田も、ハシリカッコウに関して以下のように書いている。

獲物の存在を告げるとされる鳴き声のうち、アオハシリカッコウだけは、村や森の中のキャンプにいる時に声を聞いても人びとは動かない。人の居住地の近くでは猪に「逃げろ、逃げろ」と知らせるふりをしているのであって、実際には猪はいないとされる。それに対して、森の中で狩猟活動をしている最中にこの鳥がこのように鳴くと、男たちはいっせいにその声の方向へと駆け出す。カミは、万全の態勢で森の中を移動している猟師や犬たちと猪が出合わないようにしゃべらせているのだが、同時にそれは人間に猪の存在を知らせるものである。カミは常に中立的で、どちらか一方だけを完全に支持しているわけではない。

［卜田 一九九六：八八］

カミの使者であるハシリカッコウは、卜田によれば、基本的にはヒゲイノシシの味方をする。しかし、カミは人間と動物の双方に対してあくまでも平等であって、人間がヒゲイノシシを捕まえることを拒んでいるわけではない。いずれにせよ、鳥は、人間と動物よりも高位のカミあるいはカミの意志の媒介者で、地上の生きものの命のやり取りに影響を及ぼすのである。

5 動物を助ける鳥の囀り

ハシリカッコウがカミの使いとして、ヒゲイノシシの捕食者である人間が近づいていることを知らせるという語りに似た構造を持つ語りがある。プナンは、ハイガシラアゴカンムリヒヨドリはシルバーリーフモンキー（プナン名：*bangat*、学名：*Prebytis hosei*）に、人間が近づいていることを知らせるという。プナンは、その鳥を「ジュイト・バンガット（プナン名：*juit bangat*、学名：*Pycnotus goiavier*）」と呼ぶ。和訳すれば、「リーフモンキー鳥」である。頭部は灰色、腹面が黄色い。リーフモンキー鳥という名前は、プナンによれば、その鳥がリーフモンキーを助けるために、人間の近くを飛ぶことに由来する。

リーフモンキー鳥は、人間が傍にいることをリーフモンキーに知らせるために鳴いていると、プナンは言う。リーフモンキーは、リーフモンキー鳥の囀りを聞くと、捕食者である人間が近づいていることを察知して、その場から人間とは反対方向に逃げ去ってしまう。リーフモンキーは、リーフモンキー鳥の囀りによって、命拾いをするのである。

「テナガザル鳥」（プナン名：*juit kelavet*、学名：*Pycnotus flavescens*）と名づけられた鳥もいる。プナン名は、「ジュイト・クラブット」。和名は、カオジロヒヨドリである。プナンによれば、それは、ミュラーテナガザル（プナン名：*kelavet*、学名：*Hylobates muelleri*）を助ける。

リーフモンキー鳥もテナガザル鳥も、上空飛行し、囀って、捕食者である人間がいることをサルたちに伝えて、命を助ける。鳥の鳴き声は、人間だけが聞くものではなく、全ての動物が聞くことができることを、プナンは強調する。

ブラガの森に棲息している五種のサル類のうち、リーフモンキーとテナガザルはともに樹上性である。リーフモンキーは、葉食の霊長類で、長い尾と長い腕を持ち、木の枝を駆け上り、駆け抜ける。テナガザルは、樹冠のみに住む類人猿で、腕を伸ばして、細い枝先にある実や葉を食べる。霊長類は林冠の動物バイオマスの大きな割合を占めており、リーフモンキーを含むコロブス亜科は多くの種子を食べて破壊するとされる［コレット 二〇一三：一〇〇］。対して、テナガザルは、大量の果実を消費し、ほとんどの種子を丸飲みし、広い範囲で無傷の種子を排泄する。哺乳類の中でも最も効率的な種子散布者である［コレット 二〇一三：一〇二］。

この二種の霊長類の生態は、ヒヨドリたちの行動と交差する。ヒヨドリ類は、鳥類のうちでも最も重要な小型果実の種子散布者である［コレット 二〇一三：九九］。人間から見ると、ヒヨドリたちが空中の階層にやって来ていることがサルの存在を示すと同時に、サルが喧《けたたま》しく囀るヒヨドリたちに驚いて逃げてしまうことを言い当てている。プナンによれば、リーフモンキーは葉叢《はむら》に隠れてしまい、テナガザルは長い手を使って、あっという間に木から木へと飛び去ってしまう。

プナンの見立てと同じようなことが、アフリカの民族鳥類学から報告されている。鳥の囀りが人間の猟を助けたり、逆に、動物を助けたりすることに関して幾つかの事例報告が

リーフモンキーとリーフモンキー鳥

ある。菅原は、カラハリのグイの調査から、「人間にライオンの接近を知らせてくれるツォエン（キクスズメ）の声は、ゲムズボックが狩人の接近に気づくことをも助ける」［菅原 二〇一五：二七二］と述べている。キクスズメが、ゲムズボックに対して、人間の接近を知らせるのである。

アフリカ中央部のイトゥリの森に住むエフェ・ピグミーの調査をした寺嶋によれば、「方名 *aloo*（サイチョウの一種）もアカオザルやブルーモンキーと一緒に行動し、サルに近づくものがあれば鳴いて知らせる。アフリカヒヨドリ（*akpupole*）は、キノボリセンザンコウを見つけると鳴いて知らせることもある。そこでは、動物と関連づけられている鳥はそれらの場所を人に教えることもあれば、動物に人の接近を教えることもある」［寺嶋 二〇〇二：二二八］。鳥は鳴いて、人にサルの居場所を教えるだけでなく、サルに人の接近を教える。

市川光雄は、ムブティ・ピグミーがイトゥリの森の動物や植物の多くがそれぞれに固有な鳥をもつことを報告している。サイチョウの一種 *kohekohe*、キミミヒメゴシキドリ（*bururu*）、*amasanginbo*（未同定）などは「ゾウの鳥」とされる。これらは、人間が近づくとゾウの耳元で鳴きながら飛び回って、ゾウに危険を知らせる。同じくゾウの鳥とされるベニハシヒメショウやコビトカワセミは、逆に、ゾウの居場所を赤い嘴を示して人間に教える。「オカピの鳥」は、オカピのまわりを飛びまわって危険を知らせる。ノドジロクシクイヒヨ（*amapopo*）は「チンパンジーの鳥」とされ、人間にチンパンジーの居場所を知らせる。「ダイカー類の鳥」もまた、人間にダイカーがいることを知らせる。ムブティは、「あの鳥が鳴くところにはこの動物がいる」とか、「あの鳥は人間が近づくとこの動物のまわりで騒ぎたて危険を知らせる」と説明する。しかし、カンムリエボシドリが眼下に人間などを見つけると特有の甲高い声で鳴くこと以外、鳥と動物の連合関係に経験的裏付けはそれほどはっきりしない。そのことから、ムブティは、鳥が森の中で主要な情報提供者であることを過大評価していると、市川は見ている［市川 一九八四：一二六―八］。

このように、アフリカの狩猟民たちの間でも、鳥たちが動物や人間を助けたりする事例が報告されている。私が調べた範囲では、プナンにとって、人間を積極的に助ける鳥はいなかった。鳥は、動物の味方をするのだと捉えられる傾向がある。その意味で、リーフモンキー鳥が囀る時、近くにリーフモンキーがいることが示されるが、同時にまた、人間はリーフモンキーを捕まえることができないということも示される。したがって、ハイガシラアゴカンムリヒヨドリ（リーフモンキー鳥）の聞きなしとは、リーフモンキーが近くにいるが、それはうまく獲れないという「事実の指差」になる。聞きなしとは、この場合、民俗信仰ではなく、経験的な裏付けによって、きわめて合理的に物事の因果を示すものになっている。

6 シャーマニック・パースペクティヴ的美学

特定の鳥が囀ってサル類やヒゲイノシシの命を救うと捉えることで、プナンは、鳥がどのように世界を見渡しているのかを知っている。それは、E・ヴィヴェイロス・デ・カストロが「パースペクティヴィズム（perspectivism）」と呼んだ世界理解に近い［Viveiros de Castro 1998; ヴィヴェイロス・デ・カストロ 2015］。

問われなければならないのは、プナンにとって、なぜそうした鳥のパースペクティヴにことさら言及することが必要なのかということである。論点を先取りすれば、そのことが、森の中の捕食者と餌食との駆け引きの枠組みにおいて、必要とされるからである。人間が餌食を捕獲できるか、あるいはサルが捕食者に捕獲されずに逃げられるのかどうかという、緊迫した生命のやり取りにおいて、それを左右するもうひとつのパースペクティヴが見通しを与える。もう一つのパースペクティヴとは、鳥のそれである。

ルナのある男は、川の岩の下にいるヨロイナマズをつかまえる時に、ショウガの一種である果実を砕いて、手を濃い紫色に塗っていた。それは、ヨロイナマズが、彼の手であると気づかないようにするための工夫であった。つまり、男は、ヨロイナマズのパースペクティヴを見越して、彼自身の捕食という生態的課題を成功させようとしたのである。

ルナによれば、オオアリクイもまた、アリの巣に鼻をさし込む時、アリがオオアリクイの鼻を枝と思って登ってくるように工夫しているのだという。つまり、オオアリクイもまたアリを騙《だま》すために、アリのパースペクティヴに立つのだと考えられている。こうしたパースペクティヴィズム的な論理は、捕食者と餌食の関係において、一方の自己が他方の自己のパースペクティヴに留意しながら、捕食という課題を達成しようとする時に立ち現れる。

言い換えれば、捕食者－餌食という実用的な関係の編み目において、自己は、パースペクティヴィズムをつうじて、常に他の自己（＝他者）から世界を捉えた上で、自己の生に向き合っているのだ。他の自己においても、まったく同じことがなされている。パースペクティヴィズムの決定的な重要性とは、捕食者－餌食の関係の網の目の中で、自己が他の自己のパースペクティヴから世界を見ることであると、コーンは述べている。このような捕食者－餌食の関係に関わる活動において、パースペクティヴ的論理は作動する。

さて、リーフモンキー鳥をめぐる状況はこれよりも複雑な様相を帯びている。捕食者としての人間は、餌食であるリーフモンキーを見ることができないでいる。獲物が「空中の階層」を覆う茂みの中に隠れているからである。人間はリーフモンキー鳥の囀りを頼りに、リーフモンキーの居場所の見当をつける。リーフモンキーもまた、同じように「空中の階層」の下方から捕食者が近づいていることを見ることはできない。まだ何も起きていないその状況に対して、リーフモンキー鳥は上方からその二者を一望し、緊張をもたらすとプナンは考えている。

リーフモンキー鳥の囀りから、人間とリーフモンキーが出会うきっかけが生まれる。リーフモンキー鳥の囀りを指標記号として、プナンは、リーフモンキーがいることを察知するからである。その時、リーフモンキー鳥のパースペクティヴとはいったいどのようなものなのだろうか。E・コーンが取り上げるルナの英雄の神話を手がかりとして考えてみよう。

その物語は、英雄が屋根の上で補修しているところから始まる。人喰いジャガーが近づいてくると、英雄はジャガーに「義理の息子よ、草葺き屋根に空いた穴から棒を通して、私が穴を見つけるのを手伝ってくれ」と呼びかけた。家の中にいる者から見れば、日光が穴を通り抜けて差しこむため、草葺き屋根の漏れを見つけるのはたやすい。しかし、屋根はとても高いので、この位置からそれを補修するのは不可能である。他方で、屋根の上にいる者は、穴を繕うことはたやすくできるが、見ることはできない。このため、屋根を補修するときには、家の中にいる者に穴から棒を通すように頼むことになる。これには内側と外側のパースペクティヴを特別な仕方で一列に並べる作用がある。こうした二つのパースペクティヴをより大きなものの一部と見ることで、内側からのみ見ることができるものが、突如、外側にいる者にも見えるようになり、今では彼は、何かをなすことができるようになった。……（中略）……ジャガーが内側に入ったとたん、英雄は扉をバタンと閉め、その建物は突如、ジャガーを捕らえる石の檻となった。

［コーン 二〇一六：一七一—二］

コーンが掲げるこのルナの神話では、外側にいる英雄である人間が内側から見ることと外側から見ることを、より大きなものの一部と見ることで、より高位のパースペクティヴからジャガーの幽閉に成功したことが語られる。言い換えれば、英雄は、草葺き屋根の上からの自らのまなざしと、餌食を求めてやってきたジャガーのまなざしという二つを見渡すことができる、それらよりも高位のパースペクティヴに達した上で、ジャガーを捕まえたのである。

「ジャガーを罠にかける神話では、より高位にある観点が「突然……生じ」て、より大きなものの構成要素として内側と外側のパースペクティヴをつなぐ」［コーン 二〇一六：一七五］。そのことを、コーンは、「シャーマニック・パースペクティヴ的美学」と呼ぶ。それは、この世とあの世、目に見える世界と目に見えない世界の両方を同時に視野に収めて、より高位の相において見ることができる、シャーマニックなパースペクティヴでもある。

この英雄自身とジャガーのパースペクティヴを同時に見下ろす「シャーマニック・パースペクティヴ」こそが、リーフモンキー鳥のパースペクティヴに他ならない。リーフモンキー鳥は、「空中の階層」において下から見ることと上から見ることのそれぞれを、より大きなものの一部と見る高位の観点から眺める位置にいるからである。前掲の神話になぞらえれば、リーフモンキーに対して、捕食者の接近を告げ知らせるリーフモンキー鳥は英雄自身で、リーフモンキー鳥のまなざしは、英雄のシャーマニックなまなざしに相当する。リーフモンキー鳥の囀りに気づいたリーフモンキーは、間一髪のところで窮地から逃れることになる。逆の角度から言えば、それは、すでに述べたように、人間にとっては、リーフモンキーがすぐ傍にいるが、それを捕獲することはできないという、鳥の聞きなしになっている。

「空中の階層」の上部と下部、動物と人間の間に立ちながら起きつつある出来事を一望できるより高位の相にいるリーフモンキー鳥は、一九七〇年代以降、社会的機能を果たす場面はほとんどなくなってきているものの［卜田 一九九六：九八；cf. Garay 2006: 99］、精霊を呼び出し、人間界と霊界を自由に往き来する、ダユン（*dayung*）と呼ばれるプナンのシャーマン［Needham 2007: 59; 卜田 一九九六］を体現する存在者だと見ることもできるだろう。リーフモンキー鳥は、人間とリーフモンキーよりも高みに位置する上空にあって、異界からカミの意志を持って舞い降りてくるシャーマンのように、人間とリーフモンキーの間の駆け引きを統御する存在者である。

　興味深いのは、リーフモンキー鳥のおかげでリーフモンキーが命をつないでいるという、プナンにとっての経験的事実が、その鳥の名前の中に刻み込まれている点である。逆の角度から言えば、プナンは、シャーマニック・パースペクティヴを持ちうる滑空する存在者の働きによって、自分たち人間が狩猟に失敗することをも重々承知の上で、森の中で、糧を得たり得なかったりしながら生きのびてきたのである。

第3章 2でなく3、そして4

1 ハイブリッド・コミュニティとは何か

人間によって自然環境が破壊されたり、動物のいのちが軽視されたりする現実の改善が今日、私たち人類が取り組まねばならない喫緊《きっきん》の課題であるとされる。さまざまな実践上の試みがあるのは承知しているが、そうした課題の根底に横たわるのは、いったいどのような問題なのだろうか？

その淵源を尋ねるならば、私たちは、文化（人間）と自然（環境や動物）が別々のものに切り分けられたことを出発点として、文化が一方的に自然を管理・統御する道が開かれてきたという問題系にたどり着く。理念として、文化と自然が分断され、実用上で、自然が文化によって好き勝手に扱われてきたのだ。

その点に問題があるのだとする見極めを踏まえて、人間と環境、人間と動物は必ずしも別々に切り分けられるものではなく、連続性の相のもとに捉えられるべきものだったのではないか、文化と自然の連続性こそが見直され重視されるべきではないかという見通しが示されることがある。文化と自然の二元論において、分断されてしまった項どうしをつなぎ直してみることで、文化が自然の上位に立ち、自然が文化によって管理・統御されるのを回避できるのではないかというわけである。

しかしこうした議論ははたして、十分に妥当なものだったと言いうるだろうか？　文化と自然の二項をつなぐことは、それらの切り分け（非連続性）の前提となっている二項はあくまでもそのままで、その連続性こそを回復させるということになってはいないだろうか？　つまり、文化と自然の二項は維持され、その二項をつなぐとき、新たな二元論思考が導かれることにはならないだろうか？　二項から出発していることをかえってくっきりと浮び上がらせてしまうからである。

文化と自然の二元論は、手ごわい。だとすれば、この問題の乗り越えの一つは、二項の枠組みからいったん離れてみることである。

本章で試みたいのは、自然や環境を捉えるための、それらとは全く異なる概念枠組みを考えてみることである。人間と環境や、人間と動物という「二項」で考えるのではなく、人間と、動物と、それらが集う場、というように、世界の成り立ちを「三項」的・「複数項」的なものとして捉えてみる。2ではなく3、あるいはそれ以上で考えてみる。そうすることで、二元論的思考の陥穽《かんせい》を脱することはできないだろうか。

C・ステパノフらは、ドメスティケーション（家畜化）を再検討する過程で、「飼育する人間」と「飼育される家畜」という古典的な二元論の図式を乗り越えるために、〈人間〉〈人間ならざるもの（人外）〉と、それらの絡まり合った生が長期にわたって根を張るハビタット（生息環境）である〈ドムス（domus：ラテン語で家の意）〉という三項の概念枠組みを導入し、それらの三項が相互作用する動態を考察検討するための枠組みを提起した［Stépanoff and Vigne 2019: 13］。〈ドムス〉があって〈人間〉と〈人外〉が相互作用するのではない。〈ドムス〉は不動の大地ではなく、それもまた他の二項と相互作用するのである。

ステパノフらによれば、生物学では、コミュニティは種が相互作用する場のことで、そこから人間は除外されていた。他方、社会科学では、コミュニティは人間集団を意味し、そこからは他種が排除されていた。生物学と社会科学で別々に用いられていたコミュニティ概念を統合し、人間と人外がともに生きる場を視野に収めながら、ステパノフらは「ハイブリッド・コミュニティ（hybrid communities）」という概念を案出したのである［Stépanoff and Vigne 2019: 14-5］。それは、「共有されたハビタットの周りの人間、植物と動物の間の長期にわたるマルチスピーシーズ的な連携の形式」［Stépanoff and Vigne 2019: 15］のことでもある。

N・レネによれば、北東インドに住むカムティの人々は、野生のゾウを完全に家畜化してしまうことはない。森の中で野生のゾウを捕獲する際には、〈ウティングナ〉と呼ばれる「森のゾウの主」との儀礼的な交換が重んじられ、〈コンキ〉と呼ばれる村と森の両方に通じたゾウが、捕獲から調教のプロセスにおいて、重要な役割を果たす。〈人間〉と〈野生のゾウ〉という二項ではなく、〈ウティングナ〉と〈コンキ〉と〈人間〉の間でハイブリッドな社会性（hybrid sociality）が形成されていると、レネはいう［Lainé 2019］。

ハイブリッド・コミュニティないしはハイブリッドな社会性とは、文化と自然、人間と動物、「飼育するもの」と「飼育されるもの」というように、二項に分けて考えるのではなく、三項ないしは複数項の関係性において捉えようとする、環境や動物をめぐる人類学の新たな概念枠組みである。ここでは、この新たな概念枠組みのもとで具体的に何が照らし出されるのかを、アンデス、内陸アジア、ボルネオ島の民族誌の事例から粗描してみたい。

2 アンデスの人間、地のもの、アイユ

人類学者M・デ・ラ・カデナの『地のものたち』は、アンデスの広大な「自然の政治」を原動力としながら、ペルーの主流社会に向けて政治活動を行い、二〇〇四年に亡くなった先住民のリーダーであった父マリアーノと、新自由主義的な多文化主義政策が行われる現代ペルーを生きる息子ナサリオを描いた、先住民の民族誌である［De La Cadena 2015］。二〇〇六年ナサリオに誘われて、デ・ラ・カデナは、アウサンガテ山を含む山脈にある鉱山の利権獲得に抗議するデモに参加した。

彼女のデモへの参加は、アルパカと羊を放牧し、羊毛と肉を売ることで人々が生計を立てている牧草地が鉱山開発によって破壊されることに抗議するためであった。彼女の参加理由にナサリオは同意したものの、彼にはデモ参加の別の動機があった。それは、人を殺してしまうかもしれないアウサンガテ山の怒りを鎮めることであった。デ・ラ・カデナはデモ終了後に村に戻ってから、多くの村人たちが、ナサリオと同じような見方をしていることを知ったのである［デ・ラ・カデナ 二〇一七：五〇－一］。

「アウサンガテはクスコで知れ渡っている強力な地のものであり、生と死、豊かさと貧しさの源である」［デ・ラ・カデナ 二〇一七：五〇］。アンデスの人々にとって、「人間以外のものには、動物、植物、大地が含まれる。とくに近年しばしば政治の場に召喚されている大

地は、感覚を持った存在者たちの布置からなる。存在者たちは『ティラクーナ（*tirakuna*）』すなわち『地のものたち』と呼ばれ」［デ・ラ・カデナ 二〇一七：五三］る。「地のもの」たちが傷つけられ、その怒りを人間にぶちまけてくることを、人々は怖れていたのである。

アウサンガテが「地のもの」であるという考えとともに重要なのが、場所に対する「アイユ（*ayllu*）」という概念である。先住民のリーダーであった故マリアーノは、二十世紀初頭クスコの上流階級の征服以来奪われてしまった、アウサンガテ山を含むアイユの奪還を望んでいた。アイユとは、「ケチュア語で、人間と人間以外のものとの関係を導くものであり、両者は特定の領域で交流することでその場所を特別なものにする」［デ・ラ・カデナ 二〇一七：六五］。

そこには人間と、動物、植物、山、川、雨など人外の諸項との異種混淆《こんこう》的な関係があり、人間と人外が相互にケアする（気づかう）「アイワイ（*uywuy*）」が日常的に実践されていたという［デ・ラ・カデナ 二〇一七：六五―六］。その意味で、アイユとはハイブリッド・コミュニティである［Stépanoff and Vigne 2019: 14］。「マリアーノとナサリオの世界における政治には、人間と人間以外のもの――山、川、作物、種子、羊、アルパカ、ラマ、土地、岩、さらには犬や鶏も――との関係を巧みにやり取りしながら共に場所を作ることも含まれる」［デ・ラ・カデナ 二〇一七：六七］。

征服以来、鉱業はアンデスの人々の生活の一部だった。鉱業化の過程でトンネルが掘削された段階ではまだ「地のもの」たちとの関係の余地を残していたが、現代の鉱山企業はダイナマイトで岩石を吹き飛ばし、鉱脈を追って、「地のもの」たちを破壊する。ナサリオは、「地のもの」と鉱山の関係を心配する。村人にとって、現代の露天採鉱はたんなる自然破壊ではなく、感覚的存在者である山々と人間、動植物がともに暮らす世界の破壊なのである。「企業の鉱業計画は農民の土地に侵入して環境を汚染するだけでなく、社会自然的世界をも打ち壊す」［デ・ラ・カデナ 二〇一七：六七］。人間、動植物、「地のもの」たちから構成される複数項の絡まり合いが、外部からの変数としての鉱山開発あるいはペルー主流社会の「人間の政治」によって破壊されようとしている。

3 内陸アジアの人間、牧畜、草原

ステパノフらによれば、南シベリアの遊牧民トゥバの「アアル・コダン（生きる場所）」というハイブリッド・コミュニティでは、人間と家畜がともに暮らしている。アアル・コダンにはまた、精霊が深く関わっている。人間が精霊に対して間違った振る舞いをすれば、家畜は病気になり、聖なる馬がアアル・コダン全体の繁栄と健康のために供犠される。そのハイブリッド・コミュニティでは、人間と人外がともに生活空間を作り上げている

[Stépanoff and Vigne 2019: 14-5]。

ハイブリッド・コミュニティそのものではないが、それに類する三項からなる構図の中に、シンジルトは、内陸アジアの牧畜民のマルチスピーシーズな関係性の変容を探っている[シンジルト 二〇二〇;シンジルト+MOSA 二〇二一]。内陸アジアの草原では、〈人間〉と〈家畜〉と、場所としての〈草原〉が絡まり合い、3をつなぐ要素としての「ケシゲ(幸運)」という観念の維持が目指されていた。家畜を販売したとしても、頭や尻尾から一握りの毛を取っておくことによって、あるいは娘を婚出させてもお経を唱えることによって、ケシゲがその3の絡まり合いの内側に留まるように工夫されてきた。ところが近年、草原での過放牧を危惧する中国政府によって「禁牧政策」が開始された結果として現在、〈人間〉と〈家畜〉の関係が大きな変容に晒されつつある。

禁牧政策によって、一部の地域では昼間は、囲い込みの内側で「青貯」と呼ばれる人工の草などの飼料を家畜に与える。その影響で、家畜に皮膚病や寄生虫病などが発症するようになった。また夜に当局の目を盗んで草原に家畜を放牧することで、家畜が視覚ではなく味覚に頼って草を探すようになり、おそらくストレス過多などが原因で、畜糞の形状や色に変化が現れるようになってきている。

内陸アジアの牧畜民社会ではこれまで、畜糞は燃料や堆肥としてだけではなく、雨水と配合されることで「薬」としても用いられてきた。しかし、畜糞からは今日薬効が失われているとされる。畜糞は、たんなるウンチになりつつある。

そのことにより、〈人間〉と〈家畜〉の間にあったケシゲ（幸運）もまた失われ、ケシゲは〈人間〉と〈家畜〉の関係から切り離され、〈人間〉だけにあるものと感知されるようになってきている。かつての〈人間〉〈家畜〉〈草原〉の3によって構成されていた絡まり合いが解け、三項のそれぞれがくっきりと境界付けられるようになってきていると見ることもできよう。要するに、〈人間〉〈家畜〉〈草原〉の三項が複雑に絡まり合うのではなく、それぞれが独立的な項として分離されて存在するようになり、文化と自然の二元論の亜種としての〈人間〉〈家畜〉〈草原〉という三元論が今、内陸アジアで生起しつつあるのだと言えるのかもしれない。

人間、人外、場所という3の絡まり合い。それは、牧畜という生業だけに見られるのではない。ハイブリッド・コミュニティは、狩猟民の中にも見出すことができる。

4 ボルネオ島の人間、獲物、タナ

狩猟民プナンにとっての「タナ・プングリップ（生きる場所）」もまた、一種のハイブリッド・コミュニティと捉えることができる。タナとは土地や森、プングリップとは「生」

のことである。それはまた、たんにタナとも呼ばれるため、以下ではタナと記す。タナとは、「生活必需品、食糧および、物々交換のために集められたり、あるいは自家用か販売用で工芸品の原材料になる、その他の資源を供給する土地」[Jayl Langub 2011: 96]のことである。それは、第2章で述べたように、いつ花が咲き実がなるのかがはっきりしない熱帯雨林の自然であり、不動の土地ではない。

プナンは、日々の糧を得るために頻繁にタナに入っていく。森にはヒゲイノシシや鹿類や猿類などの哺乳動物、サイチョウなどの鳥類、川には種々の魚類がおり、プナンはそれらを狩猟・漁撈《ぎょろう》して日々の糧としてきた。

州政府による先住民の定住化政策に応じて、一九六〇年代に入ると遊動生活を放棄して、プナンはブラガ川上流域に住むようになった。その後、彼らにとって、ブラガ川上流域の〈森〉がタナとなったのである。ところが移住後、そこでは、商業目的で木々が伐採されるようになった（プナンは木材会社と契約し、賠償金を受け取るようになった）。

すると、〈森〉は、忽《たちま》ちのうちに丸裸になった。〈人間〉〈獲物〉〈森〉の3のうち、〈森〉と〈獲物〉という2が消えてしまったのである。〈森〉と〈獲物〉のいない、〈人間〉だけからなる1の世界。結果として、一九八〇年代末から九〇年代にかけて、プナンにとって狩猟が困難な時期が続いた[Jayl Langub 2009]。

プナンは仕方なく歩いて山を登り、稜線《りょうせん》を越えて他の河川域に入ったり、木材伐採道路で木材会社の車に便乗したりして、遠く離れたアレット川やリテン川やアダー川などの河川流域の〈森〉に入って猟をするようになった。それらの〈森〉が、消えたブラガ川上流域のタナに代わって、彼らの新たなタナになったのである。

一方、木々が全て伐採されたブラガ川上流域には、一九九七年からアブラヤシが植林され、農園が経営されるようになった。二〇〇〇年代に入ってアブラヤシの実がなると、夕方から翌朝にかけて、ヒゲイノシシやヤマアラシが農園までアブラヤシの実を食べに来るようになり、プナンは夜間にアブラヤシ農園で待ち伏せ猟をするようになった。いったんは消えたブラガ川上流域のタナに、思わぬかたちで獲物が還ってきたのである。〈人間〉〈獲物〉〈アブラヤシ農園〉という新たなタナ、ハイブリッド・コミュニティが出現したのである。

プナンは足繁く〈アブラヤシ農園〉に通って、糧を得るようになった。ヤマアラシからは胃石が得られることがある。ヤマアラシの胃石は、マレー半島やシンガポールなどの華人社会で漢方薬の原料として重宝され、プナンが仲介人に売却する価格の三〜四倍の価格で取り引きされている。ブラガ川上流域では、一つのヤマアラシの胃石は一万一〇〇〇〜二万一〇〇〇マレーシア・リンギ（日本円で約三十三〜六十三万円）で売却される。中には、その売却金を元手に、四輪駆動車を購入したプナンもいる。〈人間〉〈獲物〉〈アブラヤシ農園〉からなる新たなハイブリッド・コミュニティは、プナンに思いがけず富をもたらす。

　プナンは今日、遠く離れた〈森〉のタナ（アレット川やリテン川流域など）にもまたよく猟に出かける。以下では、そこに見られる〈人間〉〈テナガザル〉〈テナガザル鳥〉〈森〉という、3でなく4からなるハイブリッド・コミュニティの質的な変容を素描してみたい。

〈テナガザル〉は、ブラガ川上流域の森の樹冠に住む類人猿で、オスとメスで互いに調整しながらデュエットする、霊長類学で「グレート・コール」と呼ばれる、特徴的な鳴き声を森中に響き渡らせる。それを聞くとプナンは、そちらに獲物がいることを察して近づいていく。

　プナンには〈テナガザル鳥〉と名づけられた鳥がいる。カオジロヒヨドリである。〈テナガザル〉が樹上で果実をあさっていると〈テナガザル鳥〉は、人間が近づいてきていることを囀《さえず》って知らせて、〈テナガザル〉の命を助けると、プナンは言う。そしてそのことが、その一風変わった鳥の名前の由来だとも言う。

　実際に、樹上で長い腕を使って果実を食べ、広い範囲で無傷の種子を排泄する〈テナガザル〉と、同じく樹上の果実をついばんで種子を散布する〈テナガザル鳥〉の食餌行動が樹上で交差する。けたたましい〈テナガザル鳥〉の鳴き声に邪魔されて、プナンの標的である〈テナガザル〉は逃げてしまう。その結果として、せっかく〈テナガザル〉のいる場所に駆けつけたプナンのハンターの狩猟は失敗に終わる。

〈森〉の中で〈テナガザル〉と〈人間〉との生命のやり取りは、〈テナガザル鳥〉によって媒介される。その時、〈テナガザル鳥〉は、意志を持つ存在者として立ち現れる。興味深いのは、〈テナガザル鳥〉のおかげで〈テナガザル〉が命をつないでいるという、プナンにとっての経験的事実が、その名の中に刻みつけられている点である。逆の角度から言えば、プナンは、人外の働きによって人間が狩猟に失敗することを重々承知の上で、〈森〉のタナで、糧を得たり得なかったりして生きてきたのである。

ところで、一九八〇年代後半からライフル銃が導入され、プナンは自家製の銃を製造するようになった。今日、銃弾は高価なため手に入りにくいが、吹き矢や猟犬を用いる猟とともに、銃を用いた猟が日常的に行われている。遠距離狙撃できる銃のおかげで、プナンは離れたところから樹上に〈テナガザル〉を見つけると射撃する。そのことで、〈人間〉〈テナガザル〉〈テナガザル鳥〉〈森〉の4からなる絡まり合いの度合いが弱まりつつある。

この四項の世界に〈テナガザル鳥〉はいてもいなくてもいい存在となりつつあるからである。〈森〉のタナでは、〈人間〉〈テナガザル〉〈テナガザル鳥〉の絡まり合いが部分解体され、狩る〈人間〉と狩られる〈テナガザル〉という2が顕著になりつつある。そのため、4は3に変容しつつある。〈テナガザル鳥〉はやがて、その名前の由来の語りの中だけに留まることになるのかもしれない。

振り返ってみよう。〈人間〉〈獲物〉〈森〉の3から〈獲物〉と〈森〉が失われ、一時的には〈人間〉という1の世界が立ち現れ、その後、〈人間〉〈獲物〉〈アブラヤシ農園〉という新たなハイブリッド・コミュニティが出現した。それらに並行して、〈人間〉〈テナガザル〉〈テナガザル鳥〉〈森〉という4からなる世界が、〈森〉の中で、狩る〈人間〉と狩られる〈テナガザル〉の2の世界に変容してしまった。この事態は、いったい何を示しているのだろうか？　それは、アナ・チンが提起する、「不確定性」が支配する世界を想起させる。

チンは言う。「予期せぬ出会いによって、わたしたちは一変させられてしまう」［チン二〇一九：三〇］。「わたしたちは管理されえないし、自分たちをも管理しえない。コミュニティが擁する安定した構造に依存することができず、推移しつづけるアッセンブリッジへ投げ出されてしまう」［チン二〇一九：三〇］。

樹冠の鳥を吹き矢で狙うハンター

推移しつづける、閉じていない集まりである「アッセンブリッジ」。「アッセンブリッジはただ単に暮らし方の集合体ではない。アッセンブリッジが暮らしを作るのである」［チン二〇一九：三四］。チンが言うように、「不確定性もまた、生を可能たらしめる」［チンブリッジである。

二〇一九：三〇]。こうしたハイブリッド・コミュニティは本質的に、移ろいゆくアッセン

5 複数の項が移ろう不確定な世界

モザンビークのヤオのハニーハンター（はちみつ採取者）が特別な音を出すと、ノドグロミツオシエという鳥類がハンターを蜂の巣へと誘導する可能性が高まる。ハニーハンターは案内された先の蜂の巣がある木を切り倒してはちみつを手に入れ、ミツオシエは蜜蠟を手に入れる [Spottiswoode, Begg and Begg 2016]。〈人間〉〈ノドグロミツオシエ〉〈蜂の巣〉〈ヤオの森〉の関係もまた、ハイブリッド・コミュニティの枠組みで捉えることができるかもしれない。私たちの周囲でも、例えば、人間とネコはともに生活空間を作り上げているると見ることができる。人間の作り出した車と道路がネコに「ロード・キル」をもたらし、怪異を起こす化けネコに供物を捧げると平安が訪れる。そこには、〈人間〉〈ネコ〉〈生活空間〉というハイブリッド・コミュニティが想定されよう。

ただし、ハイブリッド・コミュニティは、必ずしも、それぞれを構成する複数項が一定で、持続的であることを保証しない。車や舗装道路がかつてはなかったように、項そのも

のが変化し、予期せぬ出会いによって、新たなハイブリッド・コミュニティが生み出される。全ては流動的で、不動のものは何もない。

人間と人外の関係を2ではなく3ないしはそれ以上で考えてみる。すると、複数の項の絡まり合いは、外部の変数によって破壊されたり、絡まり合っていたつながりが解けたり、新たな絡まり合いが生じたり、項が減じたりすることによって、環境＝世界のダイナミズムをそのつど生んでいることが分かる。ハイブリッド・コミュニティは、私たちが周囲の環境やいのちの問題を考える時に、人間と環境、文化と自然といった二元論的な思考から離れて、人間を含め、諸要素の関係の動きや移ろいに焦点をあてて考えてみるための新たな視座を示している。

第4章 ネコと踊るワルツ

1 岩合光昭の写真人類学

落語には「猫の皿」「猫の災難」「猫の忠信」などのネコが出てくる噺がたくさんある。昭和の初期に「ネコシリーズ」という新作落語で売り出したのは、初代・柳家権太楼である。「車掌さんと猫」は、校長先生から鰹節《かつおぶし》付きでメスの仔ネコをもらい受けた「小使《こづか》いくん」が都電に乗り、車内でネコのやり場に困り果てて、シャッポ（帽子）の中に隠して、仔ネコにおしっこをされるというとぼけた噺である。新作落語の最高傑作ともされる「猫と金魚」では、金魚鉢から金魚を食べる隣家のネコをめぐる旦那と番頭のナンセンスなやり取りが続いた後に、ネコを殴って懲《こ》らしめるために呼ばれた横丁の頭《かしら》の虎さんがネコにあべこべにやっつけられてしまう。権太楼落語では、人とネコがともに生きている日常が生き生きと描かれる。

岩合光昭のネコ写真や映像は、権太楼のネコ落語の世界を想起させる。人とネコがともに暮らしている場から、ありのままのネコがこちらを窺っていたり、飛び出したりしてくるからである。

岩合のネコ写真は私たちにいったい何を投げかけているのか。本章では、写真撮影を「狩猟行動」と比較しながら、岩合のネコ写真の魅力の正体について考えてみたい。

2〈共異体〉の写真家

人間と人外がともに暮らしている空間のことを、フランスの人類学者ステパノフらが、「ハイブリッド・コミュニティ」と名づけたことは第3章で見た［Stépanoff and Vigne 2019: 1-20］。南シベリアのトゥバの「アアル・コダン（生きる場所）」というハイブリッド・コミュニティでは、家族と家畜たちがともに暮らしている。そこでは、人間や動物や精霊などのあらゆる要素が相依相関しあっていて、人間の精霊に対する間違った振る舞いが家畜に病気をもたらし、逆に、ヤクを供犠することがアアル・コダン全体に繁栄と健康をもたらすとされる。ハイブリッド・コミュニティでは、人の生活空間に他の生きものが入って来るのではなく、人と他の生きものがともに生活空間を作り上げる。そこでは、人と生きものが関わり合いながら暮らしているのだ。

それと同じように、ネコは人の生活空間に入って来るのではなく、人とネコがともに生活空間をつくり上げているのだということができる。人間の作った道路と車がネコに「ロード・キル」という災難をもたらし、怪異を起こす化けネコが退治されると、生活空間に平安が訪れる。

ハイブリッド・コミュニティは、人間と異種がともにつくり上げている生活空間である。それは、同種のものたちの「共同体」ではない。異種たちから成る〈共異体〉と言ってもいいかもしれない。〈共異体〉は、芸術人類学者・石倉敏明が用いた語から借用している。石倉は作家、人類学者、建築家からなるコレクティヴで、第五十八回ヴェネチア・ビエンナーレ国際美術展（二〇一九年）の日本館展示に参加した。「人と自然やそのほかの生命との関係や、私たちがどこに存在しているかを探究する」プロジェクトは、「共異体のパースペクティヴ」と名づけられていた。「共異体」とは「異なる職能を持つ表現者がそれぞれの専門性を軸に協働すること」だとされる。ここではその定義を拡大解釈し、異種が協働して作り上げているコミュニティのことを〈共異体〉と呼ぶ。

ところで岩合は、世界のあちこちの人とネコの〈共異体〉の存在を、写真という媒体をつうじて私たちに示してくれている。岩合は友人に抱かれたネコの目が肩越しに岩合の目と合った時、「世の中にこんな美しい生き物がいるのか」と感じたと、高校時代のネコとの第一遭遇を回想している［TBS『ゴロウ・デラックス』二〇一七年二月十六日放送］。その時、未来のネコ写真家・岩合光昭は誕生していたのである。

3 野生動物を目で見て、からだで見る

岩合の最初の作品はネコの写真集であったが、近年に至るまで岩合はむしろ野生動物写真家として知られていた。ネコとヒトの〈共異体〉の写真を撮る以前には、人間が暮らす場所から遠く離れた場所に生きる野生動物の世界にカメラを向けていた。

岩合は二十歳の時（一九七〇年）に、動物写真家であった父の助手としてガラパゴス島を訪れ、その圧倒的な自然に触れ、動物写真家になることを決心する。その翌年には、その後何度も訪れることになるアフリカを訪ね、一種の霊感を得ている。アフリカ大陸の砂漠、熱帯雨林、高山に至るまで、ダイナミックな自然の中に生きる数多《あまた》の草食動物、それらを獲物とする肉食動物、ゾウやキリンなどの大型哺乳動物が、人が知り得ない「やくそく」に従って生きている。岩合はそれを「おきて」と呼ぶ。その後、一九八二年から八四年に

かけて一年半にわたって、当時四歳の娘さんと奥さんと一緒に、タンザニアのセレンゲティ国立公園に住み込んで、野生動物たちを撮影したのである。

写真集『おきて』には、ヌー、ライオン、シマウマ、バッファロー、ハイエナ、ゾウ、キリン、ヒョウなどの様々な野生動物の交尾、子育て、狩り、移動、死をめぐる写真が収められている。ウシカモシカとも呼ばれるヌーが草を求めて二〇〇キロの距離を移動するさまを追った岩合は、ヌーたちが旅の終わりに越えなければならないマラ川渡りにおいて起きた壮絶な情景を目の当たりにする。

川岸に達したヌーたちは、しばらくそこで躊躇していたが、ある個体が先頭を切って川を渡り出した。すると後は堰《せき》を切ったように水に飛び込み、目玉が三倍くらいに見開かれて、ただひたむきに、前に向かって進むばかりだ。

中には溺死したり、やっとの思いで対岸にたどり着いても、丘へ登り切れないものもいる。最初のヌーが高い岸のところを渡ると、後続のヌーたちは皆当然のように同じ場所を渡る。多くのヌーたちが通過した後の岸は泥沼状になっている。いったんそこにはまってしまえば、まるで底なし沼のように、もがけばもがくほど抜けられなくなってしまうのだ。脚が沈んで背中だけが泥から出ていると、次々と後から渡ってくる仲間の踏み台になってますます抜けられない。そうやって、何頭ものヌーが命を落とす。死体が累々としたところを、ハゲワシが飛び歩く。ワニが川底にひきずり込む。大きな魚がつつく。命を落としてしまったものが別の命をつないでいく。

［岩合 二〇一〇：三〇－一］

マラ川を渡り切ることができずに落命したヌーに群がるハゲワシ、ワニ、魚などの動物たち……。セレンゲティで、野生動物のたくましい生への躍動とともに異種の間の命のやり取りを体験した岩合は、それらを淡々とかつ冷静に描き出している。

ヌーたちが川の水を飲みに来るところをワニが襲うシーンの撮影を狙った岩合のエピソードから感じられるのは、真摯《しんし》でワイルドな写真家のイメージである。岩合はある時、撮影ポイントを探っていてワニの背中に危うく跳び乗るところだったこともある。シャッターチャンスが来るまで、その間一ヶ月半も粘ったのだ。

ワニに名前を付けたり、双眼鏡で見ているうちに、ワニの顔面のでこぼこやイボなどの差異を見つけ出し、ワニに親しい気持ちが沸き起こってきたとも述べている。岩合はワニの生に没入し、共感する。そしてついに、ある日の早朝、ヌーたちが川の斜面を降りてくる。

ワニがヌーの幼獣の後ろ肢を捕まえた。さらに水へ引き込んでいく。丸ごと川に引きずり込む。最後に泡が大きくぽんとはじける。ヌーの断末魔だ。ワニはそうした獲物を、すぐに食べずにしばらく置いておくことが多い。その時は川の底に引き込んで、浮いてこなかった。数日後、柔らかくなったヌーを、水面で叩きバラバラにして、細かくして喉に流し込むのだ。

［岩合二〇一〇：一三四］

ワニは食べやすくするために、ヌーの死体をしばらく放置し、数日柔らかくしてから飲み込む。目を見開いて、岩合は見る。細部にわたって、入念に。

その後十五年を経て、岩合はセレンゲティでの取材を振り返って、野生動物を知ることについて、以下のように述べている。

野生動物を知りたいと思ったら、とにかく「見る」ことに尽きる。世の中には情報や知識が氾濫しているから、つい「わかった」気になってしまう。でも、自分の目で見る、からだで見る。あるいは、風や光を感じる。そうした体験を通じてしか、わからないことがたくさんあるのではないだろうか。…（中略）…「見ること」を深めるには並大抵の努力ではすまないと思う。しかし、野生動物、そして自然とヒトの関係は、そこからはじまるのだ。

〔岩合 二〇一〇：一五六〕

野生動物を知るためには、からだと感覚器官をつうじて、見ることを深めていくことから始めなければならない。経験した者にしか語ることのできない、とても力強い言葉である。そして、そのことを教えてくれたのは、当の「世界中で出会った多くの動物たちだった」〔岩合 二〇一〇：一五六〕のだ。岩合はまずは、動物たちに謝意を述べる。「そのすべての動物たちに『ありがとう』と言いたい」〔岩合 二〇一〇：一五六〕と。

野生動物たちは、岩合に、命とはいかなるものであるのかを、身をもって示してくれた。そのような野生動物たちからの贈りものに対して返礼の言葉を述べる身振りのうちに、岩合が見ることを深めることによって野生動物を知り得たある種の自信と自負を確認することができよう。

タンザニアのセレンゲティ国立公園や世界各地で、人間の住む世界から遠く離れた外部にいる野生動物たちの生きる姿や死にざまを間近で目で見て、からだで見て、風や光を感じて、感応した経験を踏まえて、今度は、彼の動物写真家としての原点でもあるネコに目を転じ、〈共異体〉の内部でネコを見ることを深めようとする地点へと降り立ったのである。

4 人とネコが踊るワルツ

動物写真家・岩合光昭がネコ写真家として広く知られるようになったのは、二〇一二年に始まったNHKの番組『世界ネコ歩き』が高視聴率をはじき出してからのことである。それ以降、岩合にはネコ写真家というイメージがすっかり定着するようになった。岩合に倣ってネコの撮影をする人たちが急増し、岩合がネコの撮影のポイントを指南する番組が作られ、本が出版されるようになった。それらには、経験と感覚の次元で動物を知った岩合ならではの動物理解と動物へのまなざしが、深く刻み込まれている。

『ネコを撮る』は、ネコを撮影するためのポイントや極意がやさしく書かれた本である。岩合のアドバイスは「ネコを撮る場合には、ちょこっとその風景にネコが座っているだけで、色気がふうわーっと起こるような、そんな町並みを探し、選んでほしい」［岩合二〇〇七：八二］という、ネコ撮影の場所選びの指南から始まる。

写真を撮るときには角度が重要だ。一般的にネコの目線に合わせてカメラを低い位置で構えるとネコらしく撮れる…（中略）…とはいえ、そればかりでは芸がない…（中略）…いろいろな角度から見れば見るほど、自分のイメージに近い、ネコとの相性抜群のアングルが見つかるはずだ。

［岩合 二〇〇七：九五］

ネコの目線に合わせて、低位置でファインダーを覗く。そればかりでなく、いろんな角度から相手との相性抜群のアングルを探れ、と岩合は言う。

はじめに距離があいていても自然にお互いの距離が縮まって、知らず知らずのうちに、互いにワルツを踊っているような心地よい関係が生まれる。

［岩合 二〇〇七：一〇二］

写真を撮る側の一方的な撮影の位置取りだけでは不十分で、人とネコが「互いにワルツを踊っている」ようにならなくてはならない。

岩合によれば、写真を撮るのが上手い人は、ネコを見る目線が一定で、「その目がカメラになっていると言っていいかもしれない」［岩合 二〇〇七：一二〇］。つまり、「ネコとのいろいろな距離のとり方をわかっている」［岩合 二〇〇七：一二〇］必要がある。繰り返し、人とネコとの距離感の大切さを強調した後に、そこからもう一歩踏み込んで、岩合は以下のように述べる。

いつまでたってもシャッターチャンスがつかめないヒトというのがいる。残酷なことを書くようだが、それはズバリ、見ていないのだ。ネコが何を考えているのかというところまで、撮影側を見抜かなければいけない。「あ、このネコはこういう動きをするときに、こうするな」って、見ていれば分かるようになればいい。被写体であり、ネコが主人公なのだから、ネコの立場になって考えるということ。これは難しいが、努力のしがいのあるポイントである。

〔岩合 二〇〇七：一二五〕

ここで岩合は、見ることを深めることに関して、とても興味深いことを述べている。「ネコが何を考えているのかというところまで、撮影側を見抜かなければいけない」。ネコの写真を撮る時に、ネコが何を考えているのかを先回りして予想することが大事だという。また、写真を撮る時には、ネコこそが主人公なのである。ネコの立場になって考えてみるというのが、ネコ撮影の極意である。

岩合によるネコの写真撮影術は、撮影者と被写体、人間の視点とネコの視点をめぐる人類学的な考察へと私たちを誘う。「パースペクティヴィズム」と呼ばれている議論の中に岩合光昭を位置づけてみたい。

5　ネコに気に入られたときにだけ、ネコを撮ることができる

ブラジルの人類学者E・ヴィヴェイロス・デ・カストロによれば、アメリカ大陸先住民は、人間と人外から成る〈共異体〉で暮らしている。人々は、ジャガーなどの動物や精霊もまた、自らを人間的主体であると思っていると考えている。また、人間は、動物や精霊などのパースペクティヴがどのようなものであるのかについて知ることができるとされる［ヴィヴェイロス・デ・カストロ 二〇一六：四一－七九］。

岩合が入り込んでいる〈共異体〉としてのネコの世界でもまた、ネコが主人公、すなわち主体であり、そこで写真家はネコのパースペクティヴを知りうると想定されている。ヴィヴェイロス・デ・カストロの抽象的なモデルを進めて、人々が行う日常の実践の中にパースペクティヴィズムを探ったのが、デンマークの人類学者R・ウィラースレフである。彼が取り上げたのが、シベリアのユカギールのハンターによる、獲物であるエルクの「誘惑」と「模倣」というテーマである［ウィラースレフ 二〇一八］。

ネコの撮影の話なのに、なぜここで狩猟を持ち出すのかと読者は訝《いぶか》るかもしれない。それは、「写真を撮影すること」と「撃ち殺すこと」の相似性というインスピレーションか

らである。英語の“shoot”には「撮影する」というのと、「撃ち殺す」という意味がある。ユカギールには、「エルクがハンターのことを気に入ったときにだけ、ハンターがエルクを殺すことができる」という言い回しがある。ハンターは獲物を「誘惑」し、性的に興奮させて、おびき寄せる。ハンターは、獲物にとって性的に魅力があるだけでなく、友好的で無害に見えなければならない。

ユカギールのハンターは、狩猟の前日の夕刻から、「目に見えない」次元でエルクの「誘惑」を始める。ハンターは、ウォッカやタバコなどの舶来品を火の中に投げ入れて、エルクの支配霊を淫《みだ》らな気分にさせ、夢の中で性的に結ばれる。するとどういうわけか、翌朝ハンターがエルクを「模倣」し始めると、性的興奮の絶頂を期待したエルクがハンターめがけて走り寄ってくるのだという。

ハンターはエルクの皮で覆われたスキーを履き、エルクの出すような音を出し、よたよたとエルクのように揺れ動きながら前進して、エルクを「模倣」する。しかし、彼の本当の目的はエルクをしとめることであり、「模倣」して完全にエルクになってしまってはならない。ハンターはエルクを十分に引きつけておいて、最後の瞬間にライフル銃で撃ち殺《シュート》す。

このユカギールのハンターによるパースペクティヴィズムは、岩合の写真撮影術で語られる人とネコの関係にそっくりではないか。

ネコが写真家のことを気に入ったときにだけ、写真家がネコを撮影することができる。

写真家はネコを撮るために、低位置でファインダーを覗いたり、相性抜群のアングルを見つけたりして、ネコを「誘惑」する。互いにワルツを踊っているような関係になり、ネコの目線に下りていって、ネコの立場に立って考えつつも、シャッターチャンスだけは逃さず、撮影《シュート》する。

6 ネコの魅力と行動に惹き込まれ、遊んでもらう

ところが、岩合の説く撮影法では、ネコを「誘惑」して、ネコの目線にまで下りていくことと、その状態の急激な切断たる写真撮影への移行の境目が必ずしも明瞭ではないのかもしれない。つまり、ネコの考えていることを見抜いて、シャッターチャンスを獲得することだけが、必ずしも岩合の最終的な目的ではなくなっている。逆に、ネコと同じ目線で考え、場合によっては、主人公であるネコに認めてもらったり、遊んでもらったりすることが、岩合の中では大きく膨れ上がっている。

そこまで来ると、写真撮影それ自体は、もはやどうでもいいことなのかもしれないと、考えてみたくもなる。そうした境地が、岩合の文章から感じられることがある。例えば、『ネコへの恋文』の「おわりに」の冒頭の以下のような言い回しだ。

まっすぐに見つめてくる顔、鳴いている顔、知らんふりしながら足下に擦り寄ってきて見上げる顔、そんな君が好きです。

［岩合二〇一六：一〇二］

岩合にとって、ネコはたんなる撮影対象ではない。好ましく、愛しい相手なのである。そうであるならば、互いにワルツを踊ること、ネコの立場になって考えること、いやネコに遊んでもらっていることのほうがネコの写真を撮ることよりも、岩合にとって愉しいこととして感じられるのではないか。

ふたたびユカギールのハンターに戻ろう。獲物にとって無害な恋人という偽りの役割を演じるユカギールのハンターにとって、狩猟対象の獲物が放つ魅力に惹きつけられることは、一歩間違えば死に至る、危険な面を併せ持っている。その点に関して、ウィラースレフは、以下のように述べている。

エルクを観察していてある種の魅力や行動に惹き込まれ、差し迫った自分の仕事のことを忘れてしまって、気がつけばすでに手遅れで、動物が手の届かない場所に行ってしまうことがある…（中略）…この愛に夢中になると、他に何も考えられなくなり、食欲を失くして、しばらくすると死に至る。

［ウィラースレフ 二〇一八：一七八］

ユカギールのハンターの中には、我を忘れてエルクとの愛に夢中になって、エルクそのものになってしまう人間もいるという。エルクがハンターのキャンプにまっすぐ歩いてくるようなことがあれば、前世の記憶が残っていて、人間の仲間を探しているのだと言われることもある。

岩合自身は、実際には、他に何も考えられなくなるほどネコに夢中になるところまでは行っていないのかもしれない。だが、人とネコがともに暮らす〈共異体〉において、ネコの魅力や行動に惹きつけられ、ネコに遊んでもらって、差し迫った自分の仕事のことを忘れてしまう境地のすぐ近くにまで行っているのではないか。

それほどまでに、写真家・岩合の仕事は、いや生き方は危うい、いや気高い領域にまで高められている。岩合のネコ写真は、人間と人外からなる〈共異体〉の可能性を教えてくれる。

第2部 スピーシーズ

第5章
多種で考える
マルチスピーシーズ民族誌の野望

1 マルチスピーシーズという問い

「ゴキブリ＝人間」と「昆虫＝人間」の戦い

一つのマンガ作品を紹介したい。火星が舞台の、貴家悠作・橘賢一画『テラフォーマーズ』［貴家・橘 二〇一二］である。二十一世紀の初め、科学者たちは、人口過密、汚染、環境破壊が進む地球からいずれ脱出する時のために、火星の「テラフォーミング《地球化計画》」を開始した。

平均気温マイナス五十三℃という極寒の惑星を人間の住める環境に変えるためには、火星の地中に凍ったままの二酸化炭素を溶かして、温室効果で火星を暖める必要があった。

そのために、「ストロトマイト」を改良して生まれた藻類《そうるい》と、藻を食べ強い繁殖力を持つ昆虫綱網翅《もうし》目のゴキブリを大量に火星の地に放つことが計画された。その黒い生物種を大量発生させて地表を黒く染め上げ、太陽光を吸収して火星を暖めるのである。そのことは、ゴキブリの死体に藻が繁り、その藻を食べてゴキブリが増殖するという生態系の連鎖が起これば可能になると考えられた。

五〇〇年後の二五七七年に六人の宇宙飛行士が火星に派遣されたが、その間に進化を遂げていたゴキブリの襲撃を受けて壊滅する。その後、火星に住む敵がどれほどの破壊力をもっていても闘えるように、様々な昆虫の特性が使える「バグズ手術」を受けて改造された十五人が、害虫駆除の使命を帯びて火星に送り込まれる。

そこはすでに、進化した巨大なヒトのようなゴキブリに支配されていた。送り込まれたクルーたちは、それらと死闘を繰り広げることになった。

ミイデラゴミムシは、「過酸化水素」と「ハイドロキノン」の二つの物質を体内合成し、超高温の「ベンゾキノン」を爆音とともに放出する。ミイデラゴミムシの特性を手術で実験的に組み込まれた人間がその身体の大きさでその化学物質を放出すれば、火炎放射器さながらの大爆発が起きる。一咬《か》みで銃撃のような痛みをもたらす最強の蟻パラポネラが、ある人間には組み込まれた。いわば「昆虫＝人間」たちが、バグズ手術によって造られたのである。

他には、水分が足りない環境では「クリプトビオシス」という防御態勢に入り、摂氏二〇〇℃で五分間熱してもマイナス二七〇℃で凍らせても真空状態に置かれても死なない、アフリカ中央部に棲息するネムリユスリカの幼虫の特性を持つ「昆虫＝人間」がいた。毒針で刺してゴキブリの脳の逃避反射を麻痺させ、幼虫に内臓を喰われる間も意識はあるが逃げることができない奴隷状態にするエメラルドゴキブリバチの特性を組み込まれた「昆虫＝人間」もまたその時、火星に送り込まれたのである。

虫たちに備わる防衛や攻撃、生存や捕食の戦略や技法が、火星で進化した「ゴキブリ＝人間」と戦うために、人間の中に埋め込まれている。その意味で、この作品は、『アニマル・コミックス』の編者ディヴィッド・ハーマンがいうように、人間と昆虫が互いにコンタクトするニッチを物語世界の中に描き出し、マンガという特有の形式をつうじて、私たちが人間と虫の間に線を引いて考える常識的な理解をぶち壊すような想像力を秘めている。

メアリー・ナイトンは『アニマル・コミックス』の中でこの『テラフォーマーズ』を取り上げて考察している。火星で進化したゴキブリたちは「たんなる虫」に過ぎないが、個としても群れとしてもとても知的であり、道具や武器を用いて、新しい情報に素早く適応し、音の組み合わせでコミュニケーションをとる。また外科手術を習得して、死んだクルーの遺体を用いて、人型ゴキブリを新たなハイブリ昆虫や動物の体にバイオエンジニアリングする。彼らは、植民地化あるいは異種間の侵略という文脈において、地球から送り込まれた「昆虫＝人間」との間で戦争を激化させていくのだ。

そのことを踏まえて、ナイトンは、その「昆虫＝人間」の物語世界を以下のように分析する。

このマンガの中の社会ダーウィニズム的な不穏な要素は、現代の生権力のテクノロジーと進化のプロセスを加速させたり、(再)形成したりする能力の強調とともに、他の生物種に対する人間の侵略行為および、より一般には、動物と人間の生命との複雑に絡まり合った関係性に関して、より深く考えてみるよう読者に促し、挑んでいる。そうすることで、私たちがともに動物起源であること、また、人間－動物の相互依存に特徴づけられる未来が避けられないことを認識することに一歩近づくことができる。

［Knighton 2018: 150］

『テラフォーマーズ』は、私たち人間が、他の生物種への侵略を含め、異種間の生命の絡まり合いに関して考えてみよと促している。それだけでなく、この先人間は他の生物種との相互依存関係でしかやっていけないことを学習するだろうと、ナイトンは見ている。

ナイトンによる読みとしてもう一つ興味深いのは、火星で進化した「ゴキブリ＝人間」たちと、それらを駆除しにやって来たものの返り討ちにあって駆除される客体となる「昆虫＝人間」たちとの間には、真の意味で区別などないことが次第にわかってくると論じている点である。ナイトンはいう。「これら全ての動物の生物学が新しいテクノロジーと相互作用するにつれて、物語は、自然と外部、市民と害虫という、かつて明確だった境界線を曖昧にし、どの種が侵略的な種なのか、どの種の存在が正確に主権者の暴力の標的になるに値するのかがはっきりしなくなる」[Knighton 2018: 153]。

カテゴリーの曖昧化は嘆くべきことではない。そのことは、人間と人外の生命が互いに依存し合っている「生物社会的」な社会組織の様式を提供する新たなポストヒューマン政治への出発点だと、ナイトンは説く[Knighton 2018: 154]。『テラフォーマーズ』では、人間と動物、市民と害虫といった、かつて明確だった境界がどんどんと薄れ、曖昧なものになっていく。昆虫の過激な変質性が逆説的に、私たち人間が誰であり何であるのか、つまり「人新世」の時代に人間が最も侵略的な生物種であることを気づかせてくれるのだ[Herman 2018: 15]。

2 非人間のエージェンシーをめぐる対話

虫が虫であり、人間が人間であることがもはや成立しえなくなるような近未来的・前衛的なマンガに触れた後に、ここではある作家の語るエピソードを取り上げてみよう。五木寛之は、あるエッセイの中で、ロシアで活躍したユダヤ系の演出家ユーリー・リュビーモフ（一九一七－二〇一四）との対話を回想している。リュビーモフが来日して、東京で『ハムレット』を上演し、五木はその斬新な演出にショックを受けた。芝居の終わった後に、舞台の端に腰かけて短い時間対談した時に五木が呟いた言葉を、リュビーモフは鋭く聞きつけたという。詰問《きつもん》するような口調で、「五木さん、あなたは人間も蟻も豚もみんな同じようなものだ、と考えているのですか」と問い返してきたので、一瞬ギョッとしたと五木は回想している［五木 二〇一五：一〇九］。

しかし、考えてみると、人間の生命というものと、蟻の生命と豚の生命、その間に優劣の差なんかはない。どこか心のなかでそう思っていたので、私は頷いて言いました。

「人間も蟻も、一個の生命という意味では同じだと思います」

するとかれはものすごくあきれ果てた表情で、

「人間と蟻とは違います」

と言い、その後、話はなかなか発展しませんでした。

私たちが「山川草木悉皆仏性」と感じ、野も山も、あるいは森も川もすべてに命がある、水にも命がある、虫にも命があると考えることは、彼にとってはいわば大変前近代的な考えと思えたのでしょう。

〔五木 二〇一五：一〇九〕

五木は、蟻や豚の生命に対する自分の考え方が前近代的な古臭いものだと一笑に付されたことに忸怩《じくじ》たる思いを抱いたようである。エッセイの中で彼はそこから逆に、今こそこうした考え方が意味を持つはずだと切り返している。

五木は、生命学、分子生物学の研究者と話している時に、木の葉にも、虫にも、人間にも、すべて生命があり、生命という点においてすべてのものが平等であるという考え方は、DNAあるいは遺伝子とかゲノムという考え方においては常識だと言われたことを思い出す。続いて、「そんなことは、じつは科学の応援を待つことなく、私たちが何千年も前から感じていたことではなかったのか」〔五木 二〇一五：一一二〕と自問する。人間と同様に、蟻にも豚にも生命があって、優劣の差などないということは、日本人にとっては、今さらとりたてて言うまでもないことだったことに五木は気づく。

ところで二〇〇〇年代に入って、「マルチスピーシーズ民族誌」という研究ジャンルが人類学の中に登場し、その後二〇一〇年代になると盛んに研究が行われるようになってきている。人間以外の種《スピーシーズ》たちが、自らの歴史と政治を持つ生ある存在として人類学の文献の中に登場し始めたのである。この新しい研究潮流を眺めながら人類学者T・インゴルドは、五木と同じように、そんなことは今さらとりたてて言うことでもあるまいと批判している。

物質文化の理論家たちには長らく無視されてきたのだけれども、もう何世代にもわたって、狩猟民や農耕民、牧畜民の文献のページの中には、「間違ったたぐいの非人間たち」が大股で歩き続けてきたのだと述べて、マルチスピーシーズ民族誌はいまさらの感があると、インゴルドは主張するのである［Ingold 2013:19］。インゴルドの批判は、リュビーモフの詰問に違和感を抱いた五木の側に立てば、正しいことなのかもしれない。

インゴルドが言うように、古典的な民族誌の中には人間のように振る舞う生きものがさんざん語られてきた。だとすれば、あえて今、人外や多種《マルチスピーシーズ》を取り上げて語り出さねばならないのはなぜなのか。五木が感じたように、人間と蟻と豚は同様の存在だと見ないリュビーモフのような西洋の知性に対して、日本人や非西洋の狩猟民、農耕民、牧畜民などに古くからある考えを持ち出して、反論したり対話したりしたいわけではあるまい。

では、マルチスピーシーズ民族誌とは何か。以下で見ていこう。

3 人新世の時代の民族誌

地球の環境変動に及ぼす人間の力

多種《マルチスピーシーズ》をフィールドワークに基づいて調査研究するマルチスピーシーズ民族誌が現れたのは、二十一世紀のゼロ年代のことだった［カークセイ＋ヘルムライヒ 二〇一七］。それは、二〇〇〇年に、「人新世（Anthropocene）」というアイデアが示され、その後、その用語に発する問いが、とりわけ欧米で広がりつつあった時期に重なる。それは、地球上にこれまで存在した夥《おびただ》しい数の生物種のうち、唯一、人間の活動のみが地質学的な次元で地球に影響を与えていることを示す概念として広がっていった。

人新世は、「オゾン・ホール」のメカニズムの研究によって一九九五年にノーベル化学賞を受賞したP・クルッツェンが、従来の地質年代「完新世（Holocene）」に代えて、新しい地質年代として提唱した用語である。それは、高名な科学者の若干軽卒といえなくもない発言［吉川 二〇一八：一六五］だったという見方があるが、科学をめぐる政治におけるレトリックの力を意識した発言であった［寺田、ナイルズ 二〇二二］。

古環境学では、雪が降り積もって圧縮された「氷床」に様々な降下物や空気がパックされた「氷床コア」を、ボーリングによって取り出すことで、地球環境の調査研究が進められてきた。一九九〇年代になると、過去四十万年分の二酸化炭素とメタンの含有量のデータが得られて、十万年単位で地球が「氷期」と「間氷期」を繰り返してきたことが、科学的に裏付けられるようになった。こうしたことから、地球の温度の経年変化のパターンが解明され、地球上に人間活動が存在しなかった時点での地球の振る舞いが浮かび上がったのである。そのことから逆に、現在の地球がどのように人間活動の影響を受けているのかが明らかにされるようになった。

かつて地球の環境変動は、太陽からの放射を外部からの力として形成される「地球システム」だと説明されていた［オダム 一九九二］。それに対して、一九九〇年代に入ってからの古環境学の研究は、地球の環境変動が、それ以外の要因、すなわち人間の活動によって引き起こされていることを明らかにした。言い換えれば、地球のグローバルな環境変動に対して単一の生物種である人間の活動が「力」を持っているということが、科学的なデータによって示されたのである［寺田、ナイルズ 二〇二一：三八－四〇］。

一種から多種へ

端的に述べれば、マルチスピーシーズ民族誌は、人新世が提起した問題意識への応答だった。それは、人新世という問題提起に対する人類学からの応答の一つである。

人類学者の近藤祉秋は、「人新世の状況を生み出したのが人間例外主義にもとづく自然環境の搾取なのだとすれば、人間以外の存在がもつ行為主体性に光を当てて民族誌的記述を進めていくことは、人間例外主義を乗り越えるための手段として構想しうる」［近藤 二〇二二］と述べている。自らは他の生きものに比べて例外的な存在であると自認した人間が、自然から奪い取れるものを奪い取り、好き勝手に振る舞ってきた結果として、地球が深く傷つけられてしまったのだとすると、人間以外の存在を行為主体として取り上げて調査研究することは、人新世の時代に人間例外主義を乗り越えるための一つの方策になりうるだろうというのだ。以下では、人新世に触発された人類学者たちの仕事をいくつか紹介したい。

A・チンは、人新世が、人類の出現ではなく、資本主義という人間活動の活性化によって始まったという歴史認識自体は、「進歩」の概念に支えられていると見ている。その概念は、私たち人間は将来を見通すことができるのだが、他の生きものは「その日暮らし」で、私たち人間に依存しているという考えに結びつく。「進歩を通じて人間が形成されると想像するかぎり、人間以外の存在は、この仮想の枠組みのなかに押しとどめられたままである」［チン 二〇一九：三〇］。

しかし、その前進する歩みの中から一歩退いてみれば、別の時間認識が存在することに気づくことになる。「生きるものはそれぞれ、季節ごとの成長、繁殖、地理的移動を通じて、世界を作りなおしている。いかなる種であっても、複数の時間制作プロジェクトが存在し、生物がたがいに協力しあい、協働して景観を作っている」［チン 二〇一九：三二］。こう述べてチンは、人新世の「人類」の持つ陰の部分、すなわち人間と人外が絡まり合いつつ営む「世界制作」に踏み込んでいくことを提唱している［チン 二〇一九：三二－三］。

チンは、「ほかの種の生活に覆いかぶさって拡大していこうとする生き方に魅了され、研究者は、ほかになにがおこっているのかを問うことを怠ってきた」［チン 二〇一九：三三］という。人間だけが、他の生物種に「覆いかぶさって」進歩する主体であるとみなされ、人間を含めた多種の間でいったい何が起きているのかという点には関心が向けられてこなかったのだという。進歩する人類という前提から視点移動して、人間を含む多種が営む世界制作に目を向けることによって、私たちの惑星が変化してきたことに気づくべきなのだというのが、チンが示した展望である。

C・ホアグ、F・ベルトーニとN・ブバントは、デンマークの廃棄物処理・リサイクル施設を、人間の活動によって大きく攪乱《かくらん》された「人新世的な廃墟」として注目している。現在は自然・文化遺産として保護されているこの施設では近年、人外の生物が予想外に増えているという。ホアグらは、人間中心主義的に組み立てられていた「ドメスティケーション」に関する従来の理論を斥《しりぞ》けて、マルチスピーシーズ民族誌の中に「荒れ地の政治生態学」を描き出そうとしている。そこでは、人間によるプロジェクトが、「人間以上」の生命によって再構成され、種、政治、資源、技術が新たに組み直されていく。ホアグらは、人新世の時代の廃墟において、人間の手から離れた「非ドメスティケーション」の場所で、生き残れなくなる種がいる一方で、特定の種が生き残る世界のあり方に目を向けている[Hoag, Colin, Filippo Bertoni and Nils Bubandt 2018]。

A・テイラーとV・パッシニ＝ケッチャバウは、人新世の物語は概して、私たち人間に見える範囲の生きものを取り上げる傾向にあるという。人間は自分たちと同じような大きさの動物には関心を向けるが、微生物への関心を抱くことは少ない。それに対して、「微生物存在論」は、地下世界に生きる強力なエージェンシー（行為主体性）とその重要性を考える上で役立つという。地下世界では、何兆匹ものミミズや蟻が、私たち人間が地表で行い、目撃しているショーを演出してくれている。つまり、舞台裏で行われている微生物やバクテリアの代謝が、地上という表舞台での生や活動を可能にする条件を創り出している。人新世の多くの物語は、人間例外主義を繰り返し強調するが、人間の生は、ミミズや蟻や微生物のような、小さくて見過ごされる生物や、目に見えないほど小さい生物に依存しているという事実を軽視すべきではないと、テイラーらはいう[Taylor and Pacini-Ketchabaw 2015]。

チンは、人新世を支えている人類の進歩思想から一歩引いて、多種が絡まり合いながら生み出している世界制作に目を向けることを提唱し、ホアグらは、人新世的な廃墟で新たな世界が、人間を超えた存在によって再編成される過程に注目し、テイラーらは、人新世では人間に見えやすい大きさの生きものにしか目を向けないことを改めて、人間に見えないところで微生物やバクテリアなどの代謝活動が人間の生の条件を創造する過程に着目する。

これらのマルチスピーシーズ民族誌に共通するのは、人新世によってフォーカスされた人間という「単一の生物種」ではなく、人間を含めたり含めなかったりしながら、「複数の生物種」が協働して世界を作り上げ、自律的に相互に関係を結んで世界を再編する条件に目を向けることによって、世界を描き出そうとする態度である。マルチスピーシーズ民族誌は、科学技術や政治経済体制が地球の隅々を覆い尽くす中で、人間というその活動が破壊的な力を持つ単一種から視点を移して、動植物や微生物といった生物種が、人間の支配や制御のもとで、あるいはそれらから逃れて、行為主体として、多種の絡まり合いの中で生存と繁栄を築いてきたことを描き出そうとするのである。

マルチスピーシーズ民族誌の誕生

オーストラリアの環境哲学・エコフェミニズム研究者、故V・プラムウッドは、人類の生存にかかわる未曾有の環境危機の時代に「別のしかたで考える（think differently）」ことを称揚し、心を持った人外について書くことの大切さを訴えている。「作家とは、私たちに別の考え方をさせてくれる最も優れた存在のうちの一つ」であり、「私たちは、力強く、行為主体的で、創造的なものとしての自然の経験にオープンになり、私たちの文化の中に生き生きとした感性と語彙のためのスペースを作ることが重要なのです」[Plumwood 2009]。

自然のうちの行為主体的な存在について書くことの想像力を重視するプラムウッドに触発されて、人類学者D・B・ローズは、人新世という環境変動が問題にされている時代に書くことの役割を強く意識しながら、「私たちの文化を揺さぶり、世界やその内側での私たちの居場所についての新たな、かつより生き生きとした理解と、私たちを多種の共同体(multispecies communities)に結びつける状況的なつながりへと私たちを目覚めさせることができる種類の文」を、私たちは書かねばならないのだと宣言している[Rose 2009]。つまり、人新世の時代に、人類を「多種の共同体」に結びつける状況化されたつながりに目を向け、「人新世の時代に書くこと」が目指されなければならないというのだ。

人新世の時代に、「人間」の行動や「人間社会」の動きを探るのではない。人間と多種とのつながりが見直されなければならない。しかも、自然の中の諸存在の生き生きとした行為主体性に対してよりオープンになるべきなのである。オグデンらは以下のように述べる。

> マルチスピーシーズ民族誌は、非人間の行為主体性への注意によって特徴づけられる。石、植物、鳥、蜂は、世界を変える力を有している。
> [Ogden, Hall & Tanita 2013: 16]

ただ、「人新世の時代に書くこと」の強調だけがマルチスピーシーズ民族誌誕生の唯一の背景であったわけではない。ここでは、より複合的な流れの中に、マルチスピーシーズ民族誌の誕生を位置づけてみよう。

故・山田仁史は、マルチスピーシーズ民族誌の登場には、人新世の問題提起に対する応答に加えて、もう二つの背景があったのではないかと推察する［山田 2016］。その一つは、二十世紀後半には「自文化中心主義」に続いて「ヨーロッパ中心主義」の乗り越えが目指されたが、その次に今「人間中心主義」が乗り越えられねばならないとする、私たちの生きている時代の精神である。自文化中心主義は二十世紀の文化相対主義によって、ヨーロッパ中心主義はポストコロニアル思想／理論によって、その乗り越えが目指されてきた。それに対して、人間中心主義をいかに乗り越えるのかというテーマは、マルチスピーシーズ民族誌の発展の大きな駆動力になってきた［Kirksey (ed.) 2014; カークセイ＋ヘルムライヒ 二〇一七：一〇三；ハイザ 二〇一七：二〇六－七；Locke 2018; チン 二〇一九：二四一－二］。

山田のいうもう一つの背景は、クローンや遺伝子操作といった科学技術の進歩によって今日、生命観だけでなく、種そのもののあり方が揺らいでいることである。山田の議論をまとめると、(1)人新世の時代に人間と多種との関係を見直さなければならないとする問題意識、(2)人間中心主義の乗り越え、(3)科学技術の進歩による種のあり方の揺らぎ、という三つの流れが、マルチスピーシーズ民族誌の誕生の背景にあったとも考えられる［山田 二〇一六：一二六］。マルチスピーシーズ民族誌は、こうした複合的な背景の中に産み落とされたのである。

4 多種の絡まり合い

人間─動物関係から多種の絡まり合いへ

マルチスピーシーズ民族誌は、人間という一種から多種へと視点移動した。そこには、人間を含むあらゆる生物種は、他の種や環境から孤立して存在するのではなく、それらとの関係をつうじて生きてきたとする考えがある。そのアイデアを端的に示すのが、「絡まり合い（entanglement）」という語である。絡まり合いとは、人間と人間以外の多種、あるいは人間を含む多種どうしが働きかけたり働きかけられたりするなかで、特定の関係性が継続したり断続したり途切れたりしながら生み出される現象のことである［コーン 二〇一六；Kirksey (ed.) 2014; van Dooren et al 2016; カークセイ＋ヘルムライヒ 二〇一七：九六；チン 二〇一九］。

マルチスピーシーズ民族誌では、人間と他の一種の絡まり合いを扱う場合もないわけではないが、多種多様な存在の絡まり合いが扱われる傾向にある。人と蟻、人と豚などの一対一の「人間−動物」関係から、多種多様な存在の絡まり合いへと関心が移ったのである［cf. van Dooren et al 2016: 5］。その背景には、生物学や生態学で多種への視点が取り入れられてきたことや、政治哲学において「群れ」や「マルチチュード」が取り上げられてきたことなどがあるとされる［カークセイ＋ヘルムライヒ 二〇一七：九七］。

重要なのは、二者の相互作用ではなく、多種が絡まり合うさまに注目することで、自然と文化、動物と人間というような二元論思考の枠組みの批判と乗り越えが視野に入っている点である。メリッサとロビンソンがいうように、「マルチスピーシーズ民族誌は、人間−動物の相互関係の『人間』の側面からこの強調を移し、自然／文化の世界を見るための伝統的な二項対立的なアプローチを曖昧にしたり、かつ／あるいは排除したりするような関わり方を培う」［Melissa & Robinson 2020: 460; cf. Locke 2018］。「人間と動物」という二項を設定した枠組みでは、主体と客体があらかじめ存在することになる。その点は、多種の絡まり合いを記述する中で、回避されることになるだろう。そのことにより、「人間−動物」の関係という枠組みにおいて前提されていた境界線が溶解するだけでなくその見方のうちに想定されていた主客という実体を伴う構図が崩壊することになる。

絡まり合いとはまた、主体がいつの間にか客体となり、またいつの間にかふたたび主体になる……という恒久的な生成過程を含む、アッセンブリッジ（assemblage 寄り集まり）のことでもある。チンはいう。「わたしたちは、…（中略）…推移しつづけるアッセンブリッジに投げだされてしまう。そこでは他者だけでなく、自分も作りなおされることになる。現状に依存することはできない。わたしたちの生き残る能力もふくめて、すべては流動的である」［チン 二〇一九：三〇］。アッセンブリッジとは、「相関作用の構造を前提としない存在の集合である」［チン 二〇一九：三八－九］。

こうした議論を経て、マルチスピーシーズ民族誌は、従前の人間観を刷新しようとする。人間とは、固有性・単一性・実体性を有する「人間－存在（human beings）」ではなく、多種や周囲の環境と絡まり合いながら、個体としての本性を持つことなく、刹那刹那に生成する「人間－生成（human becomings）」だという。「マルチスピーシーズ民族誌を方向づける鍵となる問いは、『人間の本質とは何か？』ではなく、『人間生成とは何か？』である」［Kirksey, Schuetze and Helmreich 2014: 2］。

個体Aと個体Bと個体Cが相互作用し、絡まり合うというのではない。絡まり合うことによって、AやBやCが生成する。人間、動物、植物、細菌、ウイルスなどは、それぞれが孤立して生じ、死滅するのではなく、食べ食べられ、使役し使役され、影響を与え与えられて、相依相関しながら、流転し続ける世界で絡まり合う。

この絡まり合いは、仏教がいう相依相関する「縁起」でもある。縁起とは、仏教用語で「縁《よ》って生起すること」を意味する。縁起の哲理は、マルチスピーシーズ民族誌で「関係性」として捉えられうるメカニズムをより精密に理解するための手がかりである［奥野＋中上 二〇一九：六二］。

このことはまた、「宿主」がいて「共生生物」がいると見るのではなく、生命現象を、多様な結合の仕方の中であらゆる個体が互いにとって共生生物でありえるような「動的共生体（holobiant）」であると捉えるダナ・ハラウェイの思想にも重なる［Haraway 2016: 60; 逆巻 二〇一九：五八］。逆巻しとねが述べるように、「動的共同体とは、行為や関係が生成する前に存在するものではなく、複数種の行為のなかで関係が生成し身体が構造化されていく、内的作用（intra-action）そのものである」［逆巻 二〇一九：五九］。

「未分化な細胞が集まった中空の球状コロニーを経由して、単細胞の祖先から動物が進化してきたのだという仮説がある」［Alegado and King 2014: 6］。単細胞が集まってコロニーをつくり始めたのが、生命進化の起源だったとされる。単細胞生物の中で最も動物に近い「襟《えり》鞭毛虫（Choanoflagellates）」は、『襟細胞』あるいは choancytes と呼ばれる、海綿動物の摂食細胞に似た、単細胞でコロニーを形成する鞭毛虫である」［Alegado and King 2014: 4］。

それは、精子のような形状の鞭毛細胞にアクチンを主成分とする微絨毛《びじゅうもう》からなる襟が付いた生物である。捕食の際に襟の部分に細菌などを付着させる。襟鞭毛虫の中には寄り集まって細胞接着したコロニーを形成するものがいる。襟鞭毛虫はコロニーとなって、各個体の機能を分化させて、まるで一つの生物のように振る舞うのである［逆巻 二〇一九：五九］。

襟鞭毛虫に見られる動的共生体的な生命現象は、「生命とは何か」という問いに本質的に迫る事例であり、ハラウェイが述べるようにそれは、人類学者マリリン・ストラザーンのいう「部分的なつながり」によって組み立てられている。「お腹を空かせて食事をし、部分的に消化し、部分的に同化し、部分的に変化する」［Haraway 2016: 65］ことによって生存している。

5 マルチスピーシーズ民族誌の射程

生命論の深みへ

種があらかじめ実体的に存在するのではなく、他の種や環境との絡まり合いの中で生成するという考えは、E・コーンの研究と強く共鳴する。コーンはかつて、人間の特権的な存在論的地位を揺るがすために、生命を人類学の中で主題化し、「生命が、現在考えられている生物学以上のものであることを認める」［Kohn 2007: 6］人類学的な探究のことを「生命の人類学（anthropology of life）」と呼んだ。

コーンが、C・S・パースを援用しながら述べるように、森の中に住まうあらゆる有機体は、「記号過程（semiosis）」の結果としての「記号論的自己」である。記号とは、「何かが誰かにとって何かを表すこと」を指す。記号のように、自己は最初から安定的・自律的に存在しているのではない。樹上のウーリーモンキーが、ヤシの木が倒れる音を聞いて、その場から飛び退《の》く。ウーリーモンキーは、その記号を解釈し、「思考」していたのである。こうした記号過程の結果として、精神や自己、すなわち記号論的自己が生じるというのが、コーンの議論である［コーン 二〇一六：奥野 二〇一六：二一九］。

小枝ほどもある、アマゾニアの巨大な昆虫ナナフシには「ファスミド（幽霊のような）」という学名が付けられている。そのことは、その虫が、周囲に溶け込む幽霊のような存在であることを示している。それは、捕食者に対するナナフシの擬態に他ならない。ナナフシと小枝を混同することがなく、両者の間に「差異」を見つけた鳥などの捕食者は、そのナナフシを食べることができる。それとは逆に、捕食者がナナフシと小枝の「差異」に気づかなければ、ナナフシは生命をつないでいくことができたはずである。コーンが述べるように、小枝と見分けがつかなかったために、食べられることがなかったナナフシの系統が、後世にまで生き残ったのである［奥野 二〇一六：二一七］。

マルチスピーシーズ民族誌を世に送り出した人類学者の一人であるS・ヘルムライヒは、『異海（Alien Ocean）』の中で海洋微生物学とその研究者たちを取り上げている［Helmreich 2009］。海洋微生物学者は、深海の「熱水噴出孔（hydrothermal vents）」に注目する。熱水噴出孔とは、高温の化学物質が地殻から噴出し、太陽光がなくても生きられる様々な生物の栄養源となっている海底の場所のことである。ここには光合成ではなく、他の多くの生物にとって有害な硫化水素やメタンなどの化学物質からエネルギーを得て有機物を生産する化学合成を行う、超好熱菌が生息していることで知られている［Helmreich 2009: 68］。今から約四十億年前の原始の海中では、熱水噴出孔の周辺で有機物が濃縮・高分子化されて超好熱菌が出現した。これが地球最初の生命であったとする説がある［独立行政法人海洋研究開発機構 二〇一二：一〇四］。

マルチスピーシーズ民族誌の先駆となったこれらの研究の奥底には、「生命とは何か」という問いが潜んでいる。それらは、より包括的な生命論の可能性につながっている。この点については「第4部　ライフ」でより詳しく見る。

「多」なるプロジェクト

人類学者の大石高典は、主にチンの研究［チン 二〇一九］を手がかりとして、マルチスピーシーズ民族誌の特徴を探っている。一つは、チンが、世界各地でマツタケが同時多発的に創発する、「種」を超えたつながりを記述していることである。それに加えて大石は、チンの民族誌のもう一つの大きな特徴は、多くの地点をフィールドに調査を行う「マルチサイテッド・アプローチ」を実施していることだと見る。そのことにより、定点的な観察ではすくい上げることができない現象を地域相関的に浮かび上がらせているというのである。

こうした検討を踏まえて大石は、マルチスピーシーズ民族誌を、複数の生物種と複数の場所というつながりの文脈で、これまでの生態・環境に対する経験実証主義的なアプローチを相対化しながら行う調査研究であると見る。また、チンの著書『マツタケ』の邦訳者である赤嶺淳も、チンは、複数の場所での調査に加えて、多様なキャリアを持つ複数者の共同研究の重要性も強調していると見る［赤嶺 二〇二〇：一三二］。チン自身は、自らの共同研究を振り返って、「民族誌の特質は、調査協力者とともに状況について考察することにある。研究分野は研究の進展とともに発生してくるのであって、研究に着手する以前から存在しているわけではない」［チン 二〇一九：vii］と述べている。この言葉は、マルチスピーシーズ民族誌が、人間を「人間－生成」と捉えるだけでなく、種とその活動を生成論的に捉える方法論と響き合う。「生命が絡まり合う、開かれたアッセンブリッジの様子を描」［チン 二〇一九：vii］いたり、「協働の過程」［チン 二〇一九：viii］を重視したりする「複数性」は、マルチスピーシーズ民族誌という研究ジャンルを支える（静的・実体論的ではなく）動的・生成論的な捉え方に密接に結びついている。

『カルチュラル・アンソロポロジー』誌の特集［Kirksey & Helmreich (eds.) 2010］で最初にマルチスピーシーズ民族誌を取り上げたのは、バイオアートに関心を抱く人類学者であり、マルチスピーシーズ民族誌をアーティストや生物科学者との協働に開いた「マルチスピーシーズ・サロン」［Kirksey (ed.) 2014］の企画者E・カークセイと、海洋微生物と生物学者の調査研究を行った、上述のヘルムライヒ［Helmreich 2009］であった。その特集では、科学技術の人類学に接続する問題意識のもとに、科学研究や生物保全、公衆衛生、技術開発といった現代的な文脈における人間と自然の関係が扱われた［近藤 二〇一八：一二六－七］。「マルチスピーシーズ・サロン（Multispecies Salon）」では、マルチスピーシーズ民族誌家はアーティストと協働して、作品を制作する［Kirksey, Schuetze, and Helmreich 2014: 13］。第五十八回ヴェネチア・ビエンナーレの日本館展示「Cosmo-Eggs｜宇宙の卵」では、異なる領域を背景とする専門家たちの「共異体」的な協働作業によって制作が進められる中で、人間と他の生物種や目に見えない存在者たちが集う「共異体」という、マルチスピーシーズ的なアイデアが提示されている［下道・安野・石倉・能作・服部編 二〇二〇］。

多種、多数の場所、多数の者、多数な媒体などの「複数性」が、マルチスピーシーズ民族誌に見られる特徴でもある。多《マルチ》であるのは、この研究ジャンルが対象とする種《スピーシーズ》だけではなく、マルチスピーシーズ民族誌が持つ研究活動全般にわたる指針のようなものである。

6 人間以上の世界へ

マルチスピーシーズ民族誌が重視するのが「人間以上（more-than-human）」という語である。「人間以上」の世界とは、「人間の共同体とそれよりも大きな人間以上の世界」〔エイブラム 二〇一七：六〕のことであり、学術用語として初めてこの語を用いた、エコクリティシズム研究者デイヴィッド・エイブラムは、その語で、物質的であるだけでなく、精神的なものを含めた存在や現象のことを指していた。

チンは初期の著作で、社会的なことを「人間の歴史と関係がある」と定義していたことを恥ずかしながらと断りつつ吐露《とろ》している。それに続いて、「今では、それはとても奇妙なことのように思える。社会性の概念は、人間と人間でないものを区別しない。『人間以上の社会性（more-than-human sociality）』は両方を含む」〔Tsing 2013: 27〕と述べている。「人間以上の社会性」という概念は、人間と非人間の両方を含む。

彼女がそのことに気づくようになったのは、ある菌類学者にインタビューした時からだったという。その研究者に研究内容を尋ねた時、「キノコの社会学（mushroom sociology）」

という答えが返ってきた。チンはその後、人間だけでなく、人外であるキノコもまた社会的な存在であると見ることができるようになったという。彼女は、社会生物学者や進化心理学者を慎重に排除しているが、自然の中に社会的なものを見る研究者たちと協働すれば、社会的関係やネットワークをどのように研究するのかをともに考えていくことができるだろうと述べている。今日マルチスピーシーズ民族誌研究の第一人者であるチンにとってさえ、「人間以上の社会性」へと「回心」する契機が必要だったということは、逆に、社会的であることが人間だけに限って語られることが一般には圧倒的に多いという事実を示している。

アスダル、ドルグリトロとヒンクリフもまた、「人間以上」のことを語ることの困難について述べている。「人間は、人間以外の多くの他者との『入り組んだ』事柄や関係で構成されている、つねに『人間以上』の存在であると主張し、『人間以上の条件』に言及する時、私たちは、明らかに哲学思想の鍵となる柱に逆らっている」[Asdal, Druglitrø and Hinchliffe 2016: 4]と、彼らはいう。人間が「人間以上」の存在であると主張することは、哲学の主流の考えに対抗する。

アスダルらは、「人間以上の条件」は、特にハンナ・アレントのいう『人間の条件』との間で緊張関係にあると述べている。アレントは、「人間が経験を有意味なものにすることができるのは、ただ彼らが相互に語り合い、相互に意味づけているからにほかならない」［アレント 一九九四：一四］と述べ、「言論（スピーチ）の問題が係わっている場合にはいつでも問題は本性上、政治的となる」［アレント 一九九四：一三］と主張する。

アレントは、人間と人外の動物は話す能力によって区別され、話すことが「人間」を政治的存在にし、それゆえに政治的共同体のメンバーになるための資格となるという。だから、「人間は、動物のように、モノや受動的な自然の対象として扱われるべきではない。たとえ政治的共同体がまだ存在していなくても、人間は、主体として、共有された共同体への潜在的な貢献者として扱われなければならない」［Asdal, Druglitrø and Hinchliffe 2016: 4］。話し、政治をする人間は、モノや受動的な自然の対象としての動物とは、根源的に違うというのが、西洋哲学の主流なのだ。本章（「2 非人間のエージェンシーをめぐる対話」）で、人間と蟻の違いに関するリュビーモフの堅固な考えに触れたが、それは、彼が頑なだったのではなく、広く西洋社会に根を張った考え方だったのである。

第6章　明るい人新世、暗い人新世

1　地球環境への人間の影響

南米アマゾニアでは土壌が不毛で、野生の食糧が乏しいために、コロンブス以前には人間の影響がほとんどなかったし、人々の居住形態は小規模で非恒久的なものであり、広大な奥地の森林では社会経済的な発展はほとんど見られなかった。そうした説が、ごく近年に至るまで多くの研究者によって唱えられてきた。ところが一転して、人間の影響が見られる土壌、地上絵、耕作地などがアマゾニアの景観上に多々あることから一転して、かの地の人々はさまざまなやり方で、何百年あるいは何千年もの間、周囲の自然環境をつくりあげてきたのだという議論が盛んに行われてきている［Kawa 2016: 17-8］。

人間が周囲の自然環境を改変してきたのだとするこのアイデアは、かつて人の手が加えられなかったと見られていた場所を含め、人間が地球上の隅々にまで行き渡って、自然環境を大きく変えたのだとする、二〇〇〇年代に入って広く唱えられるようになった議論に通じるように思われる。第2章（3の「地球の環境変動に及ぼす人間の力」参照）ですでに見たように、大気化学者クルッツェンと生物学者E・ストーマーは、私たちがもはや「完新世」ではなく、人間活動が地球の生態系や気候に重大な影響を与える「人新世」という新たな地質年代を生きていると唱えた。

四十六億年前に誕生した惑星は、その後、月の誕生や地軸の傾き、生命の興亡と多様化を経て、現在の姿になった（吉川浩満「人新世（アントロポセン）における人間とはどのような存在ですか?·」10+1 web site 201701 http://10plus1.jp/monthly/2017/01/issue-09.php）。その痕跡は地中に残されている。恐竜が絶滅した白亜紀の後、今から六六〇〇万年前に新生代が始まり、第四紀の更新世は今から二五七万六三〇〇年前に始まったとされる。その後、氷河期が終わる一万一七〇〇年前から現在までが完新世であるとされている。クルッツェンらは、産業革命以降の人類が地球の大気と海水の組成を変化させ、地形と生物圏のありようを変容させたと見たのである。

だが、クルッツェンらが唱える人新世は果たして、氷河期の影響が強まって更新世が始まった時、あるいは氷河期が終わって地球の海水面が一二〇メートルも上昇した完新世が始まったのと同じように大きなものなのだろうか。人新世を地質年代として確定するためには、人間の活動の影響が明確な痕跡を残す必要がある［『日経サイエンス』二〇一六：六四］。

第二次大戦後に人間が製造したアルミニウムの総量は五億トンだと推計される。プラスチックは現在、年間約三億トンが製造されている。これまで人類は五〇〇〇億トンのコンクリートを造ってきた。それらを製造する原動力となったのが、化石燃料を燃やしたエネルギーである。化石燃料の燃焼による炭素のうち炭素12は半永久的に残るとされる。農業もまた独自の痕跡を残すとされる。一九四〇年代に始まった核爆発からプルトニウム同位体が放出され、十万年後にウラン235の層となることによって人新世のマーカーとなりうる［『日経サイエンス』二〇一六：六五－六八］。現実的には、人口とエネルギー使用の増加、工業化が急速に進んだ二十世紀半ばの「グレート・アクセラレーション」（人類の活動の激増）が、人新世の重要な境界線ではないかと考えられる（cf. 松本二〇一七：ix－x）。

資本世《キャピタロセン》という造語を提唱したのは、J・ムーアである。彼は十四世紀から十六世紀に、土地生産性が世界市場における植民地主義的な労働生産性に移行し、「安価な自然」を生みだしたと説く［Moore 2016; オゴネック 二〇一七：三四－三五］。その不平等な資本主義の関係こそが、社会的・環境的危機を生みだす源泉だと主張する。また、S・ジジェクは、「資本制は、同一の世界市場のうちで、人類のすべてを関係させせむすびつける」ことによって普遍へと至るという［ジジェク 二〇一二：四五四］。彼は、「更新世から人類新世への移行は、全面的に、資本世の爆発的な発展、およびそれの地球規模での衝撃による」と述べ、生命の諸条件の変化を示す地質学的変化の基にある資本の社会史こそが重要だと唱える［ジジェク 二〇一二：四五五］。資本主義の行き詰まりが生命を脅かす普遍的な関係に影響を及ぼしているのであり、資本主義の問題の解決なくしては、後者が抱える普遍的な問題は見極めることができないのだという。地球環境への負荷の物語の主要な登場人物としてキャスティングされるべきなのは人間か、あるいは資本主義制度が生みだしたさまざまな問題なのかという問いが、資本制をめぐる議論の中に見てとれる［ハイザ 二〇一七：二五七］。

この議論に加わったのが、D・ハラウェイである。彼女は、土食性の八本足の触手のある節足動物のイメージを持ち出し、アントロポセン（人新世）に対しクトゥルセンという造語を提起している。「まだ世界は終わっていないし、空がまだ落ちてきていない不安定な時代において、クトゥルセンは現在進行中のマルチスピーシーズ的な物語とともに危険にさらされる時代にともになることの実践から構成される。人新世と資本世は、主要なプレイヤーである人間と資本主義は、思考、愛、怒り、ケアの注意が必要な実践よりも、黙示録的パニックと奇妙な非難を招くだけである」。ハラウェイはそう述べて、触覚をつうじて他の生物種と触れ合うことに重きを置く世界認識を提唱している［Haraway 2016］。

2 「世界は人間なしに始まったし、人間なしに終わるだろう」

本節の見出しに掲げたのは、人類学者C・レヴィ＝ストロースの言葉である。この言葉を残したレヴィ＝ストロースの知的関心は、人類以前と人類滅亡後の世界にあったとされる［レヴィ＝ストロース 二〇〇一：四二五；石倉 二〇一六：三一三］。

人間の影響による生物種の消失、人間という種の消滅などを含めた「絶滅」もまた、人新世の重要なテーマである。絶滅とは、海退、隕石衝突、気温低下、海洋無酸素化など何らかの原因で生物種が絶えてしまうことである。大量絶滅とは、少なからぬ数の生物種の絶滅が前後の時代に比して突出する現象である。地球が誕生してからこれまで、約四億四〇〇〇万年前のオルドビス紀末、約三億六〇〇〇万年前のデボン紀後期、約二億五〇〇〇万年前のペルム紀末、二億一二〇〇万年前の三畳紀末、六五〇〇万年前の白亜紀末の五度の大量絶滅があった［平野 二〇〇六、平野 一九九三］。そして今、人間による地球環境破壊がこのまま進めば、二一〇〇年までに全生物種の半分が絶滅するという予測もある［地球科学研究倶楽部編 二〇一四：一五九］。

人間による地球環境への過剰な負荷が原因で、他の多くの生物種を道連れにして地球上から人間が姿を消すかもしれないし、核による惨禍、小惑星の衝突などが人間を含め、地球上の多くの生物種を絶滅に追いやるかもしれない。

人間がいなくなった後の地球をシミュレートした本がある［ワイズマン 二〇〇九］。それによれば、人類が消滅した数日後には排水機能が統御できなくなり、ニューヨークの地下鉄は水没する。二～三年後には下水管やガス管が破裂し、舗装道路から草木が芽吹く。五～二十年後には木造住宅やオフィスビルが崩れ、落雷により町は炎に包まれる。ニューヨークは五〇〇年後には森に覆われ、一万五〇〇〇年後には氷河に呑みこまれる。

人類のいなくなった地球のシミュレーションから分かるのは、現在の世界が自然の力を抑える人間の努力や工夫によってかろうじて成り立っていることである。ニューヨークのジョージ・ワシントン橋の塔のてっぺんでは、毎年ハヤブサのヒナが孵《かえ》る。海上に吊るされた鉄の窪みには、雑草やニワウルシがたくましく繁茂する。鳥の糞からは植物の種が芽吹き、ペンキを溶かしてしまう。橋の破壊を防いでいるのは、それを管理する人間なのである。人間がつくり上げた構築物を維持する上で、人間の力は絶大である。

3 自然と人間をめぐって

人新世のアイデアは、ここ十数年の間で、地球環境への人間の影響力に対する注意を広く喚起するようになったが、その考えには矛盾があるとも言われる［Kawa 2016: 18-19］。

人間は地球環境の隅々にまで影響を及ぼすようになったと言うが、そもそも人間は地球環境に深く依存していたのではなかったのか。地球環境への人間の影響が大きかったことが広く知れ渡るにつれて、人間と地球環境の切り分け、すなわち人間と自然の分割は、それがほとんど意味をなさなくなるまで曖昧なものであると考えられるようになってきている。人類学者の大村敬一が述べるように、人新世では、人間が自然に大きな影響を与えるという意味で、自然と人間という二元論が意味をなさなくなる［大村 二〇一八：四七］。言い換えれば、自然は人間化しつくされて、「もはや外なる自然は存在しない」［鈴木＋森田＋クラウセ 二〇一六：二〇五］。

人新世では、自然と人間の二元論だけが消えてなくなるのではない。自然科学と人文科学という学問の二分法もまた意味をなさなくなる。歴史家チャクラバルティによれば、人新世では、生態学は人間という要素を考えざるを得ないし、人文科学もまた他の生物種と人間の関係性を検討しなければならないようになってきている［Chakrabarty 2009: 197-222］。今日、人文科学は人間を超えた視野を獲得することによって、西洋思考に潜在する人間中心主義を脱中心化しつつある。その中核に位置づけられるのが、人間と人外のいずれにも特権を与えることなしに、人間と人外の両方の活動を認めるというアイデアである。

人新世の議論がなされるようになった時期は、文化人類学が「人間以上（more-than-human）」の領域へと踏み込みながら、あるいは「人間的なるものを超えて（beyond-thehuman)」学問を再編成するようになった時期に重なる。E・コーンは、人新世を「人間的なるものを超えた世界があまりに人間的なるものによってつくり直されているこの不確かな私たちの時代」であると述べている。彼はC・レヴィ＝ストロースの「野生の思考」を引き合いに出して、装飾花パンジーが人間に飼いならされていながら野生でもあるという事実に目を向けることが重要であると説く。人間と人外がともにつくり上げてきた世界のありようを探ることの中に、人間であること、人間と世界の関係性の本質を見いだすことになるだろうと主張する［コーン 二〇一六］。

文化人類学は、二十一世紀に入ると、文化表象やその政治をめぐる再帰的な議論から、動植物やモノなどを含む自然と人間が絡まり合って生みだす世界をめぐる学問へと、思考の方向を大きく転換させてきた。文化人類学は、人間だけからなる世界の中に閉じ籠るのではなく、人間を超え出たところから人間について語る学問へと生長を遂げてきたのだと言えよう。そうした流れの中心に位置するのが、異種間の創発的な出会いを取り上げ、文化人類学を、人間を超えた領域へと拡張しようとする「マルチスピーシーズ民族誌」である。

4 マルチスピーシーズ民族誌

文化人類学はこれまで、動植物などを含む他の生物種を取り上げてこなかったわけではない。レヴィ＝ストロースは動物を、「考えるのに適している（good to think）」と捉えたのに対し、M・ハリスは、それらは「食べるのに適している（good to eat）」と捉えた。しかし、動物を含む他の生物種は、人間にとって、たんに象徴的および唯物的な関心対象というだけではない。他の生物種は、人間や他の生物種と関わりを保ちながら、絡まり合って生きてきた。ハラウェイが着目したように、動物を含む他の生物種は、人間にとって「ともに生きる（to live with）」存在でもある。他の生物種と人間の共生や協働のあり方を、ハラウェイは「伴侶種」という概念で探っている［ハラウェイ 二〇一三］。マルチスピーシーズ民族誌は、複数種の出会いを取り上げて、ア・プリオリに人間だけを主体として設定してきた既存の概念枠組みを斥けながら、文化人類学が抱える人間中心主義的な傾向に挑戦しようとする。

L・オグデンらによれば、「マルチスピーシーズ民族誌とは、行為主体である存在の絶えず変化するアッサンブラージュの内部における、生命の創発に通じた民族誌調査および記述」である［Ogden & Tanita 2013: 5-24］。マルチスピーシーズ民族誌は、他の生物種との関係において、人間的なるものが創発する仕方を捉えようとする。T・ヴァン・ドゥーレンらによれば、「マルチスピーシーズ研究の学者は、他の生きものを単なる象徴、資源、あるいは人間の生活の背景として見るのではなく、他種の独特の経験世界、存在様式、生物文化的付属物について「厚い」説明をすることを目指してきた」[van Dooren, Kirksey and Munster 2016: 6]。そこでは、すでに見たように（第5章「4 多種の絡まり合い」）人間は、静的な「人間－存在（human beings）」ではなく、動的な「人間－生成（human becomings）」である。

マルチスピーシーズ民族誌の基本は、民族誌である以上、「調査と記述」である。しかし、その調査は、特定の場所で長期にわたって集中的に行われる文化人類学の調査であるとは限らない。複数の場所で行われる、マルチサイテッドな調査であることも少なくない。マルチスピーシーズ民族誌はまた、バイオアートやパフォーマンスとも関連が深い。二〇〇八年のアメリカ人類学会の年次大会では「マルチスピーシーズ・サロン」が開かれた。「ウイルスと仲良くなる試み」と題して、C型肝炎に感染している芸術家の血液が、それに毒されることのないタンポポに与えられ、当の芸術家は薬としてタンポポの根を摂取していると語るといったパフォーマンスが行われている。マルチスピーシーズ民族誌を高らかに宣言するカークセイらの論考が、カルチュラル・スタディーズの拠点であった学術雑誌（『カルチュラル・アンソロポロジー』誌）に掲載されたことは、それほど驚くにはあたらない［カークセイ＋ヘルムライヒ 二〇一七：九六－一二七］。

5 破滅か、希望か

マルチスピーシーズ民族誌では、複数種が絡まり合って行う活動の中で、他の生物種に対する人間の影響が議論されるため、それは、なだらかに人新世の議論に通じている（cf. Tsing, Swanson, Gan and Bubandt (eds.) 2017)。逆に言えば、マルチスピーシーズ民族誌では、人間活動によって、他の生物種が破滅に追いやられたり、絶滅の淵に立たされたりするさまが描かれることがある。そうした例をいくつか見てみよう。

ヴァン・ドゥーレンによれば、ハワイでは、現地語で「アララー」と呼ばれる野生のカラスが二〇〇二年に絶滅している。ヨーロッパ人たちが狩猟目的でハワイに持ち込んだブタの数が増え、森の新しい植生を根こそぎにしてしまったのがその主な原因であるとされる。

ハワイでは、かつてはトリの猟が主流で、身近な場所で小型のブタが飼育されていたが、外来のブタが導入されるにつれてブタが狩猟されるようになった。ブタの猟は、ハワイの伝統なのか、アメリカによるハワイ植民地化の産物なのかが論争の的となる中で、ブタの処分や囲い込みが模索されている。

他方、野生のカラスは、花や果実、鳥類を食べる。他の鳥類も絶滅に追いやられており、鳥がいなくなることで植物は種子散布者を失い、植物の多様性も失われる。種子散布者の不在は、植物種の未来を不安定なものにする。ハワイの野生カラスの絶滅は、共進化（co-evolution）が共絶滅（co-extinction）に、共生成（co-becoming）が共死（dying-with）という別のパターンに変わっていく可能性を示している［vam Dooren 2017］。

D・B・ローズによれば、オーストラリアの果樹園経営者にとって、オオコウモリは害獣である。人間がオオコウモリの食料であった原生林を伐採したために、オオコウモリが飢餓に陥り、果樹園を襲わざるを得なくなった。それは一つの逆説である。果樹園ではオオコウモリを駆除するために電気柵が設置され、オオコウモリの群れが食料を求めて果樹園に飛来し、電気柵で落命する。オオコウモリには、飢餓か電気ショックかという「死のブラックホール」しかない。オオコウモリがストレスによって強毒化したウイルスを持つようになると、複数種のネットワークの中でさらに悪者になる可能性があると、ローズは指摘する［Rose 2011: 119-136］。オオコウモリの生命に対して人間活動の影響は甚大であるが、それがやがて人間に返ってくる可能性も否定できない。

人間活動は他の生物種に破滅的な影響を及ぼし、やがては人間にもその影響が跳ね返ってくる。これが、マルチスピーシーズ民族誌の描く、人新世の黙示録的な見取り図である。それは、他の生物種との絡まり合いの中からいかにして人間だけが突出して力を持つようになり、人新世と名づけられなければならない世界を生み出したのかを例証するものになっている。こうした見取り図を描くマルチスピーシーズ民族誌を、ここでは仮に「暗い人新世」と呼ぼう。それに対して、複数種の絡まり合いがもたらすのが破滅的なものばかりではなく、人間と他の生物種にとって希望の持てるものであるという見通しを示すマルチスピーシーズ民族誌を、「明るい人新世」と呼んでおこう。

日本に輸入されるマツタケのサプライチェーンの発達史を描き出したA・チン（ツィン）は著書『マツタケ』で、マツ、マツタケ、菌根菌、農家の人たちの絡まり合いが、生存可能性を生み出している様子を描き出している。痩せた土地でマツと菌根菌は共存しており、菌根菌が育つと、マツタケになる。農家の人たちは、燃料や肥料を求めてマツ林に入り、生態系に介入する。そのことで、マツは排除されることを免れ、マツにとってほどよく攪乱《かくらん》された状況がつくり出される。マツ、菌根菌、農家の人という異種の偶然の遭遇により、奇跡的にマツタケが育つ。チンはそこに、人間と自然が相互に絡まり合い、依存し合っているマルチスピーシーズ的な状況を見る。また、マツタケはコモディティ・チェーンでたんに商品となるだけでない。日本では、高品質のものは高価な贈り物として、特定の小売に卸され、人間関係の構築のために用いられる。マツタケはいったん自然から切り離されるが、それは人間社会でたんに消費されるだけでなく、人間と自然の絡まり合ったものとして、人間社会にもたらされる。この絡まり合いが破壊でなく異種間の共存だとすれば、それは人新世に対する一つの希望ではないかと、チンは言う［Tsing 2015、ツィン二〇一七：一六－一九］。

民族霊長類学者A・フエンテスが取り上げるのは、国際観光とバリ・ヒンドゥー教で有名なインドネシア・バリ島でのアカゲザルと人間の間のニッチ構築である。アカゲザルは、ヒンドゥー寺院の祭礼の供物のおこぼれやツーリストからのもらいもので食いつなぎ、バリの人々は作物や小売店を荒らすアカゲザルに手を焼くが、それを神の使いであるとも考え、一方的に駆除することはない。互いの生態環境を共有し形成する、切り分けられない状態を示す、ハイフンやスラッシュなしの「自然文化」というタームでこの関係を整理することができる。フエンテスは、生きものどうしが互いのニッチをいかに協働で生み出し構築するのかを理解し、人間もまた複数種の関係性への参与者であると認識することは、人間が地球環境を変化させる人新世において、自然文化の希望の余地を開くことになるだろうと考える［Fuentes 2010: 600-624］。

マルチスピーシーズ民族誌には、人新世をなぞるかのような暗い人新世と、人新世の中に希望を見出そうとするような、明るい人新世の二つだけがあるわけではない。それは、あくまでも人新世との関連で見たマルチスピーシーズ民族誌の一つの見取り図である。したがって、別の切り口からマルチスピーシーズ民族誌を捉えることもできる。

ここでは、人新世の現在形として、再生医療の実験システムにおける人間と細胞の関係性を見てみよう。人間から採取され、ディッシュ上で予想外のふるまいをするiPS細胞は、生物種ではないものの、他なる存在でもある。実験室では、細胞と人間の関係が、実験システムをとおしてバイオ・クラスターや規制制度を再編する。実験室の人間と細胞は、さらには再生医療を主軸に据えた日本のイノベーション政策とそれを取り巻く政治状況にも影響を及ぼす。人間と細胞という異「種」間関係は、科学技術や政治経済と複雑に絡まり合っている。人間の活動によって外なる自然が残されていない人新世の時代には、人間と他の生物種を含む地球全体が、生存をかけた実験システムになりつつある。鈴木和歌奈らは、実験システムは生命、テクノロジー、装置、器具、社会組織などの要素を結びつけるがゆえに、社会的・技術的・科学的な多様な営みを結びつけ、再編しうるのだと見ている［鈴木＋森田＋クラウセ 二〇一六：二〇五］。

6 環境人文学からの展望

マルチスピーシーズ民族誌はまた、近年勃興しつつある「環境人文学（Environmental Humanities）」という領域横断的な学問の中にも位置づけられる。一九七〇年代の環境哲学、一九八〇年代の環境史、一九九〇年代のエコクリティシズム、二〇一〇年代の実在論哲学、マルチスピーシーズ民族誌やアートと人類学などの研究に見られるように、二十世紀後半から現在にかけて、社会科学を一部含めた人文学の諸領域において、人間の周囲の環境や非人間的存在をめぐる顕著な研究の進展が見られた。こうした動きは、従来の専門分野の壁を超えた隣接分野との協働というかたちで現れることが多いが、漸次個別に発展した、小さな学際的動きの先に、人文学全体において結わえる大きな領域横断的試みが今日、「環境人文学」として発展してきている［結城 二〇一七：二〇一八］。

魚類が乱獲され、空気が汚染され、海にはプラスチックの浮島があり、人間の消費によって生み出されるゴミの量が年々増加しているといった環境問題を特定し、説明することは科学者が得意とするが、それらの解決は科学者だけではできないし、政治的・文化的な専門知識が必要になるだろう。自給自足のソーラーハウスを建てることはできても、一般消費者がそれを買うとは限らない。エネルギー効率の高い都市の設計はできるが、建設資源を投入し、そこに住むことを人々に納得させることは、科学だけの問題ではなく、より学際的な課題である［Emmett and Nye 2017: 1-2］。そうした認識が、環境人文学の背景には広がっている。人新世との関わりでは、人間活動の影響が及んでいない環境はもはやなく、人間から切り離したかたちで環境を論じても意味がないという議論の広がりとともに、環境問題を人間の問題として考える方向性が明確に打ち出されてきている［結城 二〇一七：二四二］。

エコクリティシズム研究者U・ハイザは環境人文学における近年の人新世をめぐる議論の中で、マルチスピーシーズ民族誌を、生産的なジャンルであり、人間中心的主義の乗り越えを視野に入れた分野として、その可能性に期待を寄せている。「人類学者たちは、人類学においてこれまで研究対象とされてきた人間社会を、複数種によって構成されているコミュニティとして捉えなおそうとしている。複数種にはたとえば、人間の胃腸に住む微生物、感染症をもたらすウイルス、食用として育てる植物、食用動物やペット用動物、などが含まれる」と述べている［ハイザ 二〇一七：二四九―二八五］。マルチスピーシーズ民族誌が主題化する人間と他の生物種や多種の絡まり合いは、日本では環境人文学をリードするエコクリティシズム（環境文学）において豊かな発展を遂げている。

塩田弘・松永京子らが編集したエコクリティシズムの論集は、人新世と文学の関係を取り上げている［塩田・松永ほか編 二〇一七］。人間活動が地球環境に影響を及ぼす時代に文学はどのような役割を担い、何を伝えようとしてきたのか、人新世が「警告」となっている今、文学はどのように読まれ、解釈されるのか。例えば、十九世紀のアメリカ人作家H・メルヴィルは、人新世を先取りするかのように、鯨やバッファローの乱獲がもたらす消滅を危惧し、製紙工場における汚染や衛生などを問題として、人間の自然破壊を戒めたという［藤江啓子 二〇一七：五二］。エコクリティシズムは、文学作品の中に人間活動の地球環境への影響を読み解いてきた。

T・テンペスト・ウィリアムスの『鳥と砂漠と湖と』は、エコフェミニズムの文学作品である。「私」は、アメリカ・ユタ州のグレートソルト湖の渡り鳥保護区が浸水したことと、母親の癌が再発するという、子どもの頃から親しみを抱いてきた二つのものの危機に直面する。母が亡くなり、壊滅的な被害を受けた渡り鳥保護区の復興が進まない中、ある時、夜の砂漠に光が走る夢を見たと父親に話すと、父親は、それは本当に起きたことだったと告げる。幼き「私」が家族と一緒に車で、核実験中のネバダ砂漠を通過した時のことであった。そのことを知って「私」は、核実験によって現在の暮らしが生みだされてきたことや、一族の女の癌発症の多さなどを直観的に理解し、大地と生命を守るための闘いを決意する。石井倫代は、この作品の中に、自然と女性を収奪して成立した近代産業社会、つまり人間活動の諸問題を見出している〔石井 一九九六：三九一－四〇八〕。

地球環境に対する人間活動の影響は、不特定多数の人間に跳ね返ってくる。結城正美は、石牟礼道子の『苦海浄土』の中に、人間による環境汚染が魚類を介して人間に破滅的な影響を与えるという人新世のシナリオの具体的なあり方を探っている。チッソ水俣工場から排出されたメチル水銀を含む廃液で海が汚染され、魚介類に蓄積されたメチル水銀が食物連鎖をとおして漁民の健康を蝕んでいった。結城は、『苦海浄土』に見られる漁民たちの食にまつわる描写に注目する。第六章の「春」という節で描かれる「水俣病わかめといえど春の味覚」という漁民の論理は、リスクという近代的概念では捉えることができない汚染と食をめぐる見方に支えられている。「天のくれらすもん」すなわち自然からの賜物を、水銀で汚染されていると分かっていたとしても容易に切り捨てられないことを描いた石牟礼のテキストは、海との親密さが漂う牧歌的な風景なのか、汚染食を食べるしかない貧困の風景なのかという価値判断を問うのだと、結城は述べる［結城 二〇一一：Yuki 2017］。

マルチスピーシーズ民族誌を先取りするかのような、「人間だけ切り取ったんじゃなくて、人間の周りにいるもろもろの生物を含めたものの中にいる人間がわかるような形で書く」という一九八七年の作家・加藤幸子の発言から、山本洋平は彼女の短編小説「ジーンとともに」の批評を始めている。主人公の鳥は小説の終わり近くで卵を産む。三つの卵のうち、二つ目の卵をジーンに逆らって都市部に産み落とす。山本によれば、「都市化のすんだ街は、完全に非自然化したわけではない。非自然化してしまうということこそ人間のエゴであり、実際は豊かな自然が残っている。…（中略）…東京に張り巡らされた電線は、鳥たちにとって便利な止まり木である」。山本によれば、加藤は、都市空間を豊かな生物世界と見ることで、脱人間中心主義の観点から世界を描きだしている［山本 二〇一〇：二三一―一七］。都市もまた自然であるという考え方（アーバン・ネイチャー）は、人間の影響によ り外なる自然がもはやなくなってしまった人新世の時代における新しい自然の捉え方を示している。

エコクリティシズムでもまた、文学テキストをとおして、暗い人新世と明るい人新世の両方が検討されていると見ることができるかもしれない。石井や結城が取り上げるテキストは、人新世をなぞらえたような破滅的な世界であり、山本が扱うテキストでは、破壊的でもあれば創造的でもある人間の活動によって形成される都市の自然に、人新世における一つの希望を見ていると捉えることもできるだろう。ここではこれらに加えて、人新世の「楽観主義」をめぐる議論があること［ハイザ 二〇一七］や、詩人でもありネイチャーライターでもあるダイアン・アッカーマンは、人新世を扱った著作の中で、人間が多くの過ちを犯した時代が人新世であるが、人間の力はそれ以上に果てしないと述べていることを指摘しておきたい［Ackerman 2014］。

今後、暗い人新世がますます増殖していくのか、はたまた暗い人新世が明るい人新世に転じるかどうかは、地球環境に対する人間の影響を私たちがどのように評価し、議論や実践の俎上に載せていくことができるのかに関わっている。再野生化（rewilding）と呼ばれる、失われた生態系を復元する試みは、人新世の時代における一つの取り組みである。ヨーロッパでは、一九七〇年代から実践的な取り組みが行われてきている。絶滅した生物種は、その類縁種の再導入によって、元来の生態系に近いものに戻される（例えば、Lorimer 2015を参照）。

こうした問題や実践を考え抜くために、マルチスピーシーズ民族誌と、それに関連する新しい人文諸科学の領域横断的な知の積み重ねが果たす役割はけっして小さくないだろう。

翼なしで飛び、鰓《えら》なしでも水中に潜り、地球を離れ月に達した唯一の生物種である人類が、地球環境に甚大な影響を及ぼした現実とその解決に向けた取り組みを、世界中を訪ね歩いて見聞きし、考えようとした記録が出版されている。そうした試みもまた、人新世という問題提起に対する新しい知であると評することができるだろう［ヴァンス 二〇一五］。

第7章 人間以上の世界の病原体

1 ケックの『流感世界』と鳥インフルエンザ

香港がイギリスから中国に返還される直前の一九九七年三月に、香港の養鶏場で七〇〇〇羽のニワトリが高病原性鳥インフルエンザで死亡した。五月初旬には香港の病院で三歳の男児が死亡し、鳥インフルエンザに罹っていたことが、七月一日の香港返還を跨いで、八月になってから発表された［高田 二〇一八：二一六－二一二］。種の壁を越えた感染は、その後世界に拡大した。鳥インフルエンザはその後の調査で、一九九六年に中国広東省の農場で飼われていたガチョウを死に至らしめたウイルスとつながりがあることが明らかになった［高田 二〇一八：二三五－六］。

人類学者F・ケックは、その流行の十年後の二〇〇七年に、鳥インフルエンザに関して、香港や中国などで調査研究を行い、二〇一〇年に『流感世界』を著した［ケック 二〇一七］。ケックの調査は、微生物学の専門家たち、行政役人、医師、企業家、農場経営者や市場の小売業者などのインタヴューや、農場での参与観察をつうじて、次なるインフルエンザの危機に備える社会の反応を明らかにしている。

その本の中でケックは一貫して、インフルエンザウイルスをもたらす可能性のあるニワトリと人間の接触面に注目している。「パンデミックの連続は…（中略）…病原保有動物の結果として生ずるものなのであって、こうした動物が増えていることによって、ウイルスが転移するチャンスが増えている」［ケック 二〇一七：一六］。中国におけるニワトリの数は、一九六八年からの三十年間に、一三〇〇万羽から一三〇億羽に増加しており、この「畜産革命」がウイルス転移に密接に関係するという［ケック 二〇一七：一六］。つまり、家禽の数が増加し、人間が家禽に接触する機会が増え、人獣共通感染症の感染者と死者もまた増えたのである。

ケックが香港で調査を開始した時点では、中国広東省で発生し、インド以東のアジア諸国と北米に感染が拡大したSARS（重症急性呼吸器症候群）の流行から数年が経っており、香港はその危機を免れて、次なる危機に向けて活気づいているように見えた。大きな音を出して咳をすることは不作法の極みとされ、不潔さと結びついた中国的伝統と縁を切ろうとする中で、高度な「監視」体制と、動物疫病が発生した場合の「殺処分」によって、香港は鳥インフルエンザの「前哨地」として、来たるべきカタストロフィーに備えていた［ケック 二〇一七：四七－五一］。種の壁が破られることによって引き起こされる人獣感染症に対する措置は、種間の壁を元通りに復するための監視と殺処分を交互に行うことであった［ケック 二〇一七：三四］。

二〇〇八年十二月、香港の農場で鳥インフルエンザに感染した二〇〇羽のニワトリが死亡すると、周囲三キロ圏内には八万羽のニワトリが、中央市場でも一万羽のニワトリが殺処分され、また生きたニワトリの二十一日間の購入禁止措置が取られた。その約半年後にケックは単身、農場に乗り込んでいる。ニワトリに餌をやり、排泄物を処理する仕事をこなしながら、ケック自身は不快であるはずの仕事に没頭することによって、労働者たちとともにある種の喜びを感じたという［ケック 二〇一七：一八〇］。

2 香港、監視と殺処分でパンデミックに備える

中国から輸入された受精卵が農場で育てられるのと並行して、香港には一日あたり一万羽の生きたニワトリが中国から輸入されていた。時を遡って二〇〇七年九月には、中国広

東省で、三〇〇〇羽のアヒルが鳥インフルエンザで死亡し、一万五〇〇〇羽のニワトリが殺処分されたが、その時、香港の新聞各紙は、ウイルスに晒された中国人同胞の健康よりもむしろ、中秋節を祝う祭りのための家禽が中国から輸入されなくなることのほうを心配した。祭礼では、生きたニワトリが購入され、家族で分けるという習慣があったからである。生きたニワトリを必要とするこうした伝統が、香港を鳥インフルエンザのリスクに晒している［ケック 二〇一七：八二］。

香港では、一九九七年以降、消費者が自宅でニワトリを屠《ほふ》ることが禁じられ、小売業者が屠畜作業を担うようになった。小売業者は、専門の検査員が定期的に訪れて行う採血に応じていただけでなく、家禽店が自発的に交代で週一回の割合で店を閉めて、消毒を行っていた。また、細切れ肉を販売するのに加えて、新鮮さを求める客に生きたニワトリを見せて、それを客の前で屠るという工夫もしていた［ケック 二〇一七：九六－一〇一］。

香港ではまた、仏教徒によって「鳥を放つ祭礼（放生会）」が行われていた。生態学者によれば、年間三十万羽の鳥が放たれるが、そのうち半数が輸入されたものであり、それらが生態系を攪乱《かくらん》させるだけでなく、鳥インフルエンザに罹っている鳥もいるため、ヒトにとっての感染リスクが高まる［ケック 二〇一七：一二〇］。実際には、値が張らない小さな雀の在来種が解き放たれたとケックは述べているが、鳥類学者によれば、輸入種が多いとされる。鳥類学者は、鳥インフルエンザのヒトへの感染リスクが高まるとして、放生を批難したらしい［ケック 二〇一七：一六一—二］。

来たるべき鳥インフルエンザの発生に備える香港の現実を、ケックは以下のように読み解いている。

香港は「鳥という病原体保有動物の水準でパンデミックに備えていたのである」。人間が動物と関係するあらゆる場所は、間接的には科学的あるいは宗教的諸表象を介して、直接的には日常生活とそこで頻繁に起こる偶発事によって、鳥を起源とするパンデミックの可能性というプリズムを通して評価されていたのである。

［ケック 二〇一七：一九三］

科学や宗教の見方によって組織されていた人間と動物の関わりは、鶏肉の生産と消費の循環の中で生じるリスクやリスク回避行動を伴っていたが、鳥に由来する感染症に備えるという観点から評価されていたのである。

3 人間への生権力を超えて

ケックは別の論考で、一連の出来事からは、香港の人々の将来に対する不安が見えるだけでなく、疾病動物との接触を断つことによって人間の生に関わる主権権力の意志が浮かび上がってくると言う。農場や市場に持ち込まれたバイオセキュリティの措置は、来たるべきカタストロフィーに備えなければならないことを人々に知らしめたし、病原体（ウイルス、細菌、寄生虫など）を保有している可能性のある家禽の殺処分は、養鶏をめぐる経済秩序を回復するための「供犠」として読み解くこともできる［ケック 二〇一三：二一一］。この観点から、香港では、日常で起こりうる鳥インフルエンザ発生のリスクが、鳥との接触を極力避ける方向で監視され、発生した場合には鳥が殺処分されることによって、「鳥という病原体保有動物の水準」で抑え込まれていたと見ることができる。監視と殺処分に関して、ケックはさらに踏み込んでいる。

人間と動物の新たな諸関係に対してケックは、フーコーのいう「司牧権力」と「生権力」の交錯が見られると言う［ケック 二〇一三：二二二］。司牧権力とは、動物との精神的な連続性を保ったまま、動物を監視する権力のことである。ケックは言う。「司牧権力が暴力的な仕方で野生のものと飼い慣らされたものとの境界を回復する身振りとして、すなわちあらたな秩序をつくりだす身振りとして、供犠が再び現れる」［ケック 二〇一三：二二三]。つまり殺処分とは、動物との精神的な連続性を回復するために行われる供犠である。他方で、統治者たちは微生物学者と結託して、眼に見えない病原体の変異の地図作成を行って、「動物の群れと人間の人口」を監視する。

ケックにとって、司牧権力とは精神的な権力であり、それが、バイオセキュリティを駆使する生権力と交わるところに、来たるべき新興感染症に備える香港の生政治の未来がある。こうしたケックの見取り図の是非はここでは措《お》くにせよ、『流感世界』におけるケックの視点は、「人間至上主義」に傾いているように見えてしまう。

A・チンは、景観とは歴史的行為の背景ではなく、「それ自体が能動的なのである。形成途上にある景観を眺めていると、人間がほかの生物に混じって世界を作っていることが理解できる」[二〇一九：二二九]と述べている。同様に、新興感染症をめぐる景観も人間世界の背景としてではなく、それ自体能動的なものとして眺められなければならないのではないだろうか。人間と動物を一直線に結んで、眺めなければならない。その点を土台として、以下で人獣共通感染症に関して探ってみようと思う。

鳥インフルエンザを含む人獣共通感染症に関して言えば、ヒトの健康のためには動物の感染状況の把握が不可欠であり、ヒトと動物の健康は一本でつながっているはずなのだけれども、研究や実践のレベルでは、医学・医者と獣医学・獣医で分かれており、国際組織もＷＨＯ（世界保健機関）とＯＩＥ（国際獣疫事務局）に分かれている［高田二〇一八：三一六］。

その隔たりを埋めるために提唱されたのが、「ワンヘルス」という理念である（cf. Wolf 2015）。哲学者R・ブライドッティが言うように［ブライドッティ 二〇一九：二四五－六］、動物と人間は同じような慢性疾病を患い、共通の疫病に晒されるため、「健康と疾病をより広く理解するには、ヒト、家畜および野生生物の健康を集中させることによってのみ達成できるアプローチの統合、すなわちワンヘルスが必要である」（http://www.oneworldonehealth.org/）。

ＳＡＲＳ以降に、ワンヘルスの理念を汲みながら、ベトナムでは、「人間－動物のインターフェイス」における鳥インフルエンザの統制が目指されるようになった。ベトナムで調査を行った人類学者Ｎ・ポーターは、動物「とともにある」人間を含め、多種からなるコミュニティに対して行使される生権力の問題を検討している［Porter 2013: 132-148; Porter 2017: 136-51］。また、「ウイルス民族誌家」を自称する人類学者Ｃ・ロウは［Lowe 2017: 91］、二〇〇三年インドネシアで発生した鳥インフルエンザの感染流行に関して、ウイルスを含め、野生の鳥、家禽、人間など多種の絡まり合いが、パンデミックに対する備えやバイオセキュリティや国民統合など国内外の関心事と結びついて、いかに「雲」のような不確定な状況を生みだしているのかを探っている［Lowe 2010: 625-649］。彼女はまた、人類学者Ｕ・ミュンスターとともに、ゾウヘルペスウイルスと象、その世話をする人間の多種の相互関係からそれぞれの存在がいかに生成するのかを探っている［Lowe and Münster 2016:

118-142]。医療人類学者M・シンガーは、人獣感染症に関して、動物を外部の要因として取り上げる医療人類学を斥けて、種間の関係性を重視する医療人類学の再構築に挑んでいる[Singer 2014: 1279-1309]。

こうした感染症をめぐる実践および研究の近年の動向からすると、ケックが立てた見通しは、人間への生権力の問題だけに集中しすぎているきらいがある。言い換えれば、ケックは、人獣感染症や病原体を外部からの未知の変数と捉えることで、人間の世界だけに閉じてしまっている。二十一世紀に、人間至上主義を再考し、「人間以上」の世界を視野に入れて、人間探究を目指す人類学（人文科学）が、「思想」として踏み込まなければならないのは、この点である。

4 病原体、鳥、人間の相互作用

人獣感染症をめぐる根源的な問いの一つは、新興感染症の三分の二が動物由来である以上[石 二〇一八：二九―三〇]、「動物の群れと人間の人口」という人間の健康と病気に傾いた生政治や人間どうしの関係性ではなく、動物と人間の種間の相互関係をどう見極めていくのかという問題なのではないだろうか。ケック自身もこのことには気づいているようである。
新型コロナウイルスの感染が拡大し始めた二〇二〇年二月末の時点で、ケックは、あるインタヴューで以下のように述べている（"Let's Talk: Social Anthropologist Frederic Keck on the Coronavirus". March 09 2020. https://axaxl.com/fast-fast-forward/articles/social-anthropologist-frederic-keck-on-the-coronavirus より引用）。

私の関心は、本当のところは気候変動、森林破壊および産業育種によって変化する私たちと動物との関係性にあります。例えば、コロナウイルスについての一つの関心は、それがコウモリによってもたらされることです。そして、コウモリは森林破壊のためにますます、人間の居住地に近いところにやって来るのです。だから私たちは…（中略）…私たちと、ウイルスの貯蔵庫としてのコウモリとの関係性についても考える必要があるのです。コウモリは、ヨーロッパの国民が田舎から都市に集団移住してきた十九世紀には、中世の悪魔として想像されたのですが、今では田舎では親しい隣人で、森林破壊のためにより都市圏に近づいて来ています。今となっては、コウモリがどのようにウイルスと共生しているのかについてもっと多くのことを学ばなければならないことに私たちは気づいています。というのは、コウモリは素晴らしい免疫システムを持っていて、コロニーで、私たちよりもウイルスとうまく共生することができるからです。

コウモリは、十九世紀までは中世の悪魔だったが、現代では人間にとって親しい隣人となっている。コウモリと私たち人間との関係のあり方を問うことが重要であり、さらにウイルスとうまく共生しているコウモリの免疫システムについても学ばなければならないと、ケックは述べる。変化する人間と動物たちの関係性を追うことは、森林破壊、産業育種などを進めてきた「人間中心の思い上がりから離れるための過激な手段」［チン 二〇一九：二二九］でもあるのだろう。

続いて、現在の研究関心を問われたケックは、以下のように応じている（前掲ウェブより）。

　病原体、鳥および人間の相互作用を探ることで、どのように人々が来たるべきパンデミックを推察する仕方を手に入れることができるのかを概説することで、私は種間関係こそがパンデミックの脅威を防ぐのにどれほど決定的なことなのかを示そうと努めています。

この部分は、病原体と鳥と人間という種間関係の相互作用を探ることは、最終的に、来たるべきパンデミックを予測し、その脅威を防ぐために役立ちうるのだと主張していると読むことができるだろう。つまり、「動物の群れと人間の人口」をめぐる問題は、種間関係の動態探究の効果として現れ出るのだ。

5 人間と動物の〈あいだ〉、力の場として

中世は悪魔だったコウモリが人間にとって親しい隣人となったように、現代では野生動物と人間の距離が縮まった結果、野生動物に共生するウイルスが人間に致死的な感染を引き起こしている［山内 二〇一六：九］。エボラ出血熱は、霊長類が、コウモリが齧《かじ》って地上に落とした果実を食べた時に果実に付着した唾液から感染し、その後、ブッシュミートとして霊長類を食べている現地の人たちが狩猟時や解体時にウイルスをうつされた可能性が高いと見られている［石 二〇一八：二八］。

今世紀に入ってからでは、SARSは、キクガシラコウモリと共生していたウイルスがハクビシンを介してヒトにもたらされたことで起きたと考えられている。二〇一二年のMERSを引き起こしたウイルスは、ヒトコブラクダが宿主であったとされる［岡部 二〇二〇：四八、五二］。野生動物をめぐる違法取引が、新興感染症の温床になっているという見

方もある。市場規模は最大年間二六〇億ドルで、最大の中国市場では、漢方の材料となるトラの骨、サイの角、センザンコウのウロコなどが扱われている〔ケネディ、サザン二〇二〇：二四－五〕。

病原体ウイルスはもともと自然の中で宿主と共生していた。そうした自然環境の中に人間が入りこんだり、金儲けのために違法に野生動物を捕獲したりすることで、人間と動物の〈あいだ〉は縮まる。ウイルスは人間にうつり、人間の体内環境で爆発的に増殖できる条件を備えていると、高い病原性を示す。そうなった時に、人間にとっては脅威となる。

しかし獣医学者・高田礼人は、ウイルスが人間にとって脅威であったとしても、ウイルスそのものを「悪」とみなすのは行き過ぎだと言う〔高田 二〇一八：三四五－六〕。ウイルスを敵や脅威とみなさないのは、人間だけを例外視するのではなく、人間、動物、病原体を同列に見るワンヘルスの見方に通じる。その観点から、病原体を含むあらゆる存在者の動きを、善悪以前の次元で、生と死が絡まり合った生命現象として描き出すことはできないだろうか。生物学者・福岡伸一は、ウイルスは、生命誕生の時点で存在したのではなく、高等動物の誕生後に現れ、遺伝情報を親から垂直方向にではなく、水平方向に、場合によっては種を超えて伝達しうるという。ウイルスは私たち生命の不可避的な一部であるがゆえに、根絶したり撲滅したりすることなどできないと見ている〔「福岡伸一の動的平衡　ウイルスという存在」『朝日新聞』二〇二〇年四月三日付朝刊〕。必要なのは、人間、動物、病原体の相互作用を動的に記述することから出発することである。

宿主から直接にせよ媒介動物をつうじてにせよ、個体に保有されている病原体に人間が触れ、それを人間が体内に取り入れる。そうだとすれば、病原体は、実際には、宿主か媒介動物の体内に保有されているのであるが、人間と野生動物の〈あいだ〉に存在していると考えたほうが分かりやすいのではないだろうか。病原体は、野生動物から人間に、その関係性をつうじてうつされるからである。関係性の生じる「場」を、ここで〈あいだ〉と呼んでみよう。

人間と動物の〈あいだ〉が十分にある時には、病原体は転移しない。〈あいだ〉が縮まることによって、病原体が人間に転移する確率が高まる。〈あいだ〉とは、モノの存在しない空白部ではない。それは、表面に出ている人やモノや現象に、裏面から作用を及ぼす力の場として見られるべきであろう［木村 二〇〇八：七一－七九］。こうした見通しを踏まえて、人間と動物の〈あいだ〉にどのような力が働いて、病原体が活発な働きを見せるようになるのかを探ってみたい。以下では、環境哲学者T・ヴァン・ドゥーレンによるインドの人間、ハゲワシ、牛をめぐる記述を取り上げて、それを病原体が蠢きだす記述として読み替えてみたい［van Dooren 2014］。

6 インド、絡まり合う人間と動物の生と死

インドの人たちは、かつてたくさんのハゲワシが川岸で、牛や、人間を含む他の動物の死骸に集っていた光景を覚えている。しかし今日、ハゲワシはほとんど見かけない。二十世紀末から、ハゲワシが食べる牛に投薬されるようになった「ジフロフェナク」（関節炎、痛風、結石、外傷、生理痛、腰痛などに鎮痛効果があるとされる、非ステロイド系の抗炎症薬）のせいで、ハゲワシは今や絶滅の危機に瀕している。インドにいる三種のハゲワシ――ベンガルハゲワシ、インドハゲワシとG.tenuirostris――の九七％がすでに死滅しているとされる。環境NGO「バードライフ・インターナショナル」によれば、ベンガルハゲワシは、抗炎症薬が投与された家畜の死骸を食べることで体内に蓄積するジクロフェナクのせいで九九％減少した［ハワード 二〇一八：二〇三］。

インドでは、牛は耕作、搾乳、重労働のために使役され、食べられることはなかった。そのため牛の死骸を食べるハゲワシにとって理想の棲息環境が用意されていた。かつては毎年五〇〇万～一〇〇〇万トンの牛・ラクダ・水牛が、ハゲワシの世話になっていた。一〇〇羽ほどのハゲワシによって、一頭の牛の死骸が三十分ほどできれいに片づけられた。牛が炭疽で死亡した時には、芽胞が土壌に浸出し、そこに何十年も留まった後、風によって飛ばされるか、動物の消化管の中で広がった。炭疽は、古くから草食動物の群れを大量

に殺し、人間にも感染して致命的な結果をもたらしてきた。動物は数時間で瀕死状態になり、死骸は風船のように膨れ上がり、傷をつけると黒く濃いねばねばした血が流れだす

[ダルモン 二〇〇五]。

ハゲワシは、炭疽菌が芽胞を形成し拡散する前に、牛の死後数時間にその柔らかい組織を取り除いた。ハゲワシが、インドの一部で広がる炭疽などの疫病の拡大を喰い止めていたのである。また、ムンバイのパルシー教徒たちは、何百年もの間、「沈黙の塔」に死者を運んで、ハゲワシに死体をついばませて鳥葬を行ってきた。パルシーは自分たちの生の中に、ハゲワシの居場所をつくり出していたのである。牛と人間の間には相依の関係が築かれていた。

ところがここにジフロフェナクが登場する。ジフロフェナクは、一九六〇年代から人間に投与されるようになり、沈黙の塔で人間の死骸を片づけるハゲワシに影響を与えてはいたが、その後、歩行困難や、乳腺炎や出産困難になった牛にも投与されるようになり、そのことが、ハゲワシに腎不全による死をもたらすようになった。特に貧困層の人たちが、牛が老いて病気になった時にも牛を働かせ続けるためにジフロフェナクを必要とした。人間による牛への投薬が、牛を食べるハゲワシに死をもたらしたのである。

ハゲワシがいないとまた、南インドでは炭疽が健康問題を引き起こす懸念がある。インドの人口の七割が農村に居住し、その大部分が家畜を飼っているため、家畜と人間はとも

牛の死体を食べるハゲワシ

に潜在的に炭疽の感染リスクに晒されている。それだけではない。ハゲワシの減少に反比例するように、インドでは野良犬が増加している。イヌもまた牛の死骸を片づけるが、ハゲワシのようなスピードと完璧さで片づけることはない。イヌは炭疽のような疫病を封じ込めないし、完全に解体されない牛の死骸は水と環境を汚染する。

イヌの増加は問題を引き起こすリスクがある。野良犬はあちこちうろついて狂犬病ウイルスをまき散らし、人間だけでなく哺乳動物に痛みと死をもたらす。インドでは、年間一七〇〇万人がイヌに咬まれる。狂犬病とは、約四〇〇〇年前に人類にもたらされた人類共通感染症である。ヒトだけでなく、すべての哺乳類が狂犬病ウイルスに感染し、致死率はほぼ一〇〇%だとされる(https://www.jsvetsci.jp/veterinary/infect/01-rabies.html)。インドでイヌに咬まれる人の七五%が貧困層の人たちであり、狂犬病に罹るのは、そのうちの九六%だとされる。世界中で起きる狂犬病による人間の死の六割がインドで起きており、年間二万五〇〇〇~三万人が死亡する。そのうち八七・六%が貧困層で、そのほとんどが成人男性であるため、家族の経済的困難の度合いが高まる。

7 人間、動物、病原体がともに生き、死ぬ世界

人間と動物はそれぞれ別個に生きているのではなく、食べ食べられ、使役し使役され、影響を与え与えられ、相依しながら絡まり合っている。かつて牛の死はハゲワシの生を支えていたが、人間の生のために牛に投与された薬によってハゲワシの死がつくり出されるだけでなく、ハゲワシの死は病原体を広く解き放つことにつながり、人間に苦しみと死を与えている。

病原体は、人間と、人間とともにある動物の〈あいだ〉に生じるように見える。人間と動物の〈あいだ〉は、「会・合・相・逢」などの「あう」空間であり［木村 二〇〇八：七九］、その空間は常に動因をもった力の場としてある。〈あいだ〉に現れ出た病原体は、転移された個体の中で増殖し、やがてその個体に死をもたらすかもしれない。私たちが住まう世界とは、ヴァン・ドゥーレンが描き出したように、人間や動物たち、動物たちが保有する病原体が、生まれ、生き、死んでいく世界なのである。

この人間以上の世界での多種の絡まり合いの中で、生きて死ぬハゲワシ、牛、人間すべてが、それぞれの生と死に対して重要な意味を担っている。しかし、「すべてはつながっているなどということは、ここでは役に立たない。…（中略）…むしろ、すべては何かにつながっていて、それがまた別のものにつながっている」［van Dooren 2014: 59］。言い換えれば、「つながりの特異性と近さ、私たちが誰とどのように結びついているのかが重要なのである」［van Dooren 2014: 60］。「生と死は、こうした関係性の内側で起きているのだ」［van Dooren 2014: 60］と、ヴァン・ドゥーレンは言う。

人間、動物、病原体が絡まり合って入り乱れ、死が生を支え、生はいつの間にか死を生むという、常ならざる人間以上の世界の根源的な探究が、私たちの前にある問いではないだろうか。病原体、人間、動物の相互作用を、その生と死をまるごと含めて探ることが、次なる課題であろう。あるいは、こう言い換えてもいい。人間の世界に侵入した後だけの病原体を問題にし、狼狽《うろた》えるのではなく、人間以上の世界でそれを理解しようとし、気づかうべきだ、と。

第8章　菌から地球外生命体まで

1　人間的なるものを超えて

気がつくと、人類学はその学問の名前が示すとおり、人間のことだけを探究する学問になっていたというのが、今から振り返れば言えることではないだろうか。人類学は長らく人間が生み出し、営んでいる制度や慣習などを「文化」と呼び、その記述を「民族誌」と称して、人間の文化の記述と考察に浸った末に、記述のしかたや学問を成り立たせている仕組み、その権力配分にまで気を配りながら、どうしたらそのような再帰的な課題を乗り越えて正統な学問たり得るのかを考えあぐねて頭を抱えるようになったのである。

そのことは、自然人類学、言語学、考古学、文化人類学という四部門から成る総合学を目指した、二十世紀初頭のF・ボアズ流のアメリカの人類学の「後退」であり、フィールドワークを学問の中心に位置づけ、民族誌を制度化した、B・マリノフスキー由来のイギリスの人類学の「前進」の結果であった。世界に広がった民族誌を重視するイギリス流の人類学は、アメリカで巻き起こったポストモダン的な自己反省モードの投入によって内向きの議論を重ね、前世紀末から今世紀初頭にかけて隘路《あいろ》を歩むことになったのである。

そうした前進と後退の歩みの陰に、もう一つの人類学の地歩、C・レヴィ＝ストロースの人類学があった。一九三八年にブラジル調査に出かけたレヴィ＝ストロースのフィールドワークは、一つの社会で局地的な調査をおこない、輝かしい成果を出し始めていたマリノフスキーのそれとは異なり、集団間の「断面」の比較を通じて変異の多様性と共通性をあぶり出し、様々な変形によって一定の原理が広汎に見出されることを示すものだった［渡辺二〇一八］。

その手法はその後、Ph・デスコラやE・ヴィヴェイロス・デ・カストロなどに受け継がれ、人間と他の生物種との関係へと踏み込むことで、「アニミズム」「パースペクティヴィズム」「多自然主義」など、より包括的な人文学の新たなトピックへとつながっていった。

人類学は二十一世紀を迎えると、人間のみでなく、人間を含みつつ人間を超えて、より大きな研究枠組みの中で思考するようになった。E・コーンの「人間的なるものを超えた人類学」は、その一例であろう。コーンは、人間を含め、あらゆる生ある存在はいかに思考するのかという問いを立てることで、人間のみを扱う人類学を超えて、哲学とも深く交差する領域で、非人間と人間を同じ地平に眺める人類学の新たな領野を切り拓いたのである。

C・ステパノフらが「ハイブリッド・コミュニティ」という概念を創出した（第3章「1 ハイブリッド・コミュニティとは何か」参照）のも、そうした流れの上に位置づけることができる。

「マルチスピーシーズ民族誌」は、人間的なるものを超えたかなたへと人類学を連れ出そうとするこうした流れに影響を受けながら、生み出され、発展してきている。それは、異種間の創発的な出会いを取り上げ、人間を超えた領域へと人類学を拡張しようとする。

マルチスピーシーズ民族誌／人類学は、人間と人外という二元論の土台の上での、人間と特定の他種との二者間の関係ではなく、人間を含む複数種の3＋n者の「絡まり合い」とともに、複数種が「ともに生きる」ことを強調する。人間主体に現れる範囲のみで他種は捉えられるべきではない。それはたんに象徴的・唯物的な対象ではないとされる。

マルチスピーシーズ人類学の特性をより鮮やかに理解するために、哲学の課題を一瞥することは有用だと思われる。現代のモノの哲学は、マルチスピーシーズ人類学と同根の主題を孕んでおり、人類学の近年の研究成果を取り入れて交差し、拡張されているからである。

2 種を記述する技法

I・カント以降の哲学では、人間がモノに対してつねに特権的な位置を保ってきた。対象世界の差異や多様性は、あくまでも人間主体から見た剰余や外部とされてきたのである。M・ハイデガーにとっても、世界は何らかの目的をもった道具が連関してできており、その連関に不確定さを持ち込むのはつねに人間であった。モノが人間に現れる範囲でしか捉えられてこなかった「相関主義」を批判して、近年G・ハーマンは、モノとモノが能動的でもあり受動的でもある役割を演じながら独立的に作用することを強調する［清水 二〇一八］。

哲学者・清水高志は、近年の人類学の議論を積極的に援用しながら、擬人化される傾向にあるハーマンの「オブジェクト指向哲学」に挑んでいる。清水は、モノを媒体として複数のアクターが競合関係を築き上げるサッカーなどのゲームに注目するM・セールを議論の出発点に置いている。

人間主体にとって、ボールは単なる対象ではなく、それ自体他のアクターの働きかけや関係を集約した「準―客体」である。そのアイデアは、B・ラトゥールのアクター・ネットワーク理論に引き継がれている。アクター・ネットワーク理論では、中心的な媒体であるモノは、それをめぐって形成される複数のアクターの関与が同時に働くことにより意味が付与される。

こうした議論を補強するために清水は、人間や動物などに注目し、外部に置かれた不変のモノを特権化せず、総当たり的な相互牽制や相対化の仕組みを重視するヴィヴェイロス・デ・カストロのパースペクティヴィズムに注目する。「パースペクティヴを持つということは、パースペクティヴとしての位置が、他のアクタントと容易に入れ替わりうるという、この不安定さと引き換えに生じる現象なのである」〔清水 二〇一七：二二〕。

そこでは、パースペクティヴを持つ立場がボールのようなものでもあり、ボールとしての「眼」を奪い合うことになると清水は捉える。さらに、図と地はもともと二つのパースペクティヴではなく、地はもう一つの図であり、図はもう一つの地でもあるというように、一方は他方に対して変わりなく振る舞っているという「部分的つながり」を強調するM・ストラザーンを導きとしながら、人間に現れる範囲でしか語られてこなかったモノの相関主義的理解を乗り越えようとする。

清水は、モノとモノが互いに移動し相互包摂する往還運動を強調する。マルチスピーシーズ民族誌もまた他の生物種を人間に現れる範囲でのみ扱うのではなく、相関主義を超えて種と種の関係性それ自体へと踏み込んでいるのだとすれば、両者の課題には共通する部分がある。

ところで、ここでいうモノには非生命だけでなく、生命が含まれる。マルチスピーシーズ民族誌が扱う「種」とは、主に生命である。以下では、生命記述の技法について、モノの哲学の議論の延長線上で手短に触れておきたい。

清水を継承しつつ批評家の上妻世海は、「ありのままの、不合理で、重畳で、無駄が多く、混沌に満ち溢れた、あやうい可能性の上にかろうじて成り立つ動的なものとしての自然である」［池田・福岡 二〇一七：二九〇］〈ピュシス〉や、「あらゆる存在を様々な〈あいだ〉において見ようとする理論的態度」［木岡伸夫 二〇一四：六八］としての〈レンマ的論理〉を骨組みとして、生命記述の技法を検討している［上妻 二〇一八：五六―六二］。上妻は福岡の「動的平衡」論を導きとしながら、以下のように述べる。

なぜか僕たちは、明日も、明後日も、明々後日も、同じ身体をもち、自己同一性を保ち続けることができると信じている。しかし、物質的には一年も経つと、僕は僕でない。僕は自らを分解することで自らを構築し、自らを構築することで自らを分解する「流れ」である。そして、この「流れ」の中で構造を維持するためには、「私は私である」という自己同一性の耐久性や構造を強くするのではない。エントロピー増大の法則による乱雑さが構造の維持を不可能にしてしまう前に、先回り的にその同一性を部分的に分解し、そして構築する必要があるように、「私は私でなく」（分解）、「私は私でなくもない」（構築）という「流れ」の中に身を置くことになる。

［上妻 二〇一八：六三―四］

生命は変形と流れの中で、つまり時間の中で分解と構築を孕むものとして捉えなければならない。言い換えれば、「僕たちは『死につつ、生き、生きつつ、死んでいる』」［上妻 二〇一八：七二］のだ。

上妻はこの議論をさらに進めて、生命記述の技法を、事物がそこに存在するのはそれ自らによってではなく、他に依って他との関係においてであるとする龍樹（ナーガールジュナ）の『中論』に求めている。生命は「相依相待」により、生命たり得ている［上妻 二〇一八：七六：木岡 二〇一四］。生命の本質とは、事物の存在が「他との関係に縁ってある」という「縁起」に他ならない。

種が生命のことであるならば、「種」を自律的で安定的なものと捉えることには慎重でなければならない理由がここにある。種に出入りする他種によって種が相依相待的に生まれつつ死に、死につつ生まれるのだとすれば、「マルチスピーシーズ（複数種）」が喚起する、自律し安定した「種」のイメージは問題含みであることになる。それゆえに、種と種の絡まり合いに迫ろうとするマルチスピーシーズ人類学は、「種」とは何であるのかという問いを疎《おろそ》かにすべきではないということを、ここでは確認しておきたい（cf. 逆卷 二〇一九）。

3 制作論的転回のほうへ

マルチスピーシーズ民族誌が、民族誌自体を反省的に捉え返した「再帰人類学」の先に、「人間とは何か」をふたたび問い始めた二十一世紀の人類学によって生み落とされた一つのジャンルであるならば、それは、既存の人類学の装いを必ずしも纏《まと》っている必要はない。先述したように、マリノフスキーの流れを汲む民族誌の積み重ねがあったからこそ人類学は発展したのであるが、他方で、人間に現れる範囲でしか他の生物種を取り上げることがない、人間しか対象にしない多文化主義的（文化相対主義的）な人類学を生産し続けてきたのであり、その延長線上で、民族誌を書くことそれ自体が問われなければならなかったのである。では、「既存の人類学の装いを必ずしも纏わない」人類学は今日、いかにして可能なのだろうか。その解の一つは、いわゆる「人類学の存在論的転回」を超え出ていくところにある。

そしてその手がかりは、ふたたび上妻の制作論にある。上妻の説く「消費から参加へ、そして制作へ」の図式は、「他者」の真っただ中で暮らし、民族誌を書いて人類学を生産し続けた、マリノフスキー以降の〈消費〉、文化を書く自己を反省し社会実践に向かうとともに民族誌を「他者」の参加へと開いた再帰人類学の〈参加〉、そして、そうした多文化主義の所産を経て、今日「制作的空間」へと降り立って〈制作〉へと踏み出し始めた多自然主義的な人類学の流れに、そのまま当てはめることができよう。

上妻が示唆するように、「制作的空間」に降りていく時、異質なパースペクティヴと感応的な関係を取り戻すためには、言語、とりわけ人間の「言語」を用いているだけでは不十分である。そこでは、「現象を超えて実在を感じること、音やリズム、形として繋ぎ合わせること」［上妻 二〇一八：一〇二］が要請される。「制作的空間」におけるテキストとは、身体に他ならないのだ。鏡の向こう（「制作的空間」）に降りて、鏡の中で乱反射を浴びることで、自らの身体を作り替えなければならない［上妻 二〇一八：一二二］。

「制作」とは、実際にやってみることで「未来の情報」を生み出しながら、その次へと進んでいく、あるいは引き返していく往還運動である…（中略）…まずは「制作」してみること、そうすることで僕たちは「制作的空間」へと入り込んでいく。
［上妻 二〇一八：五三］

なすべきことは、多文化主義的な土台の上でなされる〈消費〉と〈参加〉を超えて〈制作〉することに進んでいくことである。「制作的空間」は、自己／他者、人間／自然に分割された人間の自己同一性を前提とせず、動植物を含む雑多な他者との不安定な運動の中に自己の変容を促すという意味において、多自然主義的な場へと向かう。マルチスピーシーズ民族誌の「制作的空間」には、異種間の交歓からなる多自然主義的風景が開かれているのだ。

『マルチスピーシーズ・サロン』の中でM・シムンが試みるのは「人間のチーズ」の〈制作〉である。人間のミルクから作られたチーズを作る。それを問題なく食べた人がいた一方で、ミルクの提供者が何を食べたのか分からないという理由で食べるのを拒否した人もいた。しかし、人間のミルクは人間にとって生まれた最初の栄養なのである。乳の分泌によって汚染は取り除かれるため、疫学上の問題はない。乳首を刺激していれば、年齢にかかわらずミルクが出る。性腺刺激ホルモン注射によって男性が授乳することも可能であり、自ら授乳して子を育てた男性の報告もある。人間のミルクには凝乳させる乾酪素が欠如しているため塊にならないので、シムンは山羊のミルクを混ぜてチーズを作る。それに蜂蜜をかけてクラッカーの上に載せて食べるとおいしいという。だが、人間のチーズにはどこか場違いの感覚がある。逆に、牛や羊などの他種から作られるチーズこそが、我々にとって「人間的」なのだ［Simun 2014］。私たちは、「内なる他者としての人間のミルク」から作られるチーズから乱反射を浴びることになる。

E・カークセイは、A・ザレッキーによって「Workhorse Zoo」と名づけられた〈制作〉を取り上げている。彼はホモ・サピエンス代表としてコンテナーの中で、ショウジョウバエ、酵母菌、大腸菌、アフリカツノガエル、カラシナなどと一週間過ごした。

作業中に（頭からアンテナではなく足が伸びている）「アンテナペディア異常」のショウジョウバエを逃がしてしまったことがある（そのハエは食べても無害だという）。逃げたハエをめぐるメールのやり取りの最中に、ザレッキーは遺伝子が組み換えられた虫がすでにたくさん放たれていることを知る。他方、人間の管理の下で展示されたネズミがその後どうなったかが示されていないと、PETA（動物の倫理的取り扱いを求める人々の会）のA・ローズはザレッキーに嚙みついた。ザレッキーは五、六十匹のネズミのうち展示後十匹が持ち帰られ、その他は廃橋の下に逃がされて死んだか食べられたのだろうと応答するとともに、冷たいケージで病みやつれ孤独に苦しむ動物たちは自由に動き回りたがっていると説くPETAに従って、ケージの扉を開いて生き物たちを解き放ったのである。

そのことでザレッキーは、人間の管理下に出現した「新しい野生」と、動物たちが長らく自由に動き回っていた「古い野生」の間の境目を曖昧にした［Kirksey, Costelloe-Kuehn and Sagan 2014: 196-199］。カークセイによれば、ザレッキーは狂った市民科学者を装って運動家や行政官たちの不安と戯れながら、「責任」についての問題提起をし、生物学的汚染に対する恐怖のイメージを喚起した［Kirksey, Costelloe-Kuehn and Sagan 2014: 201］。ザレツキーの「制作的空間」で、人間は他種との間で、自己の身体を変容させる。身体の変容を伴う〈制作〉は、本源的には、日々のマルチスピーシーズ的な実践の中に埋め込まれている。農耕者にして文筆家の東千茅《あづまちがや》が主宰する雑誌『つち式』には、奈良県で数年前から農業に従事する東が身体的に経験し、その目に映る農の風景が綴られている。東は、脱穀した籾《もみ》の山に鼻を近づけて青い匂いを嗅ぎ、自らの生身を作ってくれる稲籾「ほなみちゃん」を慈しむ。退治した蝮《まむし》の肉を鶏と分かち合い、鶏はかわいくかつうまそうだと語る。鶏種をニックと名づけて飼うが、時々鶏に飼われていると感じるともいう。

生きるとは、なによりもまず、他の生き物たちと生きかわすことなのだ。それは、多種多様な生成子たちの、それぞれの個体への作用とそれぞれの個体の外部の作用の、複雑にからみあい織りなす布の一糸となることである。［東 二〇一八：五〇］

個体中心主義的なドグマから翻訳された日本語である「遺伝子」に代えて、「生成子」という日本語を案出した社会学者・真木悠介の生命論と交差しながら、東は「土を耕さない」日々の農業の実践をつうじて、他種との間でなされる自己の変容を言葉として紡ぎだす。

「本来生きることは、他人との関わり以前に、他種との関わりの次元の話である」［東 二〇一八：四九－五〇］。「現行の社会では、こうした異種との話が語られることはほとんどなく、人間間の話ばかりが氾濫している…（中略）…そこには不思議なくらい異種との話が見られない。あったとしてもそれらは、異種との関係を嗜好品的なものに限定するような、あるいは、異種との関係をあくまで同種との関係の手段や代償とするような、人間関係中心主義的な諸相である」［東 二〇一八：九二］。『つち式』は、マルチスピーシーズ民族誌が取り組むべき今後の実践的な制作論的課題の一つの方向性を示しているように見える。

4 微生物、昆虫、動植物から無生物、地球外生命体まで

マルチスピーシーズ民族誌としてはじまった試みはアートやパフォーマンスなどを含む諸実践と連携しながら、新たな知の領域を形成しつつある。マルチスピーシーズ研究は、人類学の下位部門というよりも、人間を単一の統合された存在として見るのではなく、それらがないと人間が存在しなくなる他の種との絡まり合いを視野に入れながら、人間中心主義的な既存の人文学とその周辺領域を脱中心化する、新たな「思想」となりつつある。

人間と他種という二者間の関係ではなく、人間を含みながら複数種という3＋n者の絡まり合いを。人間に現れる範囲での種ではなく、ともに生きる種たちのダイナミズムを。人間−存在ではなく、人間−生成を。安定的で自律的な「種」ではなく、相依相待によりそのつど作られる「たぐい」を。民族誌に著すだけではなく、多様なメディアをつうじて制作を。

ここでいうたぐい（kinds）とは、コーンによれば、「生得的であろうと規約的なものであろうとも、単なる人間による知的なカテゴリーではない。これは、諸自己の生態学において存在が何らかの混同を伴うようにして互いに関わりあう仕方から生じる」［コーン 二〇一六：三四］。それは、人間が作り出したものである場合もあればそうでない場合もある、関わりあいの中で生みだされるまとまり、科学以前のカテゴリーのことである。

人間は、身体外部の環境の中の種を体内に取り込みながら生命をつなぐだけでなく、身体内部に住む一千兆個に及ぶとされるヒト常在細菌の複数のコミュニティとのマルチスピーシーズ的な関係の中で生きる人間−生成である。ストレプトコッカス・ミュータンスという細菌は、農業により穀物を摂取し、糖分が豊富になった人間の体中で「家畜化」されるようになった。それは糖分を好み、歯周病や虫歯を引き起こす原因となる［ナイト 二〇一八：三四］。

あらゆる生命はまた、複数種との関係だけでなく、非生命との絡まり合いの中にも生きている。人間と非生命の関係を描き出す文学から一つだけ例を挙げてみよう。奥泉光の『石の来歴』は、太平洋戦争中にレイテ島で瀕死の兵士から「石には宇宙の全過程が刻まれる」という話を耳にした真名瀬が、帰国後に石の採集に明け暮れるようになり、長男を採石抗で死なせ、妻を心身喪失させて、家族を崩壊させていく、石と人間の苦楽をめぐる小説である〔奥泉 一九九四〕。マルチスピーシーズ研究もすでに石と人の関係をも研究の俎上に載せてきており〔Reinert 2016〕、研究対象をモノやコトなどを含む、非生命にまで拡張しようとしている。人間が生み出した「情報」が逆に人間の思考や行動に影響を与える状況は、科学情報革命の進展によって、とりわけ、モノのインターネット（ＩｏＴ）の広がりにより顕著なものとなりつつある。

さらに、人類には世界の歴史を超えるより大きな歴史があるという考えに基づいて、一三八億年前の宇宙創成にまで遡って、そこから宇宙、地球、生命、人類へと複雑化する現象を探る「ビッグヒストリー」という新しい動きもある〔クリスチャン 二〇一五〕。私たちの経験からは遠いながらも、宇宙の事象をいかにマルチスピーシーズ研究の射程に収めるかは、宇宙という壮大な外部を想定することで人類や文化を強烈に意識することを目指す「宇宙人類学」の試みとも重なる〔岡田・木村・大村 二〇一四：ビッグヒストリーからの試みに関しては以下を参照。辻村 二〇一九〕。スピーシーズという観点からは、地球最初の生命（第5章「5 マルチスピーシーズ民族誌の射程」参照）や、地球外生命体という未知の生命もまた、視野に入ってくる。

民族誌だけでなく、アートやパフォーマンスなどの制作やスペクタクル、その他の実践などとも連携し、さらにミクロ、生命以外、マクロを取り入れながら、マルチスピーシーズ民族誌は今後その研究と活動をいったいどこまで拡張していくのだろうか。微生物から昆虫、動植物、無生物から地球外生命体までを視野に入れながら、マルチスピーシーズ民族誌は、いまその歩みをはじめたばかりである。

第3部
アニミズム

第9章 人間だけが地球の主人ではない

1 コロナ危機の裏にある人間と自然の関係

新型コロナ感染症（以下、コロナと略す）の拡大をめぐって、人間の生命をどう守るのかと経済活動をどう維持するのかの両立が、私たちの目の前にある現実的な課題である。そうした課題の重要性は、今さら言うまでもない。

そこからいったん離れて、人類史を尺度としてコロナを眺めてみれば、第7章で見たように、二十世紀後半になって急増する動物由来のウイルスによる感染症の問題を含めて、地球規模での人間と動物の異種間の関係の変容を見究めることが緊要な課題の一つであることに気づく。幾つかの議論を振り返っておこう。

ケックによれば、コウモリはかつて「中世の悪魔」だった。その後、人間が森林破壊を進めた結果、人間の居住地近くにやって来たので、現代では人間にとって親しい隣人となっている。パンデミックの真の原因を探るためには、コウモリと人間との関係を問うことが肝要である。また、ウイルスと共生しているコウモリの免疫システムについても学ばなければならない。パンデミックを防ぐのに重要なことは、野生動物と人間と病原体という多種間の相互作用を知ることだという。

エボラ出血熱は、コウモリが齧《かじ》った果実を霊長類が食べてまずはウイルスに感染し、その霊長類を食べるアフリカの人たちが狩猟や解体時にウイルスをうつされた可能性が指摘されている［石 二〇一八：二八］。SARS（重症急性呼吸器症候群）は、コウモリが自然宿主であるウイルスが、ハクビシンなどの野生動物を介してヒトにもたらされた可能性がある［山本 二〇二〇：一七四］。中国市場では、漢方薬の材料となるトラの骨、サイの角、センザンコウのウロコなどが扱われているが、こうした野生動物をめぐる違法取引が、動物由来の感染症の温床になっているという見方もある［ケネディほか 二〇二〇：二四－五］。

二〇〇一年現在、人に病気を引き起こす病原体一四一五種のうち六割が動物を介してヒトに感染する動物由来感染症であり、そのうち一七五種がこの半世紀の間に出現したとされる［石 二〇一八：八四］。新興感染症が次々と出現した二十世紀後半は、世界規模で環境破壊が進められた時期でもある［石 二〇一八：九四］。頻発する動物由来感染症は、人間が地球の生態環境を破壊し、開発を推し進めてきた結果、住む場所を失った動物が人間に近づいてきたり、野生動物を違法に捕獲して人間が動物に近づいたりするなどによって、野生動物に共生していたウイルスが人間に転移したために起きたと考えられる。

そうだとすれば、コロナを含む動物由来感染症は、人間の自然や野生への過度の接近や接触の結果として出現した現象であると考えられよう。そうした事態を招いた自然への人間の躍進とはいったい何であったのだろうか。

2 ルネサンス以降のヒューマニズムの危機

哲学者A・O・ラブジョイによれば、地球の周りを天体が公転しているとされたプトレマイオスの天動説の時代には、宇宙の中心は「被造物の底」にあり、人間は宇宙の中心的な存在ではなかった。地球が太陽の周りを自転しながら公転していると唱えた十五世紀のコペルニクスは、地獄や悪魔が宇宙の中心にいる中世の宇宙論をひっくり返し、人間に特別な地位を与え、人間がわがもの顔でふるまう時代を用意した［奥野・吉村・伊藤 二〇二〇：四四－五、五二］。

コペルニクスが生きたのは、ルネサンスの最盛期であった。キリスト教との関係では、以下のような見方ができる。ルネサンス以前に、神とキリスト教会の権威の前に取るに足らない虫けら同様であった人間は、十四〜十五世紀のルネサンス期になると虫けらなどではなく、偉大なる存在者へと引き上げられた。人間の持つ才能や資質を啓発し磨き上げ、可能性を探求すれば人間にはありとあらゆることができるはずだとされた。その時代以降、人間の力が見直され、ヒューマニズムの勃興とともに、人間は近代の世界を打ち立て、ついには地球のあらゆる存在者のうちの主人にまで上りつめたのである。

自力で何でもできると考えるのは、現代人の大いなる特徴であると、作家の五木寛之はいう。月にさえ行った。自らの力への自信は傲慢を生む。そして「傲慢さゆえに、私たちは、人間が寄生虫のように暮らしている地球というものを、ずいぶん無茶苦茶にしてきた。オゾン層を破壊したり、水を汚したり、熱帯雨林の森を片っ端から破壊して、経済的な発展のために使ったり、空気を汚したり、ありとあらゆることをやってきた」[五木寛之 二〇一五：一二二]。

自らの力を信じる人間は、人間本位に自然を開発し、自然の奥へと分け入り、そこにあるモノをわがものにするようになった。今私たちはそうした振る舞いが人間の思い上がりであったと考えざるを得ないのではあるまいか。私たちは現在、得体のしれない人間を超えたコロナウイルスという存在者に翻弄され、右往左往している。その狼狽《ろうばい》が、私たちの人間本位の振る舞いに因るものだと、まだ十分に気づいていないのかもしれないが。

３人間だけが地球の主人ではないという思想

人間の持つ力を一心に恃《たの》みとしながら、自らこそが地球の主人であると確信し、人間本位に自然破壊を進める考えを、私たちは知らず知らずのうちに人類全体に行き渡らせてきた。

それとは正反対の思想がある。アニミズムである。アニミズムは、人類の旧《ふる》い宗教形態でも、たんなる精霊信仰でもない。私たち人間に共通してみられる、人間の精神的傾向である。

Ｐｈ・デスコラやＥ・ヴィヴェイロス・デ・カストロといった人類学者によれば、アニミズムとは、人間と人外の間で、互いが身体的・物質的な見かけは異なるが、内面的・精神的な面では通じているとする思考と実践である。人間と、例えば石は、物質的には全く似ても似つかない。ところが、内面的には両者とも人間のような情緒や感覚を持っていると、人間は直観する。アニミズムでは、人間と、動物やモノや神や精霊などの人外が共通した精神性を持つ。

その考えの中に、人間と人外のどちらかが優位であり劣位であるというのではなく、同等・同格に精神性を有しているという思想の種が入っている。つまりアニミズムとは、地球という私たちが生きるこの惑星や宇宙において、人間だけが必ずしも主人なのではないという思想のことである。拙著『モノも石も死者も生きている世界の民から人類学者が教わったこと』［奥野　二〇二〇］では、こうした理解をベースにしながら、アニミズムについて人類学、文学、哲学、仏教などの領域を跨《また》いで考えている。

その本では、「ときめき」を感じるか感じないかを指標としてモノを捨てるかどうかを決める「片づけコンサルタント」のこんまりこと近藤麻理恵は、はたしてアニミストなのだろうかという問いから始めている。その問いを検討する中で最後に残った課題は、以下のようなものであった。

大量消費時代においてモノが身の周りに溢れ、自分自身を圧迫している中で、感謝の念を込めてモノを捨てて片づけるのだとしても、アニミストであれば、自ら進んでモノとの関係を切断し、ゴミとして廃棄することなどできようか。モノが捨てられなかったり、モノが粗末に扱えなかったりすることがアニミズムのエッセンスであるように思えるからである。

ただ、アニミズムには、このあたりの入り口付近でうろうろしているだけでは決して見通すことができない問題の心臓部がある。アニミズムは、人間と人外の間の「動き」の中で現前するというのがそれである。

4 宮沢賢治、動くアニミズム

宮沢賢治の童話「鹿《しし》踊りのはじまり」では、語り手が、北上地方の伝統行事「鹿踊り」の起源を、苔の野原に疲れて眠り込んだ「風」から聞くという体裁で語られる。それを取り上げて、アニミズムの動きについて見てみよう。

嘉十はある夕方、芝草の上で栃《とち》の団子を食べ残して歩き出した時、手拭を忘れてきたことに気づく。その場に引き返すと、六匹の鹿が団子の周りを回っているのを目撃する。やがて鹿たちは団子を食べ、輪になって踊り始めた。嘉十は鹿たちの踊りに見とれ、自分までもが鹿になったような気がして、踊りの場に飛び出しそうになる。自分の「大きな手」が目に入って、人間であると思い返して、飛び出すのをかろうじて思いとどまる。

その間、嘉十の中で、人間と鹿の種の境界がだんだんと薄れていっている。そして彼の大きな手が押しとどめていた、異種である鹿との境界は一瞬亡失され、嘉十は「じぶんと鹿とのちがいを忘れて」、ついにすすきの陰から飛び出したのである。鹿たちは驚き、一斉に竿のように立ち上がって、疾風に吹かれた木の葉のように、身体を斜めにして逃げ去った。ここには、心はすでに鹿になっているが、手を見て自分が鹿ではなく人間であると意識するという、嘉十が人間と鹿の間を行き来する緊張を孕んだ場面が描かれている。

人類学者のR・ウィラースレフならばこの場面を、「『私』と『私＝ではない』とが『私＝ではない＝のではない』になるような奇妙な融合もしくは統合である」［ウィラースレフ二〇一八：一七〇］と捉えるだろう（第10章「4　ウィラースレフ、高速交換する主客のアニミズム」参照）。アニミズムでは、人間と動物の間で「私」が「私＝ではなく」「私＝でもなくはない」という状態を高速で揺れ動く過程で、人間と動物を隔てる境界が次第に薄れ、人間の人格と同等の知的・情動的・霊的な存在者が目の前に立ち現れる。賢治は、鹿が人格をもって現れる瞬間を見事なまでに表現している。

5　川上弘美、生きもの供養碑の〈メビウスの帯〉状の往還

こんまりがモノに触れる時にときめくかときめかないかで選別したモノの中にある精神性は初めから実在するのではない。それは、人がモノとの間で生じる現実の中に住まい、動き回る過程で立ち現れる。アニミズムにとって「動き」はとても大事である。「アニマ」とは語源的には、動く、生きているという意味である。

アニミズムはまた、こちらにある存在があちらに往き、ふたたびこちらに還ってくる往

還運動としても現れる。人類学者・岩田慶治は、アニミズムの中の「行って戻る構造」を重視していた。「行って戻るのは『地』にたどり着いて『柄』にかえることである。同一平面の行き来ではない」と述べている〔岩田 一九九八：二〇五〕。アニミズムは、こちらとあちらがひとつながりの〈メビウスの帯〉状の構造になっている。

川上弘美の小説『蛇を踏む』〔川上 一九九九〕では、蛇が人になったり、人から消え入るように蛇に戻っていこうとしたり、逆に、人も蛇の世界へと誘われたりする。人と蛇は安定的な種ではなく、どちらともがどちらにもなりうる。『蛇を踏む』で描かれるのは、人と蛇が溶け合い入り乱れ、通じ合って交感し交歓する世界である。

こちらがあちらであり、あちらがこちらであるという〈メビウスの帯〉状の構造をもったものは、私たちの身の周りにもある。明治期以降の産業化の時代に日本全国各地で建てられた、獣魂碑や鳥獣供養塔などの生きもの供養碑である。人々は、こちらがあちらであり、あちらがこちらでもある、たったひとつの面から成る〈メビウスの帯〉状の通路のあちらの方へと動物（の魂）を送るために石碑を造立したのである。それらは、生きものの魂を鎮めたり、供養したりするためだけのものではない。同時にそれらには、生きものがあちらからこちらへと還ってきて私たち人間に糧や恩恵をもたらしてくれることへの強い願いが込められている。

6　壁を取っ払い、アニミズムの通路を歩め

アイヌのクマ送り（イヨマンテ）とは、クマの魂をカムイ（神）の世界に送る儀礼である。それもまた、こちらから送られたクマの魂が、裏表がない〈メビウスの帯〉状にひとつながりになった、カムイの世界であるあちらに達し、クマがふたたび肉や毛皮というみやげを提《さ》げて、こちら側に還ってくるという構造になっている。

ルネサンス以降のヒューマニズムを生きる現代人には、この儀礼の本質はなかなか理解しにくい。こちらからひとつながりになったあちらに達することができると想像することが難しいからである。人外よりも人間が圧倒的優位に立っているため、クマがカムイの世界に往って還ってくることなどファンタジーくらいでしか捉えることができない。拙著『モノも石も死者も生きている世界の民から人類学者が教わったこと』ではそれを、アニミズムが高い壁のようなものによって閉ざされてしまっているというイメージで捉えている。

アニミズムの壁とは、人間を、人外の世界への通路から断ち切って、人間だけの世界に閉じ込めてしまうための境界のことである。そのことによって、人間は、人間だけに閉じられた安全圏に暮らすことを夢想することができる。できないことなどないと信じ、そし

てその実績を積み上げてきた人間は、自然や野生をできる限り排除し、人間だけの快適な空間をつくり上げようとしてきた。そうすると簡単に、自然や動物を破壊したり利用したりできるようになる。

コロナがもたらす災禍に直面する私たち人類は今、人間が人間の力を過信し、人間の手によって破壊された自然からしっぺ返しを受けていると言っても過言ではない。コロナは、その意味で、自然に対して人間の優位を疑うことがなかった、この数百年の人類の思い上がりの象徴的な出来事である。

地球や宇宙における存在者のうち、人間だけが必ずしも主人なのではないという思想が、アニミズムである。

壁を取り払って、アニミズムの通路を歩め！

モノや鹿や蛇やクマなどが人間のように振る舞う世界へと抵抗なくすんなりと入っていけるようなアニミズム的な感受性を、自らのうちに養い続けることは、新型コロナ感染症という二十世紀初頭に私たち人類が被った窮状を長い目で見て乗り越えるひとつの智慧である。

イヨマンテ

第10章 科学を凌《しの》ぐ生の詩学

1 タイラー、イデア論の源流としてのアニミズム

ＩＢＭが開発したＡＩ（人工知能）「ワトソン」が、アメリカのクイズ番組で人間のチャンピオンを破って優勝し、賞金十万ドルを獲得した。ＡＩの機械学習機能が向上し、金融市場では「高頻度取引（ＨＦＴ）」が僅かな価格の歪みを瞬時に捉えて自動取引を行っている。法律の分野でも、大量の文書を読み証拠を見つける弁護士秘書の役割を、人間ではとてもできない高速でＡＩが担っている。ＡＩが自分より賢いＡＩを作ることをもの凄いスピードで無限に繰り返せば、ＡＩは爆発的に進化し、やがて「シンギュラリティ（技術的特異点）」に達すると予測される。

理論物理学者S・ホーキングは、完全なAIの開発は人類の終焉であると述べたことがあるし、マイクロソフトの創業者B・ゲイツはAIに懸念を抱く側の一人だと述べている［松尾 二〇一五：八一‐三二］。人間はいま、人間が創りだしたモノであるAIが人間の知能を超え、人間を超えた存在になることに脅威を感じているのだ。

他方、AIをめぐる状況はより複雑だという科学史家の指摘もある。AI研究は、ダートマス会議以降の一九六〇年代の第一次ブーム、実用化が射程に入った一九八〇年代の第二次ブームを経て、二〇一〇年代に、ディープラーニングや国家・産業界規模の投資によって特徴づけられる、第三次ブームに入ったとされる。AIをめぐっては、人間と関わり合いながら難しいタスクをこなせる知的ロボットという夢の実現を目指す専門家と、人間を支配する自律性を持つシステムの実現を危惧する非専門家のイメージという両極の間で展開しているという［杉本 二〇一九：六四‐六八］。いずれにせよ、人間によって創造された新しき「非人間＝人間」であるAIに私たち人間はどのように向き合うべきかという問いが、ますます現実味を帯びてきている。

「非人間＝人間」が新たに現れ出ようとしている今日、アニミズムを私たちの議論に招き入れることには、一定の意味があるように思われる。アニミズムとは、モノを含む非人間に人間が持つ性質を認める思想だからである。

アニミズムをその根元から考えてみるのに打ってつけの古典研究の邦訳書が、二〇一九年に出版された。一八七一年初出の文化人類学者E・B・タイラーの『原始文化』である。その大部の上下巻の半分以上が、アニミズムの考察と検討にあてられている。

タイラーはその著作の中で、アニミズムの考察を、宗教を持たない民族がいるとする、十八〜十九世紀のヨーロッパでの議論から始めている。「野蛮人」に関する知識が蓄積されると、宗教を持たない民族が存在するというそれまでの見方には次々に反証例が出されるようになった。それに応じるかたちで、改めて宗教の起源が論じられていった。しかし、そこで宗教と呼んでいるものとはいったい何であるのかと、タイラーは自らに問いかける。彼は、宗教の最小限の定義を「諸々の霊的存在への信念」とした上で、人類の精神の深層に横たわる、諸々の霊的存在についての教理をアニミズムと名づけて考察することを提唱する。タイラーによれば、夢などに見られる幻を幽霊と考えるような解釈をもたらしたのは、原始的であるが、かなりの一貫性と合理性をそなえたある種の哲学、すなわちアニミズムだったのである［タイラー 二〇一九：五一〇―五二四］。

タイラーは、比較的高次の「野蛮人」になった段階で、「私たちにとっては魂も生気もないたんなる物に、身体を離れ、単体で生き延びられる魂がある」［タイラー 二〇一九：五七〇］と考えるようになったのではないかと推測する。興味深いのは、彼が、そうした古代のアニミズムが古代ギリシャの思弁的な哲学の中に流れ込み、イデア論の源流となったと述べている点である。

デモクリトスは、認識とは何かを考察する上で、モノはつねに自分自身のイメージを放出し、そのイメージが周囲の空気を取りこんで、受け手である人間の魂の中に入り込み、知覚されると考えた。「デモクリトスは、思索の本質という大きな問題を解くために、原始的で野蛮なアニミズムの教義の存在を、彼の形而上学のなかに取り込んだのである」［タイラー 二〇一九：五七〇］。

「原始的で野蛮なアニミズム」は、デモクリトスのイデアの教義につながったし、「イデアは物質的対象の抽象的な形態や種へと限定され、目に見える特質以外のものも指すようになり、ついには思想の主題だけを意味するようになった」［タイラー 二〇一九：五九〇］。イデア論の源流がアニミズムにあったとするこうしたタイラーの見立ては、人間が創りだしたAIを含め、モノの本性をめぐる人間の思考を検討する際に、アニミズムがもう一つの極にあることを示している。

2 デスコラ、主客二者の関係性のアニミズム

タイラーのアニミズムは、十九世紀後半の公表以来、今日に至るまで長らくアニミズム論を代表する定義として知られてきている。他方でその定義は、近年になって懐疑に晒さ

れてきている。タイラーのアニミズムは、動くことがないモノにも動く魂があると捉える考え方であり、それには、人間と人外を截然《せつぜん》と「きり」分けた上で、人外の中に人間と同様の魂があると捉えて、人外の上に人間の性質を投影するという二元論思考が潜んでいる［奥野 二〇一〇］。また、タイラーのアニミズム論は、「霊」が主体として存在し、それに形態としての「物」が一時的に付着する物（的世界）と霊（的世界）の二元論、すなわち霊的主体が物としての自然を能動的に認識する物―霊二元論だともされる［長谷 二〇〇九］。

タイラーから約一世紀後の二十世紀末になって、人類学では再び大きくアニミズムが取り上げられるようになった。その代表的な人物は、フランスの人類学者Ph・デスコラである。デスコラによるアニミズム論の理路を手短に追ってみよう。

デスコラは、生物種の間の差異を人間集団間の社会関係を分節するのに用いていることを柱とする、C・レヴィ＝ストロースの「トーテミズム」論を評価しつつ、幻想として葬り去られてしまったトーテミズムに再び光をあてようとする。その過程で、デスコラはまず、現象学者E・フッサールから哲学的な直観を得て、人間があらゆる形態で現れる自己でないもの（非＝自己）を経験する際に用いる、フッサールの言う「身体」と「志向性」を、「身体性（physicality）」と「内面性（interiority）」という語に置き換えている。

デスコラによれば、その二項は、ギリシャ哲学とキリスト教神学およびデカルト的思考によって生み落とされた西洋の構築物ではない。それらは、発達心理学で言われるように、人間という生物種にとって生得的かつ特異なものであり、民族誌や歴史的な説明においても確証された、普遍的な観念なのである。

デスコラは、日常を生きる人間の観念には、「内面性だけ」の身体なき心であるとか、「身体性だけ」心なき身体であることなど、地球上のどこにもないと見る。その上で、この二項（内面性と身体性）を用いて、仮想された主体が世界について事前に情報を何も与えられていない状況において、周囲の環境をいかに「同定化（identification）」するのかを、人間であれば誰もが想像できるはずだと捉える。

同定化とは、世界の中で、主体が客体との間で、異なっていたり似ていたりすることを推し量る原初的なメカニズムのことである。そのメカニズムは、主体が、彼自身の性格として経験しているものと、彼を取り巻く客体（モノ）に対して彼が与える属性との間で、振る舞いと見かけの「類比」と「差異」を推測する中で作動する。

つまり、自分と自分の目の前にいる（ある）対象Aが、「自分自身が感じているのと同じようなことを感じるか否か」、「自分自身と同じような姿かたちを持っているか否か」によって、人間は誰しも同定化を行っているというのだ。前者が内面性であり、後者が身体性である。世界は、内面性と身体性という二項を用いて、彼（主体）が彼の周囲に存在するモノ（客体）に対して、これらの属性を共有しているか、逆に共有していないと認識することでパターン化されている。こうした理解を基にデスコラは、人間であれ人外であれ、まだ何であるのかが特定されていない「他我」に向き合う際に現れる同定化を、以下の四つの様式に整理する。

「主体が客体との間で類比的な身体性と内面性を持つ様式（トーテミズム）」「客体の内面性と身体性がともに主体自身のものと著しく異なる様式（アナロジズム）」「客体が類似する内面性と異なる身体性を持つ様式（アニミズム）」「客体が内面性を欠くが、同種の身体性を持つ様式（ナチュラリズム）」である。デスコラによれば、これらの様式が存在論の四パターンを規定する。デスコラのいう存在論とは世界＝内に存在するモノの間に特性を分配する体系のことである。

四つの同定化の様式のうち、「主客の間の内面性の連続性と身体性の非連続性（断絶）としてのアニミズム」は南北アメリカ、シベリア、東南アジアの一部に見られる。それらの地域では、人間は植物・動物・物理的環境その他の諸要素に対して主体性を賦与し、それらとの間であらゆる種の個別的な関係――友情や交歓、誘惑、敵対――を築いている。こうしたアニミックな体系では、動物と精霊が社会的特徴を有するといわれる共通の主体性のため、人間と人外が同じタイプの内面性を持つと感じられている。動物や精霊たちは親族規則と倫理コードを遵守しながら村に住み、儀礼行動と物々交換に従事している。

諸存在に共有される参照点は、生物種としてのヒトではない。一般的条件としての「人間性」である。人間が相互作用するあらゆる種の人外は、身体性の次元で異なっているが、被ったり脱ぎ捨てたりする「衣服」として想像されるような、見かけが異なるそれぞれの身体の内部には、自己同一的な内的本質が収納されている。人外は自らを人間と見ている。人外もまた人間と同じような魂を有しているのだ。それに対し、人外が人間のようでないのは、その身体が異なっているからである。

デスコラは、上述の議論に先立つ十年前に、同定化の様式を、アナロジズムを除く三つの様式として論じていた［Descola 1996］。その議論を批判的に検討したのが、E・ヴィヴェイロス・デ・カストロである［ヴィヴェイロス・デ・カストロ 二〇一六］。ヴィヴェイロス・デ・カストロによれば、デスコラのアニミズムでは、社会生活の基本的なカテゴリーが人間と自然種との「間」の関係を組織化し、自然の存在に人間的な性向と社会的性格を賦与する。そのことに基づいて、自然と文化の間の社会形態的な連続性が規定されている。言い換えれば、アニミズムは、人間的な系列と人外の系列の諸関係に社会的な特徴を措定する存在論であり、社会を無標の極として立てている。

ヴィヴェイロス・デ・カストロは、このように見るデスコラが、人間的な世界のうちにある差異や質を人外の世界に投影することでアニミズムを語っていると批判する。その点においてデスコラは、人間と人外の二元論を強化してしまっているというのだ。そうだとすれば、デスコラのアニミズムは、人間と人外の二者の関係性（主客の内面性と身体性の連続性と非連続性）に視点移動させているにせよ、タイラー流の二元論的なアニミズムの閾《しきい》を脱していないことになる。乗り越えなければならないのは、ここでもまた、アニミズム論に潜む二元論的な傾向に根差す不全感だということになる。

こうした人類学内の議論に対し、現代哲学からの応答を一つだけ付け加えておこう。デスコラの仕事には一定の評価が与えられるとともに、その限界を乗り越えるための議論がなされてきている。M・セールは、『作家、学者、哲学者は世界を旅する』［セール 二〇一六］の中で、デスコラの四つの同定化の様式を援用しながら、西洋文明のうちに、ナチュラリズム以外の三つの様式が色濃く残り、幾重にも重なりあっているさまを示している。

3 インゴルド、生の詩学としてのアニミズム

ここで我々のアニミズムに関する探索は、タイラーやデスコラとは別の道を辿ることになる。タイラー流のアニミズムが、明晰な理性を持つ能動的な主体である人間による認識論である点を批判的に捉えた上で、自己とモノのつながり、同質性に気づき、同じ霊魂を分有するという直観から出発する岩田慶治に、アニミズム論の展望を見出す人類学者・長谷千代子の議論が、一つの重要な道行きを示している［長谷 二〇〇九］。私たちは私たちのすぐ足下に、アニミズムに真剣に向き合い、その真理を解き明かそうとしたアニミズム

論の巨人・岩田慶治の研究を備えている［清水 二〇一八］。

もう一つは、現象学のアイデアを人類学の中に積極的に持ち込んだT・インゴルドのアニミズム論である。以下では、インゴルドの所論を取り上げてみようと思う。インゴルドは『人類学とは何か』の中で［インゴルド 二〇二〇］、人類学者A・ハロウェルとカナダの先住民オジブワの長老ベレンズとの間で、一九三〇年代に行われた「石」をめぐる対話［Halowell 1960］を検討している。

偉大な知恵と経験を備えたベレンズとの会話の中でハロウェルは、オジブワ語の石が「生なき存在」なのではなく、文法上、「生ある存在」のカテゴリーに属していることを手がかりとして、ベレンズに「私たちが見ている周りの全ての石は生きているのか？」と尋ねている。しばらく考えた後にベレンズは、「いいや、でも、生きているのもある」と答えたのだと言う。

ベレンズの発した言葉に関して、インゴルドがまず考えたのは、オジブワの石は、例えば、テーブルが祭壇になると霊的な生命力を発するように見えることと同じではないかというものだった。石も、扱う人によっては、オーラや生命があるように感じられるかもしれないということを、ベレンズは言いたかったのではないか。いや、ただベレンズは、石は生きていると断言したわけではなく、長い熟考の末にこのような言い方をしている。ベレンズは、自らの意思で動き、会話に似た音さえ立てる石があるのだと言ったのではなかったか。科学教育を受けた私たちは「事実」と「空想」を截然と区別するが、ベレンズの立場に立てば、「経験」と「想像力」にはそれほど大きな違いはない。ベレンズの言葉の真意は、経験と想像力の和合の強調なのではないか。

インゴルドによれば、ベレンズの語りは、客観的な事実を述べたものではない。しかし今まさに形成されつつあるものこそが世界であり、そのことが不思議さと驚きの恒久的な源泉になりうることを示唆していたのではなかったか。ベレンズがハロウェルに、そして私たちに教えてくれたのはそうしたことだったのである。

結局のところ、石は歩き回り、自らの重さで、あるいは水や氷や海の波によって運ばれ、ガレ場の斜面を転がっていく。また石は互いにぶつかったり、別のモノにぶつかったりする時に音を立てる。まるでそれぞれの石が、人間のように、独自の声をもっているかのようだ。もし、話すとは、私たち人間がそこにいることを音で知らせる方法のことを言うのだとすれば、石の鳴動についても同じことが言えないだろうか？この意味で、石もまた話すのである。

［インゴルド 二〇二〇：二九］

石どうしがぶつかり合って音を立てる。人間が音で居場所を知らせる方法のことを「話す」と言うのであれば、石もまた話していると考えてもよいのではないかと、インゴルドは考える。こうした思索を経て、インゴルドはアニミズムとは何であるのかをめぐる考察へと一気に駆け上がっている。

いのちが石の中にあるということではなくなる。むしろ、石がいのちの中にあるのだ。人類学では、モノの存在および生成についてのこのような理解――もしそう呼んでいいのなら、この存在論――は、アニミズムとして知られている。

［インゴルド 二〇二〇：三〇］

インゴルドによれば、秘密の成分である生が石の中に宿っていて、それが石を世界の舞台上で動かす力となるのではない。それとは逆に、生は、世界を貫いて流れているモノの循環とエネルギーの流れの潜勢力としてあり、それが石という形を生じさせ、一定期間存在させるのだという。

そのようなことは、経験と想像力、つまり事実と空想を峻別《しゅんべつ》し、つねに前者のみを頼りとして真理の発見に努める科学においては、通常あり得ないとされる。だが、経験や事実だけを抽出するのではなく、石が姿を現すまさにその瞬間に、目の前にいきなりそこに現れる世界をつかまえようとするならば、経験と想像力、事実と空想は溶け合いながら、石が動き、話すことを目の当たりにすることができる。

ところで、日本における重要なアニミズム論者の一人である山尾三省は、著作『ジョーがくれた石――12の旅の物語――』［一九八四、地湧社］に収められた「花崗岩片の話」の中で、屋久島の家の前に転がっている何の変哲もない一個の花崗岩片が最初《さびしい》という声を発しているように感じられたエピソードについて記している。彼が次にそれを眼にした時には《さびしい》とは言わず、《さびしい》という言葉をなす以上にさびしい、執拗《しつよう》な醜ささえ放つ存在としてあったと述べている。それは、経験と想像力、事実と空想を切り分けないインゴルドによるアニミズムの説明に対するもう一つの具体例である。

アニミズムは、タイラーによれば、生ある存在ではないモノに霊性を読み取る誤った信念とされたが、インゴルドは、アニミズムとは「実在の完全性の理解において、科学を凌《りょう》駕《が》する、生の詩学であるとみなされている」と述べる［インゴルド 二〇二〇：三〇］。彼は、そのようなものとして他者の思考と実践を捉える自らのアプローチを「他者を真剣に受け取る」と名づけている。人類学の調査対象とする他者、現象を経験する人たちが、当の現象をどのように捉えているのかを真正面から受け取ることによって、「ある」ことについての問い、すなわち存在論的な問いを進めることができるのだとインゴルドは主張する［インゴルド 二〇二〇：二三］。

インゴルドは、アニミズムを、経験や事実だけに拠りながら、外部のスキームの中に捉えるのではなく、アニミズムがアニミズムとして現れるまさにその瞬間に、その経験と想像力が分かち難く結び合った中で捉えようとする。このインゴルドのアニミズム論を継承し、具体的な民族誌事例の中にアニミズムを記述考察したのが、インゴルドの学生でもあった、デンマークの人類学者R・ウィラースレフである。

4　ウィラースレフ、高速交換する主客のアニミズム

ウィラースレフは、シベリアの狩猟民・ユカギールの狩猟者スピリドン爺さんが「エルク＝人間」（非人間＝人間）になるシーンから民族誌記述を始めている［ウィラースレフ 二〇一八］。エルクとは、ユーラシア大陸に棲息する巨大なヘラジカである。スピリドン爺さんは、毛を外にひっくり返したエルクの革の外套、エルクの耳のついた頭飾り、エルクが雪の中を歩く音に似せるためにエルクの脚のなめらかな毛皮で覆ったスキー板を付けて、身体を前後に揺らしながらエルクのように動いていた。他方、手には装塡済みのライフル銃を握り、帽子の下から人間の目、鼻、口を備えた顔の下半分を出していて、人間の男でもあった。「彼はエルクではなかったが、エルク**ではない**というわけでもなかった」［ウィラースレフ 二〇一八：一一］

スピリドン爺さんはヤナギの茂みから現れた雌エルクに近づいた。雌エルクは、エルクを模倣するスピリドン爺さんのパフォーマンスに囚われ、彼に近づいてきた。雌エルクの背後から子どものエルクが近づいてきた時、スピリドン爺さんは銃を持ちあげて、二匹を撃ち殺した。スピリドン爺さんは、そのエルク猟を後に、以下のように回顧している。

私はふたりの人物《パーソンズ》が踊りながら近づいて来るのを見た。母親は美しく若い女で、歌いながらこう言ったんだ。「誉れある友よ、いらっしゃい。あなたの手を取り、私たちの住まいにご案内しましょう」。そのとき、私は二人を殺したんだ。もし彼女と一緒に行ってしまっていたら、私のほうが死んでいただろう。彼女が私を殺していただろう。

［ウィラースレフ 二〇一八：一二］

狩猟とは、殺すか殺されるかのゲームである。

ウィラースレフは、「人間ではない《ノンヒューマン》動物に対して（また、無生物や精霊といった動物ではないものに対してさえ）、人間の人格と同等の知的、情動的、霊的な性質を与えるこうした一組の信念は、**アニミズム**と伝統的に呼ばれている」［ウィラースレフ 二〇一八：一二―一三］と述べている。その上で、現地の人々の理解を無視してなされる西洋形而上学的な

エルクとユカギールのハンター

説明の優位性をひっくり返し、ユカギールの言うことに関して彼らの導きに従うことを宣言する。つまり、ウィラースレフは、インゴルドの唱える「他者を真剣に受け取る」ことを、彼の民族誌の主題に据えたのである。

ユカギールの狩猟は、猟の前日から始まる。前日の夕方に、ウォッカやタバコなどの舶来の交易品を火に捧げる。それらは、エルクの支配霊をみだらな気分にさせる助けとなる。その後、狩猟者の霊魂は夢の中で、動物に扮して支配霊の家を訪ねる。酔っ払って、性的欲望に囚われた支配霊は、侵入者を無害な恋人だと思い込み、二人はベッドに飛び込む。夜の逢瀬で狩猟者の霊魂が支配霊の中に喚起したみだらな感情は、「どういうわけか、物質界の精霊の対応物である獲物の動物にまで拡張される。かくして、翌朝、狩猟者がエルクを見つけて、それを模倣し始めると、性的興奮の絶頂を期待した動物が走り寄ってくる」［ウィラースレフ 二〇一八：一七二－三］。

狩猟者は、彼に向かって歩み寄るエルクを見ているだけではなく、あたかも自分がエルクであるかのように、「外部」から自分自身を見ている。つまり彼は、（主体としての）他者が（客体としての）彼について持つようなパースペクティヴを自分自身に引き受ける。

［ウィラースレフ 二〇一八：一六八］

ここで描かれている、エルクのようでもあり、そのエルクを見る自分でもあることの往還を、ウィラースレフは「二重のパースペクティヴ」と呼び、それを視覚上の揺れのようなものであると表現する。その揺れの中では、「客体としてのエルクを見る主体としての狩猟者」と「主体としてのエルクによって見られている客体として自らを見る狩猟者」があまりの速さで交互に入れ替わるため、人間という種とエルクという種を隔てる境界が侵されて、「一体化」が経験されるのだと、ウィラースレフは述べている［ウィラースレフ 二〇一八：一六八］。

この、エルクである自己と、人間としての自己の「間」を高速で揺れ動く過程では、逆説的なことながら、狩猟者はエルクが人間であること、すなわちエルクの「人格性(personhood)」を否定することができない。「なぜなら、このことが実質的に彼自身の人格性を否定することを意味するからである」［ウィラースレフ 二〇一八：一六九］。これに続けてウィラースレフは、「狩猟者の心理的な安定、つまり人格としての自己意識は、人格としての動物にこそ依存している」［ウィラースレフ 二〇一八：一六九］のだと述べている。

ユカギールの狩猟者の経験を「真剣に受け取る」ならば、狩猟者は、狩猟実践に没入することで、人間であることの人格を動物の人格性から賦与される。人間の持つ人格性とは所与のものではなく、狩猟実践の過程で動物から授けられるというのだ。

こうしたユカギールのアニミズムの精髄を、ウィラースレフは以下のようにまとめている。

私たちが扱っているのは、「私」と「私＝ではない」が「私＝ではない＝のでは**ない**」になるような、奇妙な融合もしくは統合である。私はエルクではないが、エルクでないわけでもない。同じように、エルクは人間ではないが、人間では**ない**わけでもない。他者と似ているが、同時に異なってもいるという、この根源的な曖昧さは、動物と人間が互いの身体をまといながら、なりすました種に似ているが、まったく同じというのではないやり方でふるまうという、ユカギールの語りの中に私たちが見出すものに他ならない。

［ウィラースレフ 二〇一八：一七〇］

ユカギールの狩猟実践に見られるアニミズムとは、人間と、動物、無生物、精霊といった非人間の「間」で、「私」が「私＝ではない」が「私＝ではない＝ので」という揺れ動きの中で、存在者たちを隔てている境界がしだいに薄れ、人間の人格と同等の知的・情動的・霊的な性質を持つ存在者が立ち現れる信念と実践のことだったのである。

師であるインゴルドのアニミズム論を継承したウィラースレフは、エルクが姿を現すまさにその瞬間に、目の前にいきなり現れる世界が生成するさまをつかまえようとしたのだである。彼は、ユカギールの狩猟者の経験と想像力、事実と空想が溶け合って、エルクではない状態とエルクでないわけでもない状態を高速で揺れ動き、両者の境界が薄れゆき、互いがどちらでもありまたどちらでもないような瞬間に立ち会ったのだ。

こうした北方先住民のアニミズムのテーマが、日本列島、とりわけ東北の各地で、比較的最近に至るまで広く見られたことは驚くにあたらない。東北のアニミズムと言うべきものを、岩手で生まれ、大正から昭和初期に活躍した宮沢賢治の詩や童話の中に見いだすことができる。賢治の作品の中には、瞬間的な動きというよりも経時的に、人間と他の生物種の境界がはっきりとせずに、両者が一体化するようなアニミズム世界が描かれている。以下では、「なめとこ山の熊」を題材としながら、その点を引き続き探ってみよう［宮沢一九九〇］。

5 宮沢賢治、すぐそこにあるアニミズム

昔はなめとこ山の山頂のあたりには熊がたくさんいたという。なめとこ山の熊の胆は有名で、熊捕り名人の淵沢小十郎はなめとこ山の熊の胆を片っ端から捕った。小十郎は山刀

とポルトガル伝来という大きな重い鉄砲を持って、たくましい黄色い犬をつれて山や沢や森をまるで自分の屋敷を歩いているという風に歩いた。

なめとこ山の熊たちは小十郎が谷を通るときはだまって高いところから見送っていて、小十郎のことが好きだった小十郎はと言えば、木を盾にして立って、熊の月の輪をめがけてズドンと鉄砲を撃つのだった。すると森までがあっと叫んで熊はどたっと倒れ赤黒い血をどくどく吐き鼻をくんくん鳴らして死んでしまった。小十郎はクマの傍で、憎くて殺したのではない、仕方なく猟師をしている、因果な商売だ、この次は熊に生まれてくるなよ、と言うのだった。

小十郎には熊の言葉が分かるような気がした。母熊と子熊が淡い六日の月光の中で、向こうの谷を見つめて話しているのを聞き、「なぜかもう胸がいっぱいになってもう一ぺん向こうの谷の白い雪のような花と余念なく月光をあびて立っている母子の熊をちらっと見てそれから音をたてないようにこっそり戻りはじめた」。

ある年の夏に木に登っている熊に小十郎が銃を突きつけると、熊は木から降りて両手をあげて叫び、「もう二年ばかり待って呉れ、おれも死ぬのはもうかまわないようなもんだけれども少し残した仕事もあるしただ二年だけ待ってくれ。二年目にはおれもおまえの家の前でちゃんと死んでいてやるから。毛皮も胃袋もやってしまうから」と言って背を向けて歩き出した。

それから丁度二年目だったがある朝小十郎があんまり風が烈しくて木もかきねも倒れたろうと思って外へ出たらひのきのかきねはいつものようにかわりなくその下のところに始終見たことのある赤黒いものが横になっているのでした。…（中略）…そばに寄って見ましたらちゃんとあのこの前の熊が口からいっぱいに血を吐いて倒れていた。小十郎は思わず拝むようにした。

［宮沢　一九九〇：三五二］

不思議なことに、小十郎に二年間の死までの猶予を申し出た熊がちょうど二年後に小十郎の前に死んで現れた。

この熊の死は、北米北方狩猟民の「動物にひそむ贈与（gift in the animal）」を想起させる。人類学者P・ナダスディは、カナダの狩猟民クルアネの調査中に自ら「動物にひそむ贈与」を経験したと語っている［ナダスディ　二〇一二］。

彼が仕掛けたウサギ用のくくり罠にウサギが掛かっていたが、罠の針金を切って、首に針金をきつく巻きつけたままブッシュの中に消えた。ところがその五日後、そのウサギはナダスディのもとにやって来たのである。「その動物は動きを止め、私を見上げた。そのとき、私はウサギの首に針金が巻かれているのに気付いた…（中略）…拾い上げても、逃げようともせず、もがきもせず、私の目を見つめている。私はウサギの首を折って殺した。殺した瞬間、そして、私が自分で何をしたのかを気付く直前に、静かな感謝の祈りを捧げている自分がいた」[ナダスディ 二〇一二：三三九]。

ナダスディは、人と動物の関係に関するクルアネの人々の理解に慣れ親しんでいた［ナダスディ 二〇一二：三三八］こともあり、「ウサギは私を探しに来て、文字通り、自らを私に与えたのではないかと思わざるを得なかった。そして、今も私はそう思っている」［ナダスディ 二〇一二：三四〇］と述べている。彼はこの経験をはっきりとアニミズムであると述べているわけではないが、この出来事をめぐってクルアネの人々を真剣に受けとろうとしている点では、前述したウィラースレフと同様である。なめとこ山の熊と小十郎の間に見られる「人と動物が（隠喩的ではなく）実際に継承的な互酬的交換に従事している」［ナダスディ 二〇一二：三四〇］関係性は、ウィラースレフが言うように、動物に対して人間の人格と同等の知的・情動的・霊的な性質を賦与している点で、アニミズムだと言えるだろう。

「なめとこ山の熊」の最終場面では、小十郎が真っ白な堅雪を登って小さな滝に到着すると、大きな熊が両足で立って襲ってきた。

ぴしゃというように鉄砲の音が小十郎に聞こえた。ところがクマは少しも倒れないで嵐のように黒くゆらいでやって来たようだった。犬がその足もとに嚙み付いた。と思うと小十郎はがあんと頭が鳴ってまわりがいちめんまっ青になった。それから遠くで斯ういうことばを聞いた。

「おお小十郎おまえを殺すつもりはなかった。」

もうおれは死んだと小十郎は思った。

〔宮沢 一九九〇：三五四〕

熊には殺意はなかったのだが、小十郎は熊に殺されたのである。三日目の晩に「黒い大きなものがたくさん環になって集まって各々黒い影を置き回々教徒の祈るときのようにじっと雪にひれふしたまままいつまでも動かなかった」。「思いなしかその死んで凍えてしまった小十郎の顔はまるで生きているときのように冴え冴えして何か笑っているようにさえ見えたのだった」

この最後の部分を、哲学者・梅原猛は、（老いて）鉄砲を撃てなくなってしまった小十郎が熊を殺し続けてきた代償として、人間が熊に身を捧げたのだと解釈している〔梅原 二〇一三：一七六〕。さらに小十郎の魂を熊が環になって弔っていて、熊に食べられてしまうことが語られているのだと読み解いている。熊の魂をカミの世界に送り込むアイヌの「クマ送り（イヨマンテ）」を反転させたかたちで、熊たちが小十郎を食べて、霊を送るという設定になっているというのが、梅原による解釈である［梅原 二〇一三：一七七］。

　梅原によれば、小十郎は、釈迦の前世であった薩埵《さった》王子が飢えた虎に身を捧げた本生《ほんしょう》譚《たん》（ジャータカ）のように、自らの身を熊に与えるという「利他行」を施したのである。「自分はたくさんの命を取ったから、今度は自分の体を与えるのだというような、たいへん崇高な高い道徳がそこでさりげなく語られているのです」と梅原は述べている［梅原 二〇一三：一七七］。そうだとすれば、「動物にひそむ贈与」と人間による利他行が入れ子になっているのが、「なめとこ山の熊」の物語だということになる。前者は、二年間の死の猶予を乞うて身を捧げた熊であり、後者は、熊に身を捧げた小十郎である。

　人間と熊は、因縁で「狩る／狩られる」関係となっているが、場合によっては、その関係は「狩られる／狩る」関係に反転しうる。またこの二者間関係は、そうした殺し合う関係性だけでなく、互いの心が通じ合う関係性としても現れている。

　なめとこ山の熊は小十郎のことが好きだし、逆に、小十郎は母と子熊のやりとりで胸がいっぱいになるほど、互いの直接的な接触はないにせよ、思いは深く通じ合っている。少なくとも、小十郎の側からは、そのようなものとして想像されうる。その思いが、いつもは狩られる客体である熊が進んで狩る主体である人間の前に身を捧げたり、狩る主体である熊の前に人間が捨身《しゃしん》したりする時点で、より高次元において、アニミズムが作動することになる。

「なめとこ山の熊」における人間と非人間の関係性に関しては、中沢新一の見方が示唆に富んでいる。強力な飛び道具が出現すると、動物との間で、人間は人間だけの世界に留まったままで動物をしとめるという関係性ができあがった。だが、そうではなかったかつての時代には、狩猟者は人間だけの世界に落ち着いているだけでは猟をなしえなかった。人間が「動物が知覚している世界や、感情の世界と一体となって走って行かないと駄目なんですね」［中沢 一九九九：四七］と中沢は述べている。

かつて、人間が熊の喋る言葉を聞くことができた世界があった。そこでは、人間が熊を食べたり、その毛皮や胆を売ったりして生きていかねばならないことや、熊が人間を食べることがあることを承知の上で、人間と熊が狩ったり狩られたり、さらに（利他行として）互いに身を捧げることもありえるのだと想像されていたのではなかったか。

そうしたことは、比喩や象徴として語られるのではなく、経験と想像力、事実と空想を和合させながら、人々の中で現実態として生きられていたと考えたほうがよい。そうであれば、人間と熊、人間と人外の「間」にある距離の近さのことこそが、アニミズムであることになるだろう。両者の境界が薄れ、互いがどちらでもありどちらでもない世界があった（ある）のだ。私たちにいま必要なのは、宮沢賢治を真剣に受け取ることではないだろうか。

6 アニミズム、人間とモノの「間」の人類学的現象学

十九世紀のタイラーのアニミズム論以降、モノを含めた非人間に潜む霊や魂をどのように捉えるのかを、地球上の各地に住む人間にまで拡張し、調査研究することによって記述検討した人類学のアニミズム研究の流れの先端に現れたのが、インゴルドのアニミズム論であった。インゴルドが述べるように、現象の真っただ中に入り込む人たちが、経験と想像力あるいは事実と空想を峻別《しゅんべつ》せずに、そこで生成する世界をつかまえようとする時、モノが動き、話すことを目の当たりにする。タイラーの物－霊二元論や、人間的な世界のうちにある性質を非人間的な世界に投影するメカニズムとは根本的に異なるアニミズムが、インゴルドによって高らかに宣言されたのである。インゴルドのアニミズム論は、人間がモノや動物などの人外との「間」で物理的・精神的な距離を失わないでいるならば、世界はアニミズムに満ち充ちていることを示している。

宮沢賢治の童話では、人は人外が間近で話しているのを聞き、人外のために捨身することもありうるのとは逆に、人外もまた人間のために身を捧げることがある世界が描きだされていた。そこでは、人間が、人間だけで完結する世界の内部に居座って、遠く離れた場所から人外に狙いを定める――人間は殺傷能力の優れた銃を開発し、その銃で遠く離れた

場所から熊を撃ち殺すことなど――関係性が成立する以前のことが語られていた。賢治の童話で描かれていたのは、人間は人間でもあり熊でもあるのと同時に、熊もまた熊でもあり人間でもあるような世界であった。

それは、人間がエルクではなく、エルクでなくもないという、ウィラースレフが描き出したユカギールの狩猟実践における人間とエルクの関係性にとてもよく似ている。インゴルドの現象学的なアニミズム論を継承し、具体的な民族誌的データに基づいて記述検討したウィラースレフは、狩猟実践の場面で、人間と非人間の「間」の境界が薄れ、消失する瞬間にアニミズムを生け捕りにしたのである。

インゴルド、ウィラースレフ、宮沢賢治に共通しているのは、人間と人外の関係の内側もしくは「間」に入り込んで現象学的に直観する態度、すなわち「アニミズムを真剣に受け取る」態度に他ならない。アニミズムを再起動させるとは、こうした態度を、人間とモノとの関係、とりわけ、人間と人間が創りだしたモノであるＡＩとの関係を見る際にも応用していくことを含んでいる。それは、哲学者Ｄ・デネットがＡＩに関して述べている視点に近いのかもしれない［デネット 二〇一九］。

デネットによれば、ＡＩが人間を超えて自律するようになるとは、ＡＩの科学エージェントが自律して、株式市場で大儲けしようと企てるようになることを意味する。その場合、人間はＡＩの科学エージェントに何をやってほしいのか、なぜそれをやって欲しいのかを説得しなければならない立場に置かれる。ＡＩが自律性を持つと、ＡＩは人間に対して「隠し事をする」ようになると考えてもいい。

人間的な人外であるＡＩの動きをつかまえようとする時には、デネットが言うように、人間とＡＩの関係の「間」に目を向けてみなければならない。私たちは、ユカギールの言うことに従ってアニミズムを真剣に受け取ろうとした人類学者のように、人外（ＡＩ）に向き合う人間の立場に立って、その人間の言うことを真剣に受け取らねばならないのではないだろうか。

このように、人間と人間が創りだしたモノであるＡＩ、人間と人外の関係性を、現象学の流れを汲む人類学が示した展望に沿って考えていくことはできないだろうか。人間とモノを含めた人外との「間」を検討する時、インゴルドらによって構想されたアニミズム論が豊かな展望を与えてくれることになるだろう。

第11章　ぬいぐるみとの対話

二〇一七年十月から翌年二月までの間、21_21 DESIGN SIGHT（東京都港区）「野生展：飼いならされない感覚と思考」が開かれていた（http://www.2121designsight.jp/program/wild/）。ディレクターを務めた人類学者・思想家の中沢新一によれば、みなが同じような世界に生き、人の心が飼いならされてしまっている現代社会において抑圧されている自由な発想や想像の跳躍、すなわち「野生」を見直そうとすることが、その企画展の目的であった。

中沢は、日本人は縄文のいにしえから「かわいい」という表現によって野生を捉えてきたのだとして展示を構成した。縄文式土器のカエルに似た遮光器土偶、江戸時代の『鳥獣人物戯画』に描かれた様々な生命体、製薬会社の「ケロちゃん」、日本発のキャラクターである「ハローキティ」（通称キティちゃん）に至るまで、日本人は生きものをかわいく造形し、日常に取り入れてきたという。

自然を造形し、キャラクター化することによって、モノはたんなるモノではなくなることがある。動物の姿かたちを型紙に縫い取って、綿などの中身を入れて作られたぬいぐるみは、存在感を持って人間の前に現れる。ぬいぐるみは話しかけられるたんなる客体ではなく、時には、人間に語りかける主体にもなる。ぬいぐるみと持ち主の間で対話が行われるようになる。

モノの人類学では、ぬいぐるみのそうした性質は、モノが生きているように感じられるという「アニミズム」の枠組みにおいて捉えることができる。アニミズムとは、この惑星や宇宙にあって、人間だけが必ずしも主人なのではないという考え方もしくは思想のことである〔奥野 二〇二〇：六―七〕。人間とモノとの間に対話が成り立つことが、アニミズムである。

本章では、まずは私たちの身体の内なる部位との間で成り立つ対話をめぐる考察から始めてみたい。そのことを補助線として、人間とぬいぐるみの対話をアニミズムの文脈に位置づけて考えてみようと思う。

1 身体の内なる他者との対話

シベリア・ユカギールにとっての身体部位の行為主体性

人類学者E・ヴィヴェイロス・デ・カストロによれば、「アニミズムは、動物と人間のあいだの実質的もしくはアナロジー的な類似を主張」［ヴィヴェイロス・デ・カストロ 二〇一五：六九］する。動物を、モノを含む人間以外の存在者あるいは人外と言い換えてもいい。つまり、アニミズムとは、人間と人外の動物や植物あるいはモノなどが、何らかの類似性に基づく間柄を築いていることを指す。そしてそのことは、人間にとっての最も身近なモノ、つまり人間の身体内部のモノとの関係において経験されてきた。

ここでは、ウィラースレフが報告するシベリアの狩猟民ユカギールの狩猟経験における「身体の内なる他者」を取り上げてみたい。身体の内なる他者とは、足や腰や下唇などの身体部位のことである。

ウィラースレフがユカギールの狩猟者ユラに同行した時の出来事である。彼らが二時間以上にわたって獲物の足跡を追っている時のことだった。ユラは手を挙げてウィラースレフの歩みを制止し、音を立てないように促した。獲物である大鹿《エルク》の足跡が湿り気を帯びていることから察すると、エルクは二十メートルほど前にある、背の高いヤナギの茂みの背後のどこかにいるようだった。

ユラは、狩猟者がエルクを撃つことができるように開けた場所におびき寄せる時によくやる、ヨタヨタした動作でスキーに乗って進んでいった。だが彼はそれほど進まないうちにスキーでつまずき、雪の中に転倒してしまった。二人には、茂みの背後から獲物が慌てふためいて逃げる音が聞こえたという。

その時のことである。ユラは立ち上がりながら突然、「この野郎！」と叫んだ。ウィラースレフが「いったい、何だってんだ？」「私は何もしていないぞ」と問い返すと、「お前じゃない」とユラは返事をした。「お前は見なかったのか？　何だかふざけた理由で、私の足は私があのエルクを得ることを許さなかったんだ」とユラは述べたという［ウィラースレフ 二〇一八：九九］。

ユラの足がユラを動かないようにさせて、猟を失敗させたというのである。そのことを、ウィラースレフは以下のように述べている。

> 狩猟者は、彼の身体の異なる部位に行為主体性を認める。…（中略）…狩猟者は、あたかも自身の身体が自らの意志と矛盾したり、それに反して作用したりしているかのごとく、身体のコントロールを失う感覚を経験するかもしれない。
> ［ウィラースレフ 二〇一八：九九］

ユカギールにとって、足とは、身体の内なる他者として「行為主体性《エージェンシー》」を持つ存在である。身体部位はまた、人間に様々なことを教えてくれる。ある老女は、下唇の震えが狩猟の成功の徴候であると語ったことがある。下唇の震えは、彼女が近いうちに肉を食べることを予示してたのである。彼女が脇の下に痒《かゆ》みを覚えることもまた、狩猟が成功することの徴候だとされた。脇の下は、エルクの身体の中で弾丸が当たるであろう場所を指しているからである。

また、ある若い狩猟者は、背中が痛むと、大きな獲物を殺すことを意味するとウィラースレフに説明した。腰痛とは、近いうちに大量の肉を運ばねばならないだろうと背中が告げているのだという。ある狩猟者にとっては「眉毛が痙攣すること」、別の者にとっては「耳が痒くなること」が、狩猟の成功の徴候であるとされる。

「ときおりユカギールは、身体のある特定の領域に住まい、未来の狩猟の結果を告げるのは、実のところ彼らのアイビであると言うことによって、彼らの身体部位の行為主体性を説明する」［ウィラースレフ 二〇一八：一〇二］ともいう。アイビとは、物質的・非物質的いずれの形態でもありうるような「霊魂」のことである。ユカギールは、身体の内側に住まう霊魂ないしは小さな人間のような他者を抱え、その意志のようなものやお告げに影響を受けながら生きているのだと言える。

心臓という身体の内なる他者との対話

身体の内なる他者は、けっして私たちから遠く離れたシベリアのような地の見知らぬ他者だけに経験されるものではない。私たちの周りにも、それと似たような経験をした人物がいる。

編集者・ライターの野地洋介は、生まれつき心臓に疾患を持っていた。その後、二十代後半になって、突然「持続性心室頻拍」という病気を発症する。最初は、「ベッドに倒れ込んだ瞬間、いきなり身体の中の『何か』が皮膚を突き破って来るんじゃないかと思えるほど激しく痙攣した」［野地 二〇二〇：六四］。それは、心臓の電気刺激の異常により頻脈になる「致死性不整脈」の一種で、彼は死の一歩手前にまで行ったのである。手術をし、治療を終えた野地は、体内版ＡＥＤである「Ｓ－ＩＣＤ」を小脇に携えながら娑婆に戻ったという。

野地は日常ではつねに、「あの不整脈」が始まる不安が蘇ってきて、「お願いだから規則正しいリズムを刻んでくれ！　誰かこの出来損ないの身体を取り替えてくれ！」［野地 二〇二〇：六七］という悲痛な言葉を心の中で叫びながら、「ぼくとぼくの身体は、完全に闘争状態に入った」［野地 二〇二〇：六七］と述べている。その後、「パキラ」という観葉植物との付き合いのうちに野地は、体内の心臓や血管系、消化管などが、自発的に動き続け、生命そのものに携わる「植物性器官」なのだと気づき、心臓に対する憎しみを解いて、

「生まれて初めて、身体と対話できている感覚を持った」［野地 二〇二〇：六九］という。

野地にとって、心臓は長い間、自らの意思でコントロールすることが到底不可能な対象、つまりままならない身体器官であり、うまくイメージすることができないでいたが、それとの対話ができるようになった現在、「身体の声を聞くということは、これまで未来にカツアゲされ続けてきた『今』を取り戻すことにもつながっている」［野地 二〇二〇：七〇］と感じているという。

このことは、心臓という身体器官と「ぼく」との間で閉ざされたままになっていた連絡が、二者間の通路を開くことにより通じて、身体部位が「ぼく」の対話の相手となったことを示している。「こちら側からあちら側に抜けるための連絡通路を開いておけば、私たちはこちらとあちらを往還しながら、アニミズムが自然と立ち上がってくる」［奥野 二〇二〇：二二七］のだ。野地の経験は、心臓という身体の内部の他者との、ある種のアニミズム経験だったのだといえよう。

2 身の周りの他者との対話

自然物から造形化された自然物へ

身体の内なる他者と対話する感覚は、身体の外部に存在するモノとの間でより顕著に見られる。そうした感覚は、人間が社会の中で「私」として成立する以前のモノとの未分化なアニミズム世界から徐々に発達するように現れてくる。深層心理学者C・G・ユングが描く、彼自身の七〜九歳頃の「石遊び」の世界を取り上げてみよう。

幼きユングは、庭にある石片で建てられた古い壁の前に突き出た石の埋まった坂で、一人の時にはしばしばその石の上に坐って、想像上の遊びをしていた。その時、ユングにとって、石も「私」であると思えたし、石もまた自分の上に坐っているという考えに取りつかれることがあった。ユングにとって、私が主体であると同時に、石もまた主体だったのである［ヤッフェ編 一九七二：三九－四〇］。

心理学者・河合俊雄は、その時、ユングと石は一体となってアニミズム世界にいたのだと述べている。アニミズム世界には、抽象的な点としての「私」が成立していない。河合によれば、近代的な「私」とは、石でも虫でもユングでもない、全ての具体的なものを否定することによって成立するただ一つの抽象的な点である。「よっちゃん」という固有名詞を持つ者が「私」と言った時、具体的な何者でもない抽象的な一点ができ上がる。それに対して、自閉的な子どもはしばしば「私」という言葉を持たないと言われる。ユングは幼少期に、一つの抽象的な点である「私」が成立する以前のアニミズム世界で遊んでいたのである。ユングにとって、彼自身も石もともに「私」なのであった［河合 一九九八：三四一―三八］。

この何者にもなり得ていない「私」と周囲にあるモノとの合一化の感覚は、仮説的に述べれば、抽象的な「私」が成立するのと入れ替わりに、身のまわりのモノ、とりわけ自然をかわいく模したモノとの間で再編成されていくことになるのではないか。相手の輪郭がよりはっきりと規定され、固有名が与えられたり与えられなかったりするが、そのかわいさや愛らしさゆえに、ぬいぐるみは格好の遊びの対象となる。

ぬいぐるみをめぐる世界経験は、私が大学で講じている宗教人類学の授業を聞いた学生たちの「アニミズム経験」に関するレポートの中で取り上げられることが比較的多い。

私は一人っ子で、兄弟がいなかったせいもあるのか、人形と会話やおままごとをして遊ぶことも好きでした。私が生まれたときに、祖母が買ってくれたクマのぬいぐるみを今でも大切に持っています。学校で嫌なことがあったとき、親には言えないようなことをぬいぐるみに話しかけていました。「学校でこんなことがあったのよ」とクマに向かって話しかけると、何となくクマが慰めてくれるような雰囲気を醸《かも》し出し、表情に変化があるように思えました。また、私の心がほっとするような気持ちになりました。ぬいぐるみたちが、ディズニー映画のトイストーリーのように動き出して会話をすることができたら、どんなに楽しい世界になるかと何度も思ったことがあります。シルバニアファミリーもそのうちの一つです。たくさんのウサギの家族がいて、一人一役になりきって友達と遊ぶ場合もあれば、一人でたくさんのウサギになって遊ぶこともありました。一体一体に魂を宿して、そのウサギの気持ちを代弁して会話を繋げていきます。これは、まさしくアニミズム体験であると思いました。

クマのぬいぐるみに話しかけると、「クマが慰めてくれるような雰囲気を醸し出し、表情に変化があるように思え」たし、「動き出して会話をすることができたら、どんなに楽しい世界になるかと何度も思った」という。彼女は、シルバニアファミリーの人形たちとは、ウサギになりきって遊んでいたという。ウサギの気持ちになって、他のウサギたちと会話していたのだともいう。

もう一つ、学生のレポートを取り上げてみよう。

……名づけたにせよしていないにせよ、ぬいぐるみを捨てるとなると激しく反対し、どうしても手放すなら「だれか他の人のもとで幸せになってほしい」と願ったことがあった。汚れてしまったタオルを洗う際にも手放すことを拒んだが、最終的には母の「タオルさんだって汚れちゃって悲しんでいるんだよ」といった言葉に折れた記憶がある。いうまでもないことだが、ぬいぐるみもタオルも無機物であり、動物とちがってそこに「命」はない。しかし、この時私はその無機物の幸せを願い、気遣いすらしていたのである。

［奥野 二〇二〇：一四－一五］

名前を付けていたり付けていなかったりしたというが、彼女は幼少期に、ぬいぐるみに対して強い愛着心を抱いていて、汚れて捨てられてしまうことに激しく抵抗したのだという。この文章から、彼女が、ぬいぐるみやタオルとの間で想像し、紡ぎだしていた世界の一端が想起されよう。

ぬいぐるみやタオルの気持ちになってみることによって、それらは、人間と同じような性質の気持ちや感情を持っていると、彼女は感じていたようだ。

人間とモノの対話の過程でアニミズムが生み落とされる…（中略）…アニミズムとは、人間とモノ・対象・客体との対話の中で、心の面でのつながり合いの想定の下に生じるある種の経験である

［奥野 二〇二〇：一六］

心でつながっているからこそ、彼女のぬいぐるみは、簡単に捨てられてしまってはならないのである。捨てられれば、ぬいぐるみは悲しみや痛みを感じる。そのため逆に、ぬいぐるみの幸せを願わざるをえないのである。

ぬいぐるみとしゃべる

しかしぬいぐるみは、幼児期や子ども期の対話の相手だということだけでは必ずしもない。大人になっても人間はぬいぐるみたちと対話している。そのことに気づかせてくれるのが、大前粟生《あおお》の中編小説『ぬいぐるみとしゃべるひとはやさしい』[大前 二〇二〇]である。舞台は、大学の「ぬいぐるみサークル(略称ぬいサー)」である。

男であることに違和感を抱く主人公の男子大学生が、男と女の境界を意識しないでいられる空間に身を置くことに居心地の良さを感じ、逆に、他者を傷つけてしまうことに耐えがたさを感じていて、傷つけることから身を引く姿勢が共有されたり、それがうまくいかなかったりすることなどが、この小説の主題である。以下では、ぬいぐるみをめぐって描かれている、ぬいサーに集う大学生の男女の興味深い行動を取り上げてみたい。

部員数が一一〇人のぬいサーの部室には、三五〇体くらいのぬいぐるみが置かれている。部室に来て活動しているのは、そのうちの十五人ほどである。その中で、主人公を含め二人だけがぬいぐるみとはしゃべらないという。学生団体から公認されるための表向きの活動方針は、ぬいぐるみの収集や裁縫なのであるが、ぬいサーの本来の目的はぬいぐるみとしゃべることである。

新入生を萎縮させないように、春頃にはだれもぬいぐるみとしゃべらない。しかし新入生がぬいサーに馴染んでくると、先輩たちはぬいぐるみとしゃべりはじめ、そのことを気味悪く思う新入生は顔を出さなくなる。

つらいことがあったらだれかに話した方がいい。でもそのつらいことが向けられた相手は悲しんで、傷ついてしまうかもしれない。だからおれたちはぬいぐるみとしゃべろう。ぬいぐるみに楽にしてもらおう。

［大前二〇二〇：二二］

これは、四年生を四回も繰り返している、ヒゲぼーぼーのぬいサーの男性副部長の言葉である。そこに、ぬいぐるみとしゃべることの意義が示されている。

副部長は、銃乱射事件のニュースを見て、精神的にしんどく感じる。自分が感じているしんどさを誰かに話すと、自分のように感じる人を傷つけてしまいかねないので、思っていることをくまのプーさんのぬいぐるみに話す。部室に入ると部員は、遮音型のイヤホンを装着することになっている。他の部員がぬいぐるみにする話を聞かないというのが、そこでのルールである。
大学に出てこられなくなったある女子部員の話は、ぬいぐるみとの対話の興味深い事例である。彼女は、ある時、電車の中で女の人が痴漢されているところを目撃してから、いままで自分が生きてこられたことにしんどさを感じるようになったという。ちょうどその頃彼女は、部室のぬいぐるみの中で一体のぬいぐるみに出会う。

あのときぬいぐるみの山のなかにこの子がいて、自分に似合う服を見つけたときみたいなキラキラがあった。そのとき空間がぽわーとして、『わかるよ』ってこの子がいった。『わたしも、まだだれかにいうことはできないけれど、つらいことがあって、それまでただのわたしだと思っていた自分が、変わらせられた』ってこの子はいった。わかるよ、ってわたしも思った。この子の話はわたしの話で、わたしの話はこの子の話だって、乱暴かもしれないけど、思った。『つらいね』ってわたしは、躊躇なく自然とぬいぐるみに声を出していた。

［大前 二〇二〇：七〇－一］

ぬいぐるみが彼女のしんどさに同調して、理解の言葉を発しただけでなく、しゃべり始めたのである。しかし、ぬいぐるみから声が聞こえたことを不審に思って、彼女はその後病院に行く。医者からは、病院を受診したことはある種のセーブができている証拠だから、様子を見ながら通院しましょうと言われたが、それ以降、通院しなくなっている。そういう状態だったから、人とは会えなかったらしい。

ぬいぐるみとの対話が、この小説のテーマであった。そこには、個人の外部に不気味なまでに広がっている社会の複雑さや煩わしさや生きにくさを感じる人たちが、問題を個人の内部へと持ち込み、目の前にいるぬいぐるみとの間で対話をする過程で立ち現れる現実的な課題が豊かに語られている。

3　非人間としゃべる世界の民はきびしい

『ぬいぐるみとしゃべるひとはやさしい』の中に描かれる、ぬいぐるみとしゃべる現代日本人のアニミズム的な精神性は、人類学者がこれまで世界の民とのフィールドワークをつうじて出会ってきたアニミズムの事例と同型のものであるように思われる。先述したウィラースレフによるシベリアのユカギールの民族誌へと再び戻ってみよう。第10章（「4　ウィラースレフ、高速交換する主客のアニミズム」）で見たように、狩猟に出かけたスピリドン爺さんは「エルク＝人間」になる。スピリドン爺さんは、エルクの格好を模倣して、身体を前後に揺らしながら、エルクのように動く。スピリドン爺さんの手には装塡済みのライフル銃が握られていたし、帽子の下からは人間の目、鼻、口を備えた顔の下半分が出ていて、人間の男でもあった。「彼はエルクではなかったが、エルクではないというわけでもなかった」［ウィラースレフ 二〇一八：一二］。

ヤナギの茂みから雌エルクが現れると、スピリドン爺さんはゆっくりと近づいていった。同時に、エルクは、彼のパフォーマンスに囚われ、彼のほうに近づいてきた。雌エルクの背後から子どものエルクが近づいてきた時、スピリドン爺さんは二匹を撃ち殺す。

スピリドン爺さんは後に、二匹のエルクが彼のほうに近づいてくる時、自分たちの家に行こうと誘いかけてくるエルク＝人間の声を聞いたと回想している［ウィラースレフ 二〇一八：一二］。その瞬間、彼は銃を持ちあげて、本来の目的である狩りを達成したのである。エルクとしゃべるユカギールの狩猟者は決してやさしくはない。自らと対話相手に対して、きびしいのかもしれない。

ぬいぐるみであれエルクであれ、私たち人間が、それらのモノとまったく同等の地位で世界＝内に位置づけられるならば、それらは私たちの対話の相手となり、私たち自身に影響を与え、時には私たちを脅かす存在者となるのだといえるだろう。

第4部 ライフ

第12章 考える森

1 思考の脱植民地化のために

何かが誰かにとって何かを表すことを「記号過程（semiosis）」と呼んだのは、哲学者C・S・パースであった。

記号あるいは表意体とは、ある人にとって、ある観点もしくはある能力において何らかの代わりをするものである。記号はだれかに話しかける、つまりその人の心の中に、等置な記号、あるいはさらに発展した記号を作り出す。

［パース 一九八六：二］

この「だれか」とは、人間を指すだけではない。記号過程の中にいるのは、人間だけではない。生きとし生けるもの全てが、記号過程の中にいる。その意味で、パースの記号論は、人間を超えて広がる、種間のコミュニケーションを取り上げて、人間を含めた世界のありようを探るには打ってつけのアイデアなのである。

南米・アマゾニアの森の中で、近くでヤシの木の倒れる音は、記号として、樹上のウーリーモンキーに危険が差し迫っていることを知らせる。ウーリーモンキーは、その轟くような激しい音に生命の危険を感じて、その場から飛び退《の》くであろう。そのことで命拾いし、生命をつないでいくことができたのだとすれば、そこでいう「生命」とは、記号過程の産物あるいは結果だと言うことができよう。また、ウーリーモンキーは、その記号を解釈し、「思考」していたのだとも言えよう。その意味において、ウーリーモンキーも私たち人間と同じように、精神を持つ「自己」だと捉えうるのだ。

エクアドル東部のアヴィラの森の中で繰り広げられるこうした記号過程のネットワークを、そこに住まう、人間を含む夥しい数の自己によって織りなされる生態学、つまり、「諸自己の生態学」(ecology of selves) と呼んだのは、人類学者E・コーンである。コーンは、一九九二年から二〇一〇年ごろにかけて、キチュア語系の先住民ルナのコミュニティでのフィールドワークから得たデータや経験から記述検討を積み重ねてきた。そのことによって、いまだかつてだれにも書かれたことがないようなスタイルの民族誌を書き上げた。それが『森は考える　人間的なるものを超えた人類学』である［コーン 二〇一六］。

コーンは、その著作の中で、私たちは、言語を持ち、思考するのは人間だけだという考えに植民地化されていて、その考えを非人間に投影しているに過ぎないのだという。そのような人間の自己陶酔的な態度を捨てて、非人間の世界にある思考から私たちの思考を解放しようではないか。そうするために、コーンは、「森は考える」ということから出発することを呼びかける。思考が人間を超えて広がることを探るために、森が思考していると私たちが主張するのではなく、「森が考えている」という点から始め、森が考えていると私たちが考えていることは、森が考えているという事実から生み出されていることを示してみたいと、コーンはその著作の目的に関して述べている［コーン 二〇一六：四二－三］。

人間の現象のみを扱うことに閉じてしまったこれまでの人類学を超え出て、動物や精霊だけでなく、生なき世界をも視野に入れて、「思考の脱植民地化」を目指すこの本の原書には、「人間的なるものを超えた人類学へ向けて」というサブタイトルが付けられている。M・ストラザーンが評するように、それは「思考の跳躍」を含み、また、人類学の、ひいては現代思想の風景を大きく変える可能性に満ちている。この章では、『森は考える』を読み解いてみたい。

ウーリーモンキー

2 不在

まずは、コーンが議論の下敷きとするパースの記号論体系の独自の解釈を追っておこう。パースの記号論の体系は、「イコン（icon）」「インデックス（index）」「象徴《シンボル》（symbol）」から成る。イコンとは、カメレオンが、周囲の自然と見分けがつかないほど擬態していることで表象されるような、類似に基づく記号である。インデックスとは、旗がはためいていることによって、風が吹いていることが表象されるという、指標的な記号である。象徴とは、結婚指輪が結婚の合意を表象するように、対象に恣意的に結び付けられる規約的な記号である。これらの三つの記号過程は、じつは全て「不在（absence）」に関わっていると、コーンは言う。

不在とは何か。フラスコを例に上げてみよう。それは化学の実験に用いられる、ガラス製の容器である。フラスコでは、何もない不在の空間が、あの不思議なかたちを整えるのに働いている。それは、輻《や》の空洞が、車輪を有用なものにすることと似ている。ドーナツの穴がドーナツをつくり出していることにも似ている。それらのモノにあっては、不在が在をつくり出している。

化学の実験をする時、ガラスを隔てて除外される物質のおかげで、フラスコの内部で特有の反応が見られる。その意味で、フラスコでは、「ない」という「無の状態」が原因となりうる固有のあり方が示されることになる。フラスコは、フラスコというひとつの在ではない。それは、「構成的不在（constitutive absence）」を含む在なのである。

次に、三つの記号における不在について見ていこう。イコンには、差異に気づかないという不在が含まれる。ある時、森の中で、父親は、息子が銃を撃ちやすくするために、林冠を動き回るウーリーモンキーを止まり木のほうに移動させようとした。ウーリーモンキーを驚かせようとして、父親が木を倒す時、息子に対して、「注意しろ、タ・タ……」という言葉を発した。タ・タとは、タップタップ……という、木を切り倒す音のイメージである。タ・タは、その音響イメージが、同時にその対象でもあるという意味で、イコンである。それは、タ・タという音響イメージと、タ・タが表象する出来事との間の差異に私たちが気づかない時に働く。つまり、差異に向けられる注意の不在によって、イコンは意味をなすのである。

ヤシの木の倒壊音は、ウーリーモンキーにとって、インデックス的な記号である。インデックスは、それに気づいた解釈者に、ある出来事とまだ起きてない出来事の間につながりを見いだすよううながす。つまりインデックスは、不在の未来についての情報を与える。いまだ存在しない不在の未来を予告することが、インデックスの特徴である。

象徴は、イコン、インデックスとは違って、人間だけが持つ表象の様式である。象徴は、例えば、「イヌ」という単語のように、規約に基づく記号によって対象を指示する。イとヌのような音韻的な質は、そのほかの音韻の不在から恣意的に選び出されたものである。つまり、象徴もまた、不在との関係によって成立するという特徴を備えている。

差異に気づかれることがないことから生じるイコン性、いまだに存在しないものについての予言を含むインデックス性に対して、象徴性では、発話された語の意味は、発話において不在になっているものによって生みだされる。そのようにして、パースの言うイコン、インデックス、象徴という三つの記号過程は全て、不在によって意味が与えられることになると、コーンは説明している。

しかし、人間以外の有機体と人間の双方の間で共有される記号過程であるイコン性、インデックス性と、人間特有の記号過程である象徴性は、必ずしも切れているわけではない。それらは、一方向に、複雑なかたちでつながっている。ヤシの木の倒壊音はウーリーモンキーにとって、イコンであり、またインデックスでもあると述べた。しかしヤシの木の倒壊音は人間にとって、落下事故や地位の転落の予兆などに恣意的に結びつけられて、象徴として解釈されるものになる。その意味で、象徴は、イコンやインデックスから創発的に生じる。

T・ディーコンが述べるように、「子供が言葉を書けるようになると、マークのアイコニックな解釈に代わって、画像や音声と一定の規則で対応するインデクシカルな解釈で書くようになり、ついにはシンボリックな意味解釈をする」［ディーコン　一九九九：六九］。ディーコンによれば、「これは、アイコニック・レファアレンスに依存してインデクシカル・レファアレンスがあり、インデクシカル・レファアレンスに依存してシンボリック・レファアレンスがあるという階層性である」［ディーコン　一九九九：七〇］。象徴は、別の質を備えたほかの記号からつながっている。

差異に気づかないという「不在」によって（イコン性）、未来の「不在」に向けて（インデックス性）、ほかの多くの「不在」との関係によって（象徴性）、記号過程は作動する。そのプロセスの中に、思考が現れ、自己が生みだされる。それが、諸自己の生態学の主要動態である。「生ある自己（living self）」とは、精神を持ち、思考する存在者のことであり、それは人間と人外とを問わずあらゆる有機体を含んでいる。

3　混同

思考する自己にとって、忘れることや取り違えることは重要である。コーンによれば、忘れることと思考する自己のイメージを、G・L・ボルヘスの「記憶の人、フネス」が想起してくれる。フネスは、サンフランシスコの農場で荒馬から振り落とされて意識を失い、回復した時、「知覚と記憶は絶対に間違いないものになっていた」［ボルヘス 一九九三：一五五］。「フネスは、あらゆる森の、あらゆる木の、あらゆる葉を記憶しているばかりか、それを知覚したか想像した場合のひとつひとつを記憶していた」［ボルヘス 一九九三：一五八］。「彼は苦もなく英語、フランス語、ポルトガル語などをマスターした。しかし、彼には大して思考の能力はなかったように思う。考えるということはさまざまな相違を忘れること、一般化すること、抽象化することである。フネスのいわばすし詰めの世界には、およそ直截的な細部しか存在しなかった」［ボルヘス 一九九三：一六〇］

記憶とは、差異の忘却である。フネスは、差異を忘却できなくなったために、思考することができなくなってしまったと、コーンは指摘している。

他方で、思考する自己にとって、取り違えること、つまり、差異に気づかないこともまた決定的に重要である。そこには、「混同（confusion）」の論理が含まれている。コーンは、アヴィラの森で観察した、次のような場面を描いている。

突然、イヌたちが、「ゥアッ、ゥアッ、ゥアッ」と、獲物を追跡するように吠え声をあげた。続いて、「ヤ、ヤ、ヤ」と、獲物に襲いかかろうとするように吠えた。しかしその直後、イヌたちの声は、「アヤーイ、アヤーイ、アヤーイ」という、反撃を受け、苦痛を味わった時に上げる甲高い声に変わった。この一連の吠え声の流れから分かったのは、イヌたちが、ほぼ同じ大きさでいずれも黄褐色の毛の二種の動物、ヤマライオンとアカマザマジカを混同していたということであった。イヌたちは最初、黄褐色の動物を、捕食対象であるアカマザマジカだと勘違いした。ところが、実際は危険な捕食者のヤマライオンだったのである。イヌたちは、その差異に気づかなかった。その直後、ヤマライオンであることを感知して退却したので、イヌたちは命拾いすることになったのである。

人類学者G・ベイトソンによれば、差異こそが結果を生みだす［ベイトソン 二〇〇〇：六〇二］。あるものと別のものの間の無数の差異の中から選び取られる、極めて限られた数のものだけが情報となる。「情報の基本ユニットは、『違いを生む違い』difference which makes a difference というふうに規定できる」［ベイトソン 二〇〇〇：六〇二］。

イヌは、ヤマライオンとアカマザマジカの差異を情報としてつかみだすことによって、間一髪で生き残ったのである。ここでは差異を情報としてつかまえる直前の混同が、イヌが思考する自己であることを示している。イヌが「とても、とても愚か」であることが、イヌが思考することの証なのである。

記号過程の中で混同が持つ意味に関しては、小枝のような昆虫ナナフシが、手がかりを与えてくれる、とコーンは言う。「ファスミド（幽霊のような）」というナナフシの学名は、その虫が周囲に溶け込む幽霊のような存在であることを示している。それは、鳥などの捕食者をめくらましするナナフシの擬態にほかならない。ナナフシと小枝を混同することがなかった、つまりナナフシと小枝の差異に気づいた捕食者は、ナナフシを餌食としたはず

アカマザマジカ

ヤマライオン

である。逆に、捕食者がナナフシと小枝の差異に気づかなかった、つまり混同した場合、ナナフシは捕食されずに生命をつないでいく。この場合、先述のイヌのように差異に気づくかどうかではなく、差異に気づかれるかどうかが、ナナフシの生死を左右する。小枝との差異に気づかれなかったために、食べられなかったナナフシの子孫の系統が後世まで残ることになった。混同は、記号過程の中で生命と関わり、諸自己の生態学を支えている、とコーンは言う。

小枝と混同されるほどナナフシが周囲に溶け込んでいるありようは、イコンの重要な特性を示している。私たちは、トイレの入り口に描かれている棒のような男性のシルエットが、その入り口を通過する男性に似ているが、同じではないことを知っている。そのために、私たちはイコンを、差異があることを知っているものとものとの類似を示す記号であると考えてしまう。ところが、イコンの出発点は実際には、あるものと別のものを混同すること、つまり、差異に気づかないことにある。

混同することは、生ある自己が、差異や類似について認識する以前のプロセスである。ダニは酪酸《らくさん》の匂いや温かさを頼りにして、哺乳類から吸血する。つまり、ダニは哺乳類の種を区別しない。区別しないことこそが混同である。しかし逆に、ダニが、例えば哺乳類と爬虫類の差異に気づかずに、あらゆるものを取り違えていたら、そこに思考はなく、生命もない。つまり、混同は何がしかの制約があって初めて、生産的なものとなる。

ナナフシ

その意味で、コーンによれば、混同が先にあり、類似と差異がその後に続くことになる。記号論では、生物学と同じように、全体が部分に先行する。イコンは、どんなに原始的であろうとも全体的なのである。単細胞胚は、多細胞胚と同じくらい全体的である。記号論と生物学では、全体の中に思考と生命が生みだされる。それは、部分から全体が構成されるような「機械」と好対照をなす。コーンは、それについてはH・ベルクソンの『創造的進化』を参照せよ、と述べている。

ベルクソンによれば、生物が進化して意識が生みだされたのではない。意識という生命エネルギーが物質と格闘しながら、各々の段階の生命を生みだし、人間に至って、意識が本来の自分を取り戻すことになった。パースの記号論を理論的な土台としながら示される諸自己の生態学は、意識こそが生物進化の運動原理だというベルクソンの議論に重なる部分がある［金森修 二〇〇三、五六］。全体が先行し、それが類似や差異へとつながる。そうした記号過程において、思考と生命が生みだされる。

4 生命

パースの記号論以降、生命記号論の萌芽は、動物と環境の相互作用の中に意味論的問題を考えようとした生物学者J・J・v・ユクスキュルにまで遡ることができる［ユクスキュル 一九七三］。その後、動物が生存のために行う基本的な営みとしての記号論を構想した記号学者T・A・シービオクの研究［シービオク 一九八五、一九八九］を経て、人類が出現する以前の地球上の生命活動の経験世界にまで記号過程を押し広げた生化学者J・ホフマイヤーへと受け継がれている［ホフマイヤー 一九九九］。その流れを、民族誌の中にアヴィラの森の諸自己の生態学として精緻化させ定着させたのが、コーンである。

ホフマイヤーは、記号過程の中で、カオスが自己組織化するあり方を、ミツバチを例にあげて説明している。寿命がわずか四週間の何万匹ものミツバチが、巣の掃除、集めた食糧の管理、幼虫の世話、女王への給餌、巣の増築や防衛といった仕事を分担している。ミツバチは状況を理解し、互いに協調して行動する。

周囲の状況を解釈し決定を行う権限が、器官、組織、細胞に委任されるときに、出現してくるものは階層的な記号過程のネットワークであり、そこから集積されて出てくる出力が調和のとれた生物個体の行動である。この自立したカオスを単体で支配する権威者はいない。その有効性は、これまでにありとあらゆる生物によってなされてきた成功の積み重ねというその実際の歴史によってのみ説明することができる。

［ホフマイヤー 二〇〇五：一五六―七］

この記述からも分かるように、個々のミツバチは、記号過程の中の解釈者として、カオスを自己組織化する。記号過程の中に、ミツバチは生ある自己として現れ、生命活動の全体性に参入する。

生命とは、このように構成的に記号論的である。生命は記号過程の産物なのである。コーンが言うように、人間が人外と共有するのは、身体があるという点ではない。人間と人外とを問わず、あらゆる有機体が、諸々の記号とともに、記号を通じて生きているという事実こそが、諸自己の生態学の本領である。

ここで言う生命とは、動物や植物の命、つまり個体の生命のことではない。命は、生命の一部にすぎない。哲学者G・ドゥルーズは、生命とは、生物の種と種が分化するように、あるものごとと別のものごとが異なるものとして実現されてゆくプロセスであると捉えた。「世界全体はひとつの卵である」［ドゥルーズ 二〇〇七：一三二］と述べて、生命を卵にたとえ、世界は卵のように細胞分裂すると考えた。コーンの考える生命もまた、有機体の命を超えて、分化によって実現されていくようなプロセスとしての生命に近いのではないか。

これまで見たように、生命と思考は、ともに絡まり合うものと想像することができよう。パースが言うように、記号過程が誰かに対して何かを表すのだとすれば、それは生命のように成長する。そのプロセスにおいて、自己とは記号から記号への中継点である。自己が記号を受け取り、他なる自己に対して、新たに何かを表すというプロセスの中に、思考、すなわち「生ある思考（living thought）」がある。このように捉えることは、人間だけでなく、あらゆる有機体を含めて、世界を別の見方で捉えることへと結びついていく。

コーンが取り上げている、アヴィラの森で諸自己としてのハキリアリによって紡ぎだされる生命活動を見てみよう。ハキリアリは、普段は、梢から摘み取った草木の切れ端を巣へと運ぶ長い列によって観察される。そのアリが、年に一度だけ生殖行動を行う。ある日の夜明け前に、羽つきの女王アリを巣から吐き出して、他のコロニーの雄アリと交尾させる。ハキリアリは、脂肪分たっぷりで美味であり、そのご馳走を狙って、人間は毎年、わずかなタイミングを待ち構えて捕まえようとする。

捕食するのは、人間だけではない。コウモリも飛行中のアリに襲いかかって腹部を噛みちぎる。そうした捕食者たちの裏をかいて、夜行性と昼行性の捕食者たちから最も見つかりにくい夜明け前を選んで、アリは巣から飛び立つのである。人間もまた、ハキリアリだけでなく、それを狙う多くの生きものの行動を観察してそれらを巧みに利用しながら、毎年、大量のアリを手に入れようとする。諸自己の生態学とは、人間を含む、森に住まう自己が集まって、生ある思考が織りなされるこのようなネットワークのことなのである。

しかし、アヴィラの森の諸自己の生態学によって描きだされる記号過程は、人間を含む生命全体を呑みこんで波乱を抱える。そのことを自己の変調の面から捉えるためにコーンが持ち出すのが、「魂＝盲（soul-blindness）」という概念である。私たち自身や他者を人間として見ることができないと想定する事態を、哲学者S・カヴェルは魂＝盲と呼んだが〔カヴェル 二〇一〇：一三七〕、コーンが描く諸自己の生態学では、魂＝盲は人間だけにとどまらず、人外の自己をも含む問題となる。

ルナは、胎児の成長のためには、精液とそこに含まれる霊質を提供することが必要であると考えている。妻の妊娠中に起きる霊質の喪失によって、男性は森に住まう他の自己に対して魂＝盲になる。もうすぐ父親になる男たちは、魂＝盲のために、狩猟において有能な捕食者になる能力を失う。そのため、獲物となる動物たちは、魂＝盲の狩猟者を恐れなくなるどころか、魂＝盲の男に怒って攻撃的になる。「もうすぐ父親になる男」が、シカに胸を二度蹴られたことがあったという。逆に、魂＝盲が狩猟において利用されることもある。もうすぐ父親になる男にペッカリーが突進してくるのを待ち伏せして、狩猟仲間がペッカリーに飛びかかって仕留めたことがあった。

イヌもまた魂＝盲になることがある。雄イヌのプンテーロは雌イヌを見初める以前はよい猟犬だったが、いったん性的に旺盛になると、森の中で動物に気づく能力を失ってしまった。セックスにより、精液を通じて、霊質が発育中の胎児へと伝えられたため、プンテーロは魂＝盲となったのである。

興味深いのは、魂＝盲の広がりが、諸自己の生態学における自己と他の自己（他者）との関係の特性を示している点である。ジャガーと陸ガメの話では、巨大な陸ガメを襲ったジャガーは、犬歯をカメの背甲にひっかけてしまい、獲物を取り逃がしただけでなく、歯も失ってしまったという。歯なしになったジャガーは、狩猟することができず、やがて餓死した。すると、今後は、腐肉を好む陸ガメが、背甲にジャガーの犬歯が刺さったまま、ジャガーの腐肉を食べ始めた。ジャガーは、かつての餌食の餌食となったのである。この話で示されるように、ジャガーは常に捕食者であるわけではない。今や陸ガメが本当のジャガー（捕食者）である。捕食者と餌食の関係、自己と他者の関係は、アヴィラの諸自己の森では常に反転する可能性をはらんでいる。

5　パースペクティヴ

アヴィラの森の諸自己の生態学では、人間も非人間も等しく記号論的自己として諸々の自己に関わり続けている。その世界は、E・ヴィヴェイロス・デ・カストロが、欧米的な多文化主義に対照させながら多自然主義と呼んだものに近い［Viveiros de Castro 1998: 469-88］。

人間は、有史以来「人間の他者」と接触してきた。人間の他者は、かつては交易をしに、または人や物を奪いにたまにやって来る遠くの他者だったかもしれない。人々にとってより近い他者とは、自らをとりまく動植物、虫、精霊などのほうであった。そうした近しい他者たちとの間で人々の日々の暮らしは営まれていた。異種間で食べ物が分かち合われるだけでなく、そこには、喰い喰われる関係が潜んでいた。人間と人外の距離はほとんどないに等しかった。そのような世界経験を、人類学では近年、多自然主義と呼んでいる。

多自然主義では、身体を持つあらゆる存在が〈私〉のパースペクティヴを持ち、自らが生きる、異なる自然（動植物、無生物、超自然的存在など）を、文化として眺める。アヴィラの森に住むルナによれば、ジャガーは、〈私〉つまり自己として、ペッカリーの血をマニオク酒として見る。また、ルナによれば、森の霊的な主たちは森を果樹園と見る。

同じくヴィヴェイロス・デ・カストロによって名づけられた「パースペクティヴィズム」が、多自然主義を方向づけている。パースペクティヴィズムを把握するためには、それに先立って、「不可知論」を超えて知ることについて考えておかなければならない。パースによれば、あらゆる自己にとって、あらゆる経験と思考は、記号によって媒介されている。そのため、人間どうしの間主観性も、種を横断してのコミュニケーションも、質的には変わりはない。それらは、全て記号過程だからである。イヌたちが襲われる前に何を考えていたのかだけでなく、コウモリになることとはいかなることなのかについても、私たちは知ることができる。思考が関わりあうプロセスに、自己が関与するからである。

ルナは、トウモロコシ畑からメジロメキシコインコを追い払うために、板の上に猛禽類の顔を彫り、目を描いて、「カラス嚇《おど》し」を製作する。それは、毎年、たくさんのインコを追い払うことに成功する。カラス嚇しは、「インコであること」とはいかなることかについて人間が知りうることの例証である。カラス嚇しは、インコに対する効果をつうじて、インコの考えをめぐる人間の推量があたっているかどうかを知ることができるからである。カラス嚇しとは、トウモロコシを食べにやって来るインコのパースペクティヴから、猛禽類がどのように見えるのかを想像する試みなのだと言える。

カラス嚇しとは、案山子《かかし》のことである。それは、日本では、一般に、田圃《たんぼ》の稲が実るのを保護するために、人間の監視が至らぬ期間、身代わりとなって、スズメ、カラス、猪や鹿などを威嚇するための仕掛けである［早川　一九八二］。案山子もまた、スズメやカラス、猪や鹿などの野生動物のパースペクティヴから、それがどのように見えるのかを想像する試みである。

ところで、ルナの人々の暮らしの中には、物事をパースペクティヴ的に捉える話や事例がたくさんある。アマゾンコロコロトゲネズミは、ある時、女性器がどのようなものかを知りたいという欲に取りつかれた。女性たちがいつも菜園を横切る際に通る道に倒れている丸太ならそれをよく知っているはずだと考えて、コロコロトゲネズミは倒木に、女性器とはどのようなものか尋ねた。倒木は、コロコロトゲネズミの洞毛《どうもう》を仄《ほの》めかしながら、

アマゾンコロコロトゲネズミ

オオアリクイ

「君の口のようなものだ」と答えたところ、コロコロトゲネズミは「おい、よせよ」と言って、下品に爆笑した。それが、その小動物の鳴き声となったという。この神話は、滑稽さだけでなく、パースペクティヴ的な論理を示している。

ある男は、川の岩の下にいるヨロイナマズをつかまえようとする時に、ヨロイナマズが気づかないように、ショウガの一種である果実を砕いて、手を濃い紫色に塗っていたとされる。オオアリクイは、アリを騙すために、アリのパースペクティヴに立って見るとルナは言う。アリクイがアリの巣に鼻をさし込む時、アリはアリクイの鼻を枝と見て登ってくると説明する。ルナにおけるパースペクティヴ的な論理は、捕食者と餌食の関係を含めて実用的な面において語られる点にその特徴がある。人間も人外もともに、他の有機体が有するパースペクティヴに留意しながら、生態学的な課題を達成しようとするからである。

6 形式

諸自己の生態学における自己と他者の関わりあいに深く関連するパースペクティヴィズムは、人間と動物の関係の中だけに見られるのではない。アヴィラの森に住まう霊的な主が森を果樹園と見ることもまた、パースペクティヴィズムである。人間が野生の鳥として見る動物は、森の霊的な主にとっては飼いならされたニワトリである。また、人間にとって、恐ろしい捕食者であるジャガーは、霊的な主たちにとっては猟犬であり番犬である。そのように、自然と文化、あるいは野生のものと飼いならされたものは、パースペクティヴィズムをつうじて、互いに共鳴し合っている。しかしこうした課題は、多自然主義には扱うことはできないと、コーンは言う。

森林的なものと飼いならされたものが至るところに現れることや、森の奥深くにキト（エクアドルの首都）のような場所が現れることを理解するためにコーンが提起するのが、「形式（form）」である。形式とは、物事の様々な可能性を制約して成立している何かである。それは、人間が押し付ける認知図式や文化的範疇「以外の」何かの帰結である。ただ、人間の思考の中心にも形式があると、コーンは言う。

アマゾニアの森のゴムを手がかりとして、形式の論理を眺めてみよう。パラゴムの木であれ、ラテックスを産出する種であれ、ゴムは、菌性の寄生生物の被害を免れるために、森の中に広く均等に分布している。この事態を指してコーンは、ゴムが「自己相似」的な形式を持つようになったと言う。河川は、上流から下流へと一方向に流れる。沢が細流へ、細流が支流へ、支流は大きな川へと流れ込み、やがてアマゾン河へと注ぎ込み、大西洋へと辿り着くまで、自己相似的な形式を繰り返す。ゴムノキも河川も、その分布においてはこのように、自己相似的な広がりを見せる。また、支流が集まって流れる川は、ひとつのタイプとなり、支流をトークンとするという意味で、そこにはまた階層的な論理も発生する。

他方で、十九世紀末から二十世紀初頭にかけてブームを巻き起こしたゴム経済は、ゴムノキと河川の分布に大きく依存しながら成長した。ゴムノキを探し当てるために河川を遡り、逆に、ゴムを下流へと流し、自己相似的な動きを広がらせることで、ひとつのゴム経済のシステムが築き上げられていったのである。川の合流点にいるゴム商人は、上流の人々に対しては信用貸しを行い、下流の合流点にいるより豊かな商人に対しては債務を負うという階層秩序が次第に増え広がっていった。

形式は創発する。ゴムノキと河川という二つの型の類似性を搾取し、それらに依存することで、型を連結しながら、アマゾニアのゴム経済は、上流の奥地の先住民をアマゾン川の河口の、さらには、ヨーロッパにいるゴム男爵へとつなげていったのである。形式は、「自己相似性」と「階層性」をその特性としながら、可能性を制約することによって、増え広がっていくという。

人類学者F・ケックによれば、形式は道徳的な特性を持たない。それは、階層的な因果律によって支配されている。ケックは、記号は形式から、象徴は記号から創発すると言う［Keck 2013］。形式が増え広がるにつれて、自己相似性をベースにして、階層性が現れる。

あるシャーマンは、見習いの旅において、下流へと向かい、自らが出発した川をより広く、より一般的な河川の型のひとつであるとみなすようになった。彼は、個々の川や流域の村々を包摂する高位の秩序に創発する水準へとアップ・フレーミングしたのである。新たな河川の階層では、その支流であるいくつかの川の間には差異がなく、彼にとっては、そのどれもが類似に基づくイコンとなった。

シャーマンが、幾つかの支流を束ねた河川の流域を行き来する存在となれば、彼は支流を含めたその流域全体の人々の尊敬を集めるシャーマンとして、権力を付与される。自らが出発した川と同じ水準における川の間の差異が、それよりも下流の、すなわちより高位の階層の河川においてイコンとなるのであれば、ケックが言うように、形式こそが記号を生むことになる。形式とは、あらゆる有機体が生きている記号過程のかなたの外部に感じ取られるものであり、そこから記号がやって来る。

このことはまた、アヴィラの森に広がったゴム経済が、植民地主義的な権力の上からの押しつけではないということを示していると、コーンは指摘する。ゴム・ブームは、予期せぬ結果、あるいは付随的な動きに過ぎなかったのである。形式は労なく増え広がる。ケックは、こうした形態力動学的な分析を、レヴィ＝ストロースの「野生の思考」に結びつける。ケックが述べるように、野生の思考とは、記号の上に押しつけられるものではなく、記号の間の関係から創発する思考の様式なのである（http://somatosphere.net/2013/eduardo-kohns-how-forests-think.html）。いずれにせよ、コーンは、諸自己の生態学を突き抜けて、記号がやって来るおおもとにある仕組みを言語化するために、形式という概念を磨き上げる試みに果敢に挑んでいるように思われる。

7 森の思考

形式の階層性はまた、人間と精霊や死者との関係の中にも浸透している。ルナは、森の中で狩猟した動物を野生動物とみなすが、彼らはまたそれが真の現れではないことを知っている。より高位の階層に位置する森の霊的な主たちの観点からは、それらの野生動物たちは家畜に見える。森の霊的な主たちにとってのニワトリは、人間にはラッパチョウやヒメシャクケイ、シギダチョウなどの野生のトリに見える。

人間は、より高位の階層である霊的な主たちの領域に入るためには、わずかな労さえも惜しまない。タバコを吸ったり、夢見を解釈したりしながら、森の霊的な主たちの知覚に接近する。シャーマンによって媒介される人間と精霊の関係は、人間とその下位にいる動物の関係にもスライドされる。人間が幻覚性物質を用いてシャーマンになって、森の霊的な主たちのことを理解するように、イヌに幻覚性物質を与えて、イヌに人間の言っていることを理解させようとする。

水系や植生の空間的な形式を生み出した原因が、創発する社会経済的な体系によってその形式が関連づけられる方法とは関連性がなかったように、霊的な主たちの領域では、独自の時間的文脈である歴史の線形性は、形式によって攪乱《かくらん》される。森の霊的な主たちの領域では、形式が時間を凍結する。そこでは、既に生じている物事が生じなかったことなどありえない。「常に既に」という無時間的な領域の内部では、死んでそこに入った死者たちは、自由に、たんに存在し続けるだけである。形式の内部では、歴史は因果連関であることを止める。死んだ老女ローサは、獲物、醸造酒、世俗的な富などがあふれた、森の奥深くにある恒久的な豊かさの領域で、彼女の孫娘のように色気がある少女であり続ける。

形式の論理は、このように、ルナが森の中で暮らしながら経験する日常の「実在」と深く関わっている。夢見とは、霊的な主たちの、未来の領域に属するものを今とここの世界へと持ち帰ることであり、未来が現存するものに影響を与える。コーン自身が感じたように、夢見は、その夢を見る人間個人に属するものではない。夢とは、「私の思考が、森が思考する方法とひとつになる」ことにほかならない。夢見とは、レヴィ＝ストロースにとっての神話のように、森に住まう諸自己には知られることなく、人間において思考するような「野生の思考」である。コーンはそれを「森の思考（sylvan thinking）」と呼ぶ。夢見とは、それ自体の目的には縛られずに、浸透するような形式の遊びの感度が高い、増幅された思考の形式である。

思考する森に息づく多くの実在する他者のうち、精霊や死者が重要なのは、今ここにはいない者たちとの関係のおかげで、私たちの生命が可能なものとなるからである。生者とは、小枝に見間違えられたナナフシのように、気づかれなかったものたちのことである。生命があるのは、時間の外部であり続ける、軽くなった死者のはかりしれない「重さ」のおかげである。全ての生命には、死者たちの構成的不在のおかげで、それに先行するもの全ての痕跡が宿っている。

形式によって、コーンは、人間的な現象とそれ以外の領域とを切断せずに、動物や植物などの有機体が織りなす生態学だけでなく、経済システム、森の霊的な主や死者、川や土といった生なき世界などの多様な諸領域をひとつの大きな射程のうちに捉えようとする。それは、人間を含め、人間を超えたより大きな時空から眺めうるものへと自らを開いた上で、言語を用いながらも、言語だけでは必ずしも言い表すことのできないものに、ルナの人々とともに耳を澄まして聞き取ろうとする試みでもある。

『森は考える』で語られるのは、アヴィラの森に住む人々のたんなる民族誌ではない。それは、人間的なるものを超えた場所へと私たちの思考を連れだす試みである。人類学を超えたところに待ち構える、未来の哲学として。

第12章補論　考える、生きる

1　我と、対象としての〈それ〉

この補論では、第12章で示した読みに加えて、「〈我－なんじ〉と〈我－それ〉」という二つの関係性に分けられる諸自己どうしの関係に踏み込んで、コーンが人間と人外の活動をどのように捉えているのかを探ってみたい。

諸自己の生態学には、「他者」は見当たらない。そこには、記号過程の中で思考する夥しい数の「自己」がいるだけである。

そうした諸々の自己に対して見通しを与えるために、コーンはM・ブーバーを手がかりとして、自己と自己の関係を〈我－なんじ〉と〈我－それ〉に分けている。〈我－なんじ〉

とは、相手との関係の中にのみ生きることである。言い換えれば、自己と他者の親密な関係性のことである。他方、〈我―それ〉の〈それ〉とは、他の〈それ〉と境を接する対象のことである。〈我―それ〉は、他者を自己のために使うことであり、利用価値があるために結ばれる関係のことを指す［ブーバー 一九七九］。

『森は考える』は、コーンが狩猟キャンプの草ぶき小屋で眠ろうとしていた時に、ファニクから忠告されるという冒頭の場面から始まる。

仰向けに寝ろ！　そうすれば、ジャガーがやってきても、おまえがジャガーを振り返ることができるのにジャガーは気づくだろうし、おまえを悩ますことはないだろう。うつ伏せに寝てしまえば、ジャガーはおまえがアイチャ（*aicha*）（餌食、キチュア語を直訳すれば「肉」）だと考えて、攻撃するだろう。

［コーン 二〇一六：七］

うつ伏せに寝ていると、ジャガーはコーンを対象、つまり〈それ〉とみなして攻撃する。だから、「肉にならないために、私たちはジャガーをまなざし返さなければならない」。仰向けに寝なければならないのである。

ジャガーをまなざし返すことは、この生物があなたを同等の捕食者——ある〈あなた〉、ある〈なんじ〉——として扱うように仕向けるものである。目をそらしてしまえば、ジャガーはあなたを餌食として、すぐに＝死肉に＝なるもの、ある〈それ〉として扱うかもしれない。

［コーン 二〇一六：二六二］

私たちは、ジャガーとの間で〈我－なんじ〉の関係を保たなければならない。逆に言えば、〈我－それ〉の関係は危うい。ジャガーに捕食されないためには、〈我－それ〉の関係にならないように留意しなければならないのである。

〈我－なんじ〉と〈我－それ〉のテーマは、食べる／食べられるというテーマを超えて、ルナによる他種とのコミュニケーションの中にも行き渡っている。人間がイヌとコミュニケーションするためには、イヌを〈なんじ〉として、意識ある人間的主体として扱わなければならない。しかし同時に、イヌに直接言い返されると、ルナは人間としての特権的な身分を失ってしまうため、イヌが人間に言い返さないように、〈それ〉としても扱われなければならない。この二つを同時に解決するために、ルナはイヌに直接話しかける際に、二人称で呼びかける文脈で三人称を用いる。こうした「イヌ科命令法」によって、ルナはイヌの〈なんじ〉の部分に安全に語りかけようとする［コーン 二〇一六：二五二］。

森の生きものどうしの〈我－それ〉関係は、もっぱら食べることと食べられることに関わっている。しかし、その関係は反転することがある。ルナが好む動物譚、陸ガメとジャガーの話は、そうした関係の反転を語っている（第12章「4 生命」参照）。

このテーマはまた、諸自己の生態学の射程を、生きものの死を含めて、精霊などの霊妙な領域にまで広げる。コーンは、〈それ〉として扱われた獲物の不在を取り上げる。小枝との「差異に対する注意の不在」（イコン性）を喚起することができず、鳥などに〈それ〉と見られて食べられてしまったナナフシは、この世からいなくなってしまう。時間の外部であり続ける、軽くなった死者であるナナフシのはかり知れない「重さ」のおかげで、今日のナナフシが存在するのだとすれば、不在となった〈それ〉にも特大の意味があることになる（第12章「3 混同」参照）。同じように、不在となった人間の死者や森の霊的な主なども また、諸自己の生態学では重要な存在者なのである。

〈我－なんじ〉と〈我－それ〉という枠組みを用いることで、諸自己の生態学が、記号過程とは別の角度から照らし出される点を一瞥した。そのことでコーンは、人間と人外とを問わず、あらゆる生ある存在を同じ地平で眺めるための見通しを示したのである。

2 殻を破って生まれし人類学

「森は考える」と言っても、「森は考えると人間が考えている」だけなのではないか。コーンは、きっぱりと、そうではないと主張する。「森が考えていると人間が考えている」などと言っているのではない。森が考えているのだ。思考は人間だけに局在するのではない。思考が人間を超えて広がるという事実が、森が考えていることを可能にする。そう考えてみることで、私たちが閉じ込められてしまっている思考をめぐる呪縛の外部に出ようではないかと、コーンは呼びかける。

その呼びかけは、人間だけが自然から独立した、思考し精神を持つ存在であるという見方、すなわち自然と人間、物質と精神をめぐる二元論思考を乗り越えて、世界の新たな見方を提起することにつながっている。人間も人外もともに、記号論的なネットワークの中で生態学的な課題を達成する。その過程で、あらゆる生ある存在は考え、生きる。

コーンは、「人間的なるものを超えた人類学」を提唱する。だが、人類学とは「人間的なるもの」を扱う学問ではなかったのか。「人間とは何か」が、人類学の問いだったはずである。住みなれた土地を離れて、なじみの薄い「異文化」に長期にわたって滞在し、人間の文化を調査研究する。そうした営みが、人類学を支えてきたはずである。これまでの人類学観からすれば、「人間的なるものを超えた人類学」は、撞着《どうちゃく》語法であると感じられるかもしれない。

そのことを承知した上で、コーンは「人間的なるものを超えた人類学」を唱える。ここで見たように、『森は考える』は、人間だけを取り上げることによって自らの殻に閉じこもってしまった人類学が抱える問題を指摘し、それを乗り越えるための見取り図を示したのである。二十一世紀に、人間的なるものを超えた人類学が、人間だけに閉じこもる人類学の殻を破って生まれたのである。

第13章 記号生命

無常迅速
やがて死ぬけしきは見えず蟬の声

松尾芭蕉『俳諧一葉集』より

1 バイテク時代の生命のスペクタクル

E・カークセイ、B・コステロ＝クーンとD・セーガンは、「生命は、バイオテクノロジーの時代にマルチスピーシーズのスペクタクルとなった」[Kirksey, Costelloe-Kuehn and

Sagan 2014: 185]という。二〇一一年四月、ニューヨークで開催されたマルチスピーシーズ・サロンでは、ナノ・バイオ・インフォ・コグノ牧師がそのオープニングを祝福した。彼女はまた、ニューヨークの五番街で人々に説教し、究極のテクノ・コミュニティを想像してみるように呼びかけた。「あなたの意識をコンピュータ・クラウドにアップロードして、あなたの肉体を捨てなさい！　地上に残された唯一の真の宗教に参加しましょう。ニューヨークの人々よ、救われよ！」と。ナノ・バイオ・インフォ・コグノ牧師は、「現代の預言者」たちのスペクタクル的な主張を膨らませたり歪めたりしながら、テクノロジーが人間に救済をもたらすという幻想が蔓延している現状をパロディ化したのである[Kirksey, Costelloe-Kuehn and Sagan 2014: 186-188]。

バイオテクノロジーの時代の生命に関して、カークセイらはまた、アーティストのA・ザレッツキーのスペクタクルを紹介している。ザレッツキーによれば、野生は、かつては家畜動物たちから遠く離れた場所にしかなかったが、バイオテクノロジーの時代になって、過剰な家畜化と栽培の結果、新たな野生が誕生している。遺伝子組み換え生物が、野生生物と交配し始めたからである。新たな生命が、人間の囲い込みから逃れて出現し始めている。

ザレッツキーは、ニューオーリンズで開催されたマルチスピーシーズ・サロンで、遺伝子操作によって光るようになった観賞魚GloFishの水槽とともに、バイオ資本主義の自由放任主義への批判と、改造された生物に対するリバタリアン的なマニフェストを展示した。

「人間は、人間中心主義的な欲望およびその他の同様に病んだ快楽に従って、GloFishに遺伝的変異の流れを詰め込むことによって、GloFishに付加価値を無理やり付け加えた。三十五億年の公開テストの効能なしに、それらを生態系に解き放つことは公害だ。だがGloFishを中心に見る観点からは、それらは農場、店舗、郊外の家、そして献身的な便器など、命令と管理の外部に生きるのがふさわしい。それらは魚なのだ」［Kirksey, Costelloe-Kuehn and Sagan 2014: 199］。

ザレッキーはまた、自分の写真を額に収めて、「BP社が私のGloFishを殺した！」と書かれた大きな旗を掲げて、メキシコ湾岸の汽水域に生殖能力のあるGloFishの群れを放流した。彼は、「形質の高速混合は、本質的に無責任な、種間のハザードを育むことになる。……遺伝子が組み替えられた生命には、利益のためだけではなく、それ自身のために野生化する機会が与えられるべきだ」［Kirksey, Costelloe-Kuehn and Sagan 2014: 199］という文書を作成し、マルチスピーシーズ・サロンで公開した。

AIが近未来に人間の能力を超える「特異点」に辿り着くとされる「シンギュラリティ仮説」に右往左往する人間たちを前に、テクノロジーを信じることが救済だと説くパフォーマンスが行われる。遺伝子操作によって創られた蛍光色に光る水生生物が生み出すかもしれない新たな野生へのバイテク産業の無自覚な態度をめぐって、生命がスペクタクル化される。

ヨーゼフ・ボイス（一九二一―一九八六）の残した「人は誰も芸術家」であるという言葉［四方 二〇二一］に触発されながら、生命は今日、アートやパフォーマンスをつうじてスペクタクル化されている［Kirksey, Schetze and Helmreich 2014: 5］。マルチスピーシーズ・サロンでは、アーティストたちが、スペクタクル的な戦争に関与し、スペクタクルの論理を逆手に取って、生を管理し、かつ生産するための科学的な体制を暴露し、横やりを入れている［ドゥボール 二〇〇三］。岩崎秀雄が述べるように、科学とアートはもともと二項対立ではなく、メビウスの輪のように微妙に入り組んだものであり、多元的な生命の捉え方を俯瞰する助けになる。生命とアートが成立する位相には、根源的に深いところで相通ずる関係がある［岩崎 二〇一三：二一七、二二二］。私たちは今日、スペクタクル化をつうじて、生命の根源に触れつつある。

2 異海の生命をめぐる人類学

アートやパフォーマンスによって生命の問題提起がなされる時代に、人類学は生命という主題にどのように斬り込んできたのだろうか？ それは、生命の根源に触れるものたりえているのであろうか？ 一つの研究から探ってみたい。

微生物は倒すべき敵ではなく、理解すべき味方だと、海洋微生物学者E・デロングは言う。彼によれば、微生物なしでは、自然と社会の絡まり合った秩序は成立しえない。海洋微生物学者にとっては、海洋微生物こそが地球の生命の中心であり、それには、リヴァイアサンのような巨大な力が潜んでいる。クジラが十九世紀の海にとって仕事、貿易、自然史の象徴であり、二十世紀の海の象徴として、イルカが環境科学のマスコットだったのだとすると、今日、海洋の微生物たちが科学技術を駆使した海の舞台に立つ準備をしていると、人類学者S・ヘルムライヒは考える［Helmreich 2009: 5］。

歴史を振り返れば、生命が「かたち＝体」の中に現れる性質だと捉えられたのは、生物学が学問として台頭した一八〇〇年頃のことであった。そうだとすれば、それ自体、近代的思考であろう。生命は人間、動植物、微生物を結びつける形而上学的かつ科学的尺度となった。その後、生命に「かたち＝体」を与える見えざる手としての「自然選択」が働くことをC・ダーウィンが探り出し、生命というアイデアにさらなる根拠が与えられていった。

海洋微生物や生命をめぐるこのような見通しを踏まえて、ヘルムライヒは、海洋微生物学とその研究者たちを取り上げて、調査研究を行ってきた。民族誌『異海（*Alien Ocean*）』の中でヘルムライヒは、生命現象を探るために深海に潜る海洋微生物学者たちの研究と、それらを支えまたそれらに支えられる科学や産業を巻き込んで形成される現代世界を記述検討している。未知なる深海で最先端の科学技術を駆使しながらなされる生命をめぐる発見や成果を、人間社会との相互関係において描き出すことは、「他なるものの肯定」としての人類学の本質を具現化する新たな試みでもある［箭内 二〇一八：二八三―二八七］。

生命の起源に関して、海洋微生物学者は深海の「熱水噴出孔（hydrothermal vents）」に注目する。熱水噴出孔とは、高温の化学物質が地殻から噴出し、太陽光がなくても生きられる様々な生物の栄養源となっている海底の場所である。深海には、光合成ではなく、他の多くの生物にとって有害な硫化水素やメタンなどの化学物質からエネルギーを得て有機物を生産する化学合成を行う、熱を好む微生物である超好熱菌が生息する［Helmreich 2009: 68］。

海洋微生物学の研究は今日、「有機体の境界」に注目することから「つながりのネットワーク」を取り上げることへと移行しつつある。魚、クラゲ、微生物などが海中に泳いでいるイメージから、遺伝子のテキストのネットワークというイメージへとパラダイムシフトしており、遺伝的なプロセスは、生態系から切り離すことはできないと説明する［Helmreich 2009: 8］。遺伝子配列によって生物進化の過程を遡ると、全生物の系統樹の根元のあたりでコモノート（共通祖先）としての超好熱菌に辿り着く。約四十億年前の原始の海中で、熱水噴出孔の周辺で有機物が濃縮・高分子化されて出現した超好熱菌が地球上で最初の生命であったとする説が、今日有力だとされる［独立行政法人海洋研究開発機構 二〇一二：一〇四〕。

それは、一方では、起源にあった生命そのものではなく、未知なる起源の生命を、遺伝子解析という計量可能な別の図に置き換えて探るという手法に頼っている点で、近代科学的な見取り図に則った仮説の提示である〔小林 二〇一四〕。そのような研究は、生命の起源と進化が、現代人の肉眼で確認することができないことと密接に関連している。それはまた、他方で、生命が出現した瞬間としての一点へと向かうのではなく、生命の起源と進化の探究が生態系という、ある種のネットワーク思想の中で深められているのだといえよう。

3 深海と宇宙からの生命の探究

ヘルムライヒの『異海』に導かれて、生命の起源をめぐる海洋微生物学の探索に辿り着いた。生命の起源に関しては、四十億年前に火星に誕生した生命が隕石に乗って地球にやって来たと唱えるピーター・ウォードとジョゼフ・カーシュヴィンクの仮説〔ウォード／カーシュヴィンク 二〇一六〕などもあり、深海の熱水噴出孔における生命の起源論はあくまで仮説である。

とは言うものの、生命をめぐる今日の動向を知るために、この仮説をめぐる議論の広がりを知っておくことは大事であろう。生命の起源と進化に関して今日、生物学だけでなく、物理学、哲学などの諸学にまで波及し、入り乱れて研究と議論がなされている。以下では、量子物理学者E・シュレディンガーの生命論とその後の議論に触れておきたい。

シュレディンガーは、あらゆる物理現象が乱雑さや無秩序に向かう「正のエントロピー」に抗して、秩序を維持する「負のエントロピー」を増大させることが生命の本質であると唱えた［シュレディンガー 二〇〇八［一九四四］］。哲学者・西田幾多郎はシュレディンガーとほぼ同時期に、生命を以下のように定義している。

私の所謂主体と環境との矛盾的自己同一的に、時間と空間との矛盾的自己同一的に、全体的一と個物的多との矛盾的自己同一的に、形が形自身を限定する。

［小林（編）二〇二〇：四六六］

この西田の生命の定義を近年再検討した哲学者・池田嘉昭は、シュレディンガーが「正のエントロピー」が「負のエントロピー」という秩序形成に取って代わる点を見ただけだったのに対して、そのからくりが「矛盾的自己同一」にあることに気づいていた西田を高く評している［池田 二〇一八：八五］。西田は、生命を、主体と環境との「矛盾的自己同一」、つまり、「作られたものから作るものへ」と形が形自身を形成する表現作用だと捉えて、環境の中の「正のエントロピー」の逆限定的な「負のエントロピー」だと見たのである〔池田 二〇一八：八三〕。

池田はまた、熱水噴出孔における生命の起源仮説に、西田の生命論を重ねている。池田が注目するのは、二〇〇三年に、沖縄・与那国島近くの海底の熱水噴出孔の泥の中から見つかった、体長約一〜二マイクロメートルの「高熱性水素酸化硫黄還元細菌」である。このバクテリアは、熱水が噴き出る海底の泥の世界という「全体的一」の中で、水素をエネルギーにして有機物をもとに生命活動に必須の、「個物的多」としてのアミノ酸などの栄養素を作り出していたのである〔池田 二〇一八：五二〕。

「全体的一」の中で「個物的多」が作り出されるというプロセスにおいて示される「全体と個物」や「一と多」は反対概念であるが、それらを反対概念として理解する既存の理知的解釈では限界にぶち当たる。それらは、「呼と吸」のように、どこまでももともと一つのものであり、「矛盾的自己同一」として理解されなければならないのである。

再び深海探査の調査研究に戻ってみよう。海洋微生物は今日、生命の起源それ自体を追うのではなく、生命を維持させる地球最古の生態系の仕組みを問う「ハイパースライム(HyperSLiME)」へと発展してきている。中央インド海嶺の深海の熱水鉱床の下に、超好熱性メタン菌を中心とした超好熱性地下熱水微生物生態系ハイパースライムが存在することが発見された。そこでは、二酸化炭素と水素からメタンを作る超好熱「メタン菌」と、メタン菌が作るメタンから水素を生成する超好熱「発酵菌」が、互いの生産物に依存する生態系を築いている。つまり、深海の地殻変動が活発な地帯で、水素によって生み出される、メタン菌と発酵菌の群集ができあがってくる［Takai, Gamo, Tsunogai, Nakayama, Hirayama, Nealson and Horikoshi 2004; 独立行政法人海洋研究開発機構 2012］。たとえ生命が誕生しても、それを存続させる安定的な生態系がなければ生命の進化はなかったはずだし、その後の人間という知的生命の出現もなかったであろう。

さらに、地球外に目を向けることで今日、地球上の生命に関しても多くのことが分かってきている。「テラフォーミング（火星の大規模改造計画）」では、火星で地球と同じような生態系を作り上げることが目指されている［ペトラネック 二〇一八］。他の惑星での生態系づくりの模索は、地上の生命の複雑な仕組みを照らし出す。

例えば、地球の熱帯雨林には、地球の生命の半分以上が棲息している。そして、生きものたちの相互依存関係が、酸素を生み出す木々の成長を支えている。昆虫は動物の糞に卵を生み、養分にする。残った糞は養分として森の植物に吸収される。死んだ昆虫はアリによって分解され、土に還り、木の養分となる。木が枯れる時、シロアリの腸の中の微生物が木の繊維を分解して栄養物に変えていく。こうした無数の生きものたちの働きによって、森は酸素を生み出し、地球上には生命が満ち溢れる［NHKスペシャル 二〇〇二］。微生物から昆虫、動植物を含め、多種が絡まり合って、予期せぬ調整が働き発展していく「アッセンブリッジ」が生命現象を持続・進化させているのだといえよう［チン 二〇一九］。

4 吉本隆明の生命論、意識と精神性を問う

生命の起源と進化をめぐって今日、自然科学と人文学が入り乱れて分厚い研究層を生み出しているさまをこれまで見てきた。ここでは、そうした諸々の試みを照らし出す視点を手に入れるために、戦後の日本思想に大きな影響を与えた批評家・吉本隆明の生命をめぐる思索を取り上げてみたい。俎上に載せるのは、一九九四年十二月四日に池袋リブロで行われた「生命について」と題する、吉本の講演の記録である［吉本 二〇一五］。

吉本は、一九八〇年代以降に遺伝子に関する研究が盛んになったことと、人間だけでなく、動植物を宇宙論的に考察するエコロジカルな生命論が現れてきたことが、生命をめぐる議論に拍車をかけたという。それらの生命論は、人は何のために生命をなげうつことができるのかという「覚悟性」の問題を考えていた戦中派の吉本にとっては新鮮に感じられたらしい。吉本の生命論は、(1)解剖学者・三木成夫《しげお》［cf. 三木 二〇一三a；二〇一三b；二〇一三c］に影響を受けた思索と、(2)三木のアイデアから引き出された人間とその他の生物の連続性のもとに、意識や精神性の次元に分け入ろうとする独自の思索の、大きく二つに分

けられる。

第一に吉本が取り上げるのが、三木の生命論である。生命現象には、樹木は螺旋状に成長し、胎児が母親から出てくる時は螺旋状に回りながら出てくるなど、「螺旋」をめぐるテーマがある。加えて、昼夜のリズムなどの「リズム」が生命現象の標識である。例えば、シャケには、海洋で回遊して栄養を取って成長する相（食と成長の相）と、川を遡って生殖して死に至る相（性と生殖の相）のリズムがある。さらに人間にはそれらについて考えるというもう一つ別の相があり、人間ではこの二つの位相（「食と成長の相」と「性と生殖の相」）の間の境界が曖昧だと吉本は見る。

三木によれば、人体を解剖学的に眺めてみると、一方で、自律神経で動く胃、腸、心臓、肺などは「植物神経系」で、腸管が枝分かれして臓器につながっている。他方で、目、耳、鼻、手、舌などの感覚器官は「動物神経系」で、それを動かしている中心が脳である。この二つの系統に対して、人間は人体を解剖して知識を得ているのだとすると、人間は「植物性」と「動物性」と「人間性」からできているのだと吉本は見る。

こうした生命の連続性の観点からは、岩石とか無機物のように、意識や精神性が全くない存在があり、植物にはそれがややあると見た方がいいだろうと吉本は言う。植物には、環境を良くしてやれば生育しやすいとか、肥料を与えてやれば成長しやすくなるというように精神性がある。そのように、意識や精神性は人間だけが持っていると考えないほうがいい面もある。生命あるものはみな意識を持っていて、それには連続性があると考える見方は、有用なのではないかと吉本は述べている。

三木は、人間の原型探究の学であるゲーテの形態学から出発し、胎児の発生過程を微細に観察することを経て、「「生命」とは、生活の中にではなく、森羅万象の〝すがたかたち〟の中に宿るものである」〔三木 二〇一九：一三〕という見方を確立している。その上で、「植物で微睡《まどろ》んでいた肉体と心情は、まず前者で動物が目覚め、ついで後者で人間が目覚める」〔三木 二〇一九：一八〕と述べている。そう述べる時、三木もまた生命の根源に触れていたのではなかったか。

さて、三木の生命論の継承とでもいうべき吉本の生命論の第一のテーマは、生命と倫理をめぐる第二のテーマにつながっている。宗教は、生と死を追い詰めることによって、生前の生、死後の生命、つまり生命の倫理の問題を論じてきたのだと吉本は解している。無意識の世界は、宗教家のいう生前に対応するのではないか。

「生命について」の中で、生命論における倫理に関して吉本は、宮沢賢治やH・ベルクソンなどを手短に検討した上で、最後に日本中世の浄土宗系の宗教思想、とりわけ親鸞のそれを取り上げている。ここでは吉本が、三木が「かなり余計な影響を受けている」〔吉本 二〇一五：一〇九〕と評し、「生命は永続的だということに近い考え方」〔吉本 二〇一五：一〇九〕をしていると捉えたベルクソンの生命論に簡単に触れておきたい。三木を経由して、植物性、動物性と人間性という三相で捉える吉本の生命論は、ベルクソンからも少なからぬ影響を受けている。

ベルクソンは『創造的進化』の中で、生命を弾みだと捉える〔ベルクソン 一九七九〕。物質の抵抗を受けた生命の力は、三つの方向性を有する。定住とまどろみの中に沈む「植物」と、特定の道具的機能を発揮する「本能」と、不完全で融通《ゆうずう》無碍《むげ》な制作能力を持つ「知性」である。予見不可能性や偶然性を抱え、動物の行動を制御するのが神経系であるが、神経系から意識が生み出されたというよりも、意識という生命エネルギーが生物を生み、人間に至って意識は本来の自己を取り戻したのである〔金森 二〇〇三：五六〕。ベルクソンの生命論は、生命を、さらには宇宙を、不断の流れとして捉え、人間をその流れのうちに位置づける時間的・進化論的存在論である〔市川 一九九一：三八九〕。

ベルクソンにとって、精神とは意識のことである。「すでにないものを記憶して、まだないものを予期すること、これが意識の第一の機能である」〔ベルクソン 二〇一二：一七〕。意識は人間だけにあるのではない。「生きているものはすべて意識をもちうるのです。すなわち原理的には、意識は生命と同じだけのひろがりをもっています」〔ベルクソン 二〇一二：二〇〕。精神現象とは、したがって、人間にとってだけでなく、生命にとっての本質なのである〔cf. 小林 二〇一四：一七四－一七九〕。

吉本はしかし、意識の問題は、現状では、諸学や宗教においてまだ十分に解くことができていないと見ている。意識や無意識の問題や生前や死後の問題をうまく扱わないと、生命論は展開していく感じがしないとさえ述べている。吉本によれば、生命論とは、生命の誕生から人間への連続性の問題であり、意識の進化に深く斬り込むことなしは深められない主題なのである。

振り返れば、吉本は、「生命とは何か」という問いを、一方では、三木の独創的な研究を手がかりとして、生命全体で共有される、螺旋とリズムの特性および植物系と動物系の特性の中に整理した上で、それらに収まりきらない人間に至るまでの意識や、全記憶が隠された、謎めいた精神原理である無意識、宗教の特異性にまで踏み込んでいったのである。吉本は、人間に高度に発達した機能としての意識や無意識、生前の生命や死後の生といった問題を、他の生命との連続性において捉えるための糸口を私たちに示してくれている。

5　エドゥアルド・コーンの生命の人類学とベルクソン

三木やベルクソンに影響を受けた吉本の生命論が秀でているのは、意識や精神性を人間独自の問題として取り上げることから出発しながらも、それらを人間だけに限定せず、人間以外の動物や植物にまで拡張しようと努めているからである。吉本の探究は、人間はいかなる存在かという問いの探究の先に、人間的なるものを超えて、微生物から昆虫、動植物などあらゆる生命を視野に入れながら探究を進める近年の人類学の試みにも重なる。

その代表的なものが、E・コーンの提唱する「生命の人類学（anthropology of life）」である。生命の人類学は、「あまりにも人間的な世界を、人間を超えたより大きな一連のプロセスと関係性の中に位置づけるある種の人類学」［Kohn 2007: 6］である。以下では、コーンが取り上げる、ゾウリムシの「繊毛（cilia）」の事例から、まずは生命の人類学の展望を眺めてみよう。

コーンによれば、「当該環境に関連する特性」が次世代に手渡され、その適応を組み込みながら、後続の世代の有機体は身体を作り変えて、発達させていく。その環境に関連する特性のことを、コーンは「記号の媒介物（sign vehicle）」と呼ぶ。

ゾウリムシが水中で受ける水の抵抗によって、繊毛の組織やサイズや形状や運動能力が決められていく。水に抗して、ゾウリムシは自らを前進させるからである。言い換えれば、記号の媒介物が手渡され、後に続く世代のゾウリムシによって解釈されることで、適応の結果として、繊毛の組織やサイズや形状や運動能力が決まっていく。そうだとすれば、周囲の環境をうまくとらえた有機体の系統が、環境に対する適応性に優れていることになる。そしてそのことによって、ゾウリムシという生命の存続が可能になるのだ［Kohn 2007: 6］。

コーンは、こうした「記号」のやり取りを伴う生命現象を、著作『森は考える』の中でより詳細に論じている。『森は考える』の舞台となったエクアドル東部のアヴィラの森に棲息するオオアリクイは、追いつめられると相手にとって危険な動物になる。コーンによれば、あるルナの男性がオオアリクイに殺されかけたことがあった。ジャガーでさえも、オオアリクイを遠巻きにして近寄らないと言われている［コーン 二〇一六：一三二］。

オオアリクイは、もっぱらアリを食べる。長く伸びた鼻をアリの巣穴に差し込んで、アリを捕食する。アリクイの鼻と舌の独特な形状は、その環境のいくつかの特徴、すなわち、アリの巣穴の形状をとらえている。この進化適応は、後の世代によって、この記号が関連するもの（例えば、アリの巣穴の形状）との関係から解釈される限りにおいて、記号である（この際、解釈は意識や内省を伴うものではないため、非常に身体的なやり方で行われる）。続いてこの解釈は、そうした適応を組み入れるようにして、後に続く有機体が発達させる身体のうちに現われる。この身体（とその適応）は、同様に、さらに後に続く世代のアリクイの身体が生じる発達に際して、次の世代のアリクイによってそのように解釈される限り、環境のその特徴を表象する新しい記号として機能する。

［コーン 二〇一六：一三二］

ここでは、「ゾウリムシの繊毛」の形状の形成と同じことが、「オオアリクイの鼻と舌」の形状の形成に関して述べられている。アリの巣穴の形状を記号として解釈したオオアリクイは、その適応を、それに続く世代の身体のうちに生じさせていく。その意味で、身体とその適応は、環境の特徴を表象する記号である。逆に、オオアリクイの鼻と舌が関連する環境特性を正確に捉えなかったものたちは生き残ることができなかったと考えられる。そのため、現存するアリクイは、環境の特性に対してより高い適応性を示していることになる。

こうした議論を踏まえて、コーンは、「生命とは記号的過程である」［Kohn 2007: 6; コーン 二〇一六：一三二］と唱える。C・S・パースの記号の定義を援用しながら、「何かが誰かにとって何かを表す」という記号過程のダイナミズムがあれば、そこに生命があるという（第12章「考える森」参照）。

コーンは、記号過程における「誰か」を「自己」と呼び、「自己であるのは、脳をもつ動物だけに限られない。植物もまた自己である」［コーン 二〇一六：一三二］と述べている。「この「誰か」も「わたし」も人間である必要はなく、植物も動物も、周囲にある土や温度、湿り気、傾斜、他の生命などを記号として読み取って解釈し、再び自分の活動によって新たなものや出来事などを生み出して周囲を変えて新しく記号を生み出す」［福永 二〇一八：一五四］。コーンによれば、自己とは以下のようなものである。

自己は解釈過程の起源であり、かつその産物でもある。それは、記号現象における中継点である。……（中略）……自己であることは、先行する記号を解釈する新しい記号を産み出す過程の帰結として、この記号論的な動態から出現する。

［コーン　二〇一六：一三三］

コーンのいう「『自己』とは、もっとも基礎的なレベルにおいて、記号過程から生じる」［コーン　二〇一六：三三］「記号論的自己」のことであり、その意味で、あらゆる生命（有機体）は、ある種の精神現象を有する存在であるとみなすことができる。

このようにして、パースの記号論を人類学に持ち込んだコーンによって、解釈し思考する自己（記号論的自己）が立ち現れるとともに、生命の精神性をめぐるメカニズムが浮かび上がったのである。福永真弓によれば、「誰かがわたしたちに先行して生き、わたしたちの周囲に記号をおいていく。その記号を解釈し、再び新たな記号を生み出してわたしは生き、少し先の未来のわたしが解釈できる新しい記号を生み出す。それが、記号論的にわたしたちが生命を生きることである」［福永　二〇一八：一五四］。

あらゆる生命にこうした精神現象が備わっていることを、コーンが記号論をつうじて見て取る。その事例として持ち出すのが、第12章で見た、解釈（思考）するウーリーモンキーや、ヤマライオンとアカマザマジカを混同したイヌたちの事例である。

記号過程の中の生命は、ベルクソンが取り上げるアメーバの事例を想起させる。アメーバは、食物になる物質に出会うと異物を呑みこむことのできる突起を伸ばして「選択」行動を取る［ベルクソン 二〇一二：二二］。ベルクソンは、「意識の強度は、私たちが自分の行為に際してどれだけの選択をするのか、その場合の選択は創造といってもいいのですが、その大きさにまさに対応する」［ベルクソン 二〇一二：二四］という。生物がこのように選択行動を取ることは、意識は生命と共通の広がりを持っていることを示している［ベルクソン二〇一二：二六］。

ベルクソンによれば、意識あるいは精神は、「進化の運動原理としてあらわれてくるばかりでなく、さらに意識をもつ生物そのもののなかで人間が特権的な地位を占めることとなる」［ベルクソン 二〇一四：二一九；市川 一九九一：三九六］。コーンの試みは、意識こそが生物進化の運動原理だというベルクソンの議論に向けて放たれた、民族誌記述からの応答だといえるのではないか。

6 人間的なるものを超えて生命のほうへ

生命をめぐるコーンの人類学的な記述検討は、意識や精神性が扱いえないと生命論は深まっていかないと説いた吉本の生命論やベルクソンの問題意識に重なっている。意識や精神性が重要だというのは、精神現象が人間に特権的に備わっているという意味ではない。それは、意識や精神性があらゆる生命の進化の原動力となったからである。生命の人類学は、コーンが言うように「人間的なるもの」を超えるだけでなく、記号としての生命へ、あるいは生命が持つ意識や思考や精神現象へと拡張する射程を示しえている。

人工知能が人間の能力を超える日の到来が予感され、生命操作により生命をめぐる新たな現実が生み出される今日、スペクタクル化され、私たちの思索や実践の対象とされるようになった生命は、古くからあるが、新しいテーマでもある。関係性の中で思考する有機体の精神性を探る生命の人類学の基本的な態度は、深海にまで分け入って、遺伝子配列の可能性を狭め、「つながりのネットワーク」の中で生命の起源と進化に接近しようとする、海洋生物学の現在の研究姿勢に通じている。生命は、「つながりのネットワーク」の中で意識や精神性を発揮し、進化してきたからである。

生命は、吉本がつかんでいたように、その誕生から人間に至るまでの連続性の問題を孕んでいるし、意識や精神性に踏み込むことなしに論じることはできないように思われる。本章で見たように、自然科学から人文学が総じて取り組み始めている、生命をめぐる数々の試みと交差しながら、人類学は人間的なるものを超えて、かなたにある生命という普遍まで私たちを連れ出すとともに、民族誌という強みを活かしながら、具体的な場面から生命を描き出そうとしている。

第14章 バイオソーシャル・ビカミングス
ティム・インゴルドは進化をどう捉え、どう超えたか

1 人類学のうちに二極化された自然と社会

二〇〇八年十二月に、「自然と社会」という人類学の古典的課題に関して文献を読み理解を深めるために、有志で東京都内で「自然と社会」研究会を立ち上げた。活動期間は約一年と短かったが、E・ヴィヴェイロス・デ・カストロやPh・デスコラなどの文献を貪るように読んだ。

その研究会の名前の由来ともなった、デスコラとG・パルソンの編著『自然と社会』（一九九六年）を読み進める過程で、T・インゴルドの「最適な捕食者と経済人」［Ingold 1996: 25-44］にも目を通した。それは、ダーウィンのいう「自然選択」の実行者としての

「捕食者」であり、かつ自らの戦略を最大化するために行動する「経済的な人間」という二重化された人間をめぐる論考であった。インゴルドは、現代の狩猟採集民（オンタリオ湖北岸のクリー）を取り上げて、自然の中の合理的選択が働く「自然の領域」と、社会的相互作用の中で理性に従って有利な行動を取ろうとする「社会の領域」の二面から人間をめぐって検討を加えていた。

このインゴルドの論考の問題設定は、『自然と社会』の「序章」でデスコラとパルソンのそれに重なる。デスコラらによれば、人類学は、自然科学から社会科学までの広範囲にわたる学知である。幅広いゆえにそれは一方では、人類という種が進化や環境の用語で語られるが、他方では、人類社会内部では、環境が果たす重要な役割が否定されるという矛盾を抱えている。その意味で、「自然と社会のインターフェイスを再考することは、環境の人類学、特に人と環境の間の関係をめぐるその概念を再考することを意味する」[Descola and Pálsson 1996: 18]。人間にとって、自然と社会の関係性を再考することが、人と環境をめぐって人類学がどのように行われてきたのかを再考することになる。

初期のインゴルドの研究には、進化論をベースにしながら、自然の中で働いている戦略を扱う自然の領域と人間の理性が働く社会の領域との相互関係を、どう扱うべきかという問いが横たわっていた。それはまた、社会的なるものを自然から隔てて考える、自然と社会の二元論の問題の検討でもあった。そうした初期インゴルドの議論は、今日、人類学を超えて広く議論されている、インゴルドの思想にどのようにつながっているのだろうか。

インゴルドの躍進の起点となったのは、自然の領域と社会の領域のハイブリッドである「生物社会《バイオソーシャル》」という概念の「発見」であった。本章では、特に初期インゴルドを振り返って、彼がどのようにそのフレームワークに辿り着いたのか、そしてそれがその後の展望にどのようにつながったのかを探ってみたい。

2 進化の爆発から生まれた人類学

インゴルドは、一九八八年の四月の、その時期のマンチェスターではよくある、灰色の空と小雨が降るある土曜日の朝、バスに乗るために歩いている時に、人間的なるものを考えるには、一方を自然に、もう一方を社会に分けて考えるのをやめねばならないと突然気づいたという［Ingold 2000: 3；インゴルド 二〇二〇：一一五］。人間の自然的な面は合理的な選択を伴う自然の領域において追求されてきたし、人間の社会的な面は社会の領域で語られてきたがゆえにうまく行かなかったという理解に達したのである。

なぜそう理解するに至ったのかに関してインゴルドは、これまではJ・ギブソンの生態心理学やG・ベイトソンの所説に基づいて説明していたが［Ingold 2000：2-4］、『人類学とは何か』〔インゴルド 二〇二〇〕では、それとは異なる十九世紀の進化論の展開とその後の人類学の興隆と発展の文脈で説明している。以下で、主に『人類学とは何か』の記述を用いて、それを適宜他の著作や文献で補いながら、インゴルドの理路を追ってみよう。

まずインゴルドは、進化の世紀をどのように捉えたのだろう。C・ダーウィンの『種の起源』(一八五九年)「では、ダーウィンは人間についてほとんど語っていないし、進化についてもまったく語っていない」〔Ingold 2004: 209〕とインゴルドは言う。それは、様々な有機的な身体がいかに多様な生命の条件に適応するようになったのかに関するものだった。対して、『人間の由来』(一八七一年)は、精神が最下等の動物において最も原初的に現れるところから人間文明において頂点に達するまでの精神の発展を扱っていた。この『人間の由来』のアイデアを共有したのが、生物学者T・H・ハクスレーであった。ハクスレーは、「感情と知性の最も高等な能力は、最低位の生命形態において芽を出し始めたのである」〔Huxley 1894: 152〕と述べている。

インゴルドは十九世紀の進化論の展開を、ハクスレーの表現を引いて、アルプスの峰が古代の海の泥濘《でいねい》から隆起したように、文明は獣的な起源から生じたのだと捉えている。ダーウィンとハクスレーにとって「獣性の泥濘」から「文明」に至る道のりにおける重要な主題が、「自然選択」であった。生存への不断の闘争においてより聡明な者たちが勝利を収め、より知性に劣る競合者たちに取って代わる。その結果、知性が高まった変種が、時間を超えて保存されうる。その傾向は、数世代を跨《また》いで徐々に強まり、全種での進歩を成し遂げるというのが、自然選択説の骨子である。

自然から社会がひと続きになったものと見るダーウィン＝ハクスレーのアイデアは、婚姻、親族、宗教、社会組織において人間の進歩に関する研究を次々に生み出していった。主なものとしては、J・J・バッハオーフェンの『母権制』（一八六一年）、J・F・マクレナンの『原始婚姻』（一八六五年）、E・B・タイラーの『原始文化』（一八七一年）、L・H・モーガンの『古代社会』（一八七七年）などが掲げられる。

これらの研究は、人間の精神の単一性に基づいて、それを未開から文明への発展段階に位置づけて、人間の進歩を着実にするために、精神的に劣っていると考えられる貧しい人や非白人の消滅を早めようとする企みに重要な論拠を与えるようになった。ダーウィンの物語は、白人種が地球を相続する資格があると説明し、かつ海を渡った先に住む人々に対して植民地化の事業と大量虐殺を正当化するのに用いられたのである。また、ダーウィンの父の異母姉妹の子であるF・ゴールトンは、統計学を用いて遺伝探究を進め、選択的な生殖管理をつうじて人種の人工的な改良を訴える優生学運動の設立を主導するようになった。

3　個、集団から遺伝子へと進んだ人類学の流れ

インゴルドによれば、こうした進化の爆発の中で生み落とされたのが人類学であった。逆に、人類学が重要な学知となったのは、人間の進化に関する一貫した説明を打ち立てようとしたからであった。それは、「解剖的」「人工的」「制度的」という三領域から組み立てられていた。イギリスでは、人体とりわけ頭骨、すなわち脳および人間の知性の座の進化を研究する「形質人類学」、道具、建造物およびその他の人工物の進化を研究する「考古学」、制度、慣習と信念の進化を研究する「社会人類学」の三つの人類学のサブフィールドであった。

そのうち、人体の解剖から出発した形質人類学はその後、行動や生態学へと関心を広げていった。行動生態学者たちは、人間の狩猟採集民と非人間の霊長類双方の実地調査から得られたデータを比較することによって、文化や社会組織の進化の研究を行い、古代人を甦らせようとした。そのようにして、形質人類学は、人体解剖から、化石資料を用いて生物であることを探ることへと転じたのである。

形質人類学の調査研究には一貫して、ダーウィンの自然選択説を発展させた「集団選択」のアイデアが潜んでいた。個体レベルで自然選択が働く時には、最も多産な個体が有している特徴を自動的に選好するが、集団レベルでは、再生産を制限し、個体数を持続可

能な範囲内で維持する働きをする仕組みに向かう選択の偏りが生じる。そうしたメカニズムを持つ集団は持続的なバランスを達成するが、逆にそのようなメカニズムが働かなくなると、人口増加と資源枯渇をつうじて集団は自滅する。

こうした集団選択説は、一部の社会人類学者によっても支持された。というのは、その仮説が、人間のような社会的動物が個人よりも集団の利益を優先する「利他的行動」を説明しえていたからである。利他的行動を説明することが重要なのは、人間を含め多くの動物がなぜ社会的存在であるのかという問いに見通しを示してくれたからである。

これに対して、一九七〇年代になると、選択は個体でも集団でもなく、遺伝子のレベルで起きるという説が急激に広がった。系譜的な血族の関係の度合いに応じて共有される遺伝子は、その保有者自身に犠牲を払わせても、それが表現されている親族関係に偏って利するように遺伝子の保有者を導くことで、自らが増殖するのを促進する。このようにして、利他的行動はまた、遺伝子によっても説明されたのである。

4 折衷案としての相補命題

利他的行動を遺伝学的に説明できるとする学問は、社会生物学と呼ばれた。社会生物学者は、あらゆる社会行動には生物学的基盤があると唱えたのである。これに対し、社会人類学者は、社会生物学は、社会という概念を動物に拡張して擬人化を弄んでいると批判して、両者の間に論争が起きた。

社会生物学者は、新生児の周囲に群がって人々が親族に似ていることを確認するのは、自分たちの遺伝子を持たない個体に騙されないようにしているからだと主張した。他方、社会人類学者は、似ているかどうかを確認するのは、新生児に人格が与えられるプロセスに他ならないと応じた。妥協の結果、人間は自分の遺伝子を保有する相手には好ましく振る舞うようにできているが、その振る舞いが向けられる相手は、諸関係の全体の秩序の中でカテゴリー化されるという「相補命題（the thesis of complementarity）」ができ上がった。一九八〇年代後半に相次いで公刊されたインゴルドの著作『進化と社会的な生』［Ingold 1986］や『自然の占有』［Ingold 1987］は、この相補命題を扱っていた。

相補命題の検討を踏まえて、インゴルドはやがて、人間存在とは、生物学的な個人でもあれば、社会的な個人でもあり、その二つがひとつになっている「生物社会的存在（biosocial beings）」だとする考えを打ち出すことになる。母胎の中で育まれるヒトとは有機体であり、人間も人間以外の存在もともに自然環境の中で育つ。他方で、親族のつながりとは、人々が食事を与えられ育てられ教育される気づかいと配慮という無数の行為の中で実現される。育つことと育てることとは、存在の連続的な生成を描写する二つの方法である

が、人間存在のうちにそのそれぞれが一体化している。人間が生物社会的存在だというのは、

遺伝子と社会の産物であるからではなく、生きていて息をする生きものとして、自らや互いをつくるからである。彼ら〔人間〕は、二つのものではなく、一つなのである。
［インゴルド 二〇二〇：一一六］

こう述べて、インゴルドは、両者をともに含意する折衷案としての相補命題を斥けて、人間とは生物社会的存在だと宣言したのである。インゴルドは、進化を起点として発展した人類学が抱えこんでいた二つの別々の説明のしかたのどちらかでも両方でもない、生物社会的存在というアイデアへと辿り着いたのであった。

5 環境条件と社会関係から考える

ところで、『人類学とは何か』の中でインゴルドはまた、進化論から人類学という流れではなく、二十世紀後半に盛んになった構造主義的マルクス主義に沿って考えることによ

って導かれた展望として、この発見の経緯について語っている。インゴルドがマンチェスター大学講師に着任し、「環境とテクノロジー」という講座を受け持ったのは、一九七四年のことだった。彼がその講座の基礎としたのが、一九五〇年代後半に中国史家K・ウィットフォーゲルによって提唱された仮説だった［ウィットフォーゲル 一九九二］。ウィットフォーゲルは、インドと中国の古代帝国は、灌漑農業の設備と維持のための労働力の大量投下という需要に応じて、高度に中央集権化され全体化された体制を敷くことで興隆したと論じた。

ある社会体制に基づいて生産が増強され、森林破壊や砂漠化のような臨界点にまで生態系を追い込んでいく。しかしこの危機は、社会関係および生産の技術＝環境的条件の両方の大規模な変容によってのみ解決されると、マルクス主義者は捉えた。それを踏まえ、構造主義的マルクス主義では、これを、権力の配分と生産手段を統治する社会構造および社会関係である「統治（domination）」と、人間の介入によって修正される環境体系の力学である「決定（determination）」の弁証法として説明した。

この点に関しては『自然の占有』の中で、マルクスとエンゲルスの『ドイツ・イデオロギー』［マルクス、エンゲルス 二〇〇二］を引きながら進めている説明のほうが幾分分かりやすい。マルクスらは、人間は他の動物と異なり、自らの物質的生命を間接的に生産しているという点から出発し、生命の生産は、生産の物質的な関係および社会関係の二元論として現れると説いた。インゴルドは、それを、「狩猟の文脈では、個々のハンターとその獲物の間の関係、および地域の集合体やバンドのメンバーとしてのハンター間の関係がある」［Ingold 1987: 124］と解している。つまり、マルクスらは、自然とは人間と自然の関係であり、それと社会は別次元だと截然《せつぜん》と切り分けた上で、社会的なるものとは複数の個人による協力だと捉えたというのである。

しかしインゴルドは、その定義は、「昆虫のコロニーの組織と同様に、狩猟バンドの組織にも当てはまるだろう」［Ingold 1987: 124］と述べてマルクスらに疑義を呈する。そうだとすれば、協力関係とは社会的なものではなくむしろ物質的なものではないのか。それゆえに、人間とは有機体であるとともに社会的な存在でもあるのだと、インゴルドは唱える。

これとほぼ同じ内容のことを、『人類学とは何か』でインゴルドは、以下のように述べている。男が狩りをし、女が採集する社会では、男は家族に与える肉を持って帰るために狩りをしようと考えるかもしれない。他方で、獲物を獲ることは、捕食者と獲物間の相互関係という生態学的な力学の影響を受けやすい。普通、前者を理解するには社会人類学、後者を理解するには動物生態学が求められる。しかしインゴルドは、人間存在をこのように、社会関係および有機体としての存在の二面で捉えるのは十分ではないと考えるに至る。

前述したように、一九八八年のある日に、社会関係を持つことと有機体であることは、人間存在のなかの二つの面ではなく、ひとつの同じものだということ、すなわち「当該＝

環境＝内＝有機体」は、「世界＝内＝存在」であることに気づいたのである。インゴルドは、「あの日を境に、私はその時まで自分が主張してきたことすべてが、救いがたいほど間違っていたと思えるようになったのである」［インゴルド 二〇二〇：一一〇］とまで述べている。

6 生物社会的な存在と生成

ところでインゴルドとパルソンは、編著『生物社会的生成』［Ingold and Pálsson(eds.) 2013］でも、人間が生物社会的であることに言及している。人間は生物学的部分と社会的部分から構成されていて、両者を合わせて初めて包括的に説明されうるのだと、これまで社会理論家も生物学者も同じように主張してきたが、インゴルドらの唱える「生物社会的」は、そうした説明とは相容れないという。インゴルドらのいう「生物社会的」とは、生物学的部分と社会的部分が相補的だというのではない。二極の説明があってそれをつないだとしても、結局は当の二極の論理の合算でしかない。それゆえに、「社会的な領域と生物学的な領域は同じものである」と言わねばならないのだという［Ingold and Pálsson(eds.) 2013: 9］

この説明自体は前述したものと変わらないが、その著作でインゴルドらは、生物社会的存在《バイオソーシャル・ビーイングス》を、「バイオソーシャル・ビカミングス」すなわち「生物社会的生成（biosocial becomings）」と言い改めている。「存在」を「生成」に置き換えることでインゴルドらは、個別的であらかじめ形成されている実体としてではなく、動きと成長の軌跡として生物社会的な存在を捉えようとしたのである［Ingold 2013: 8］。

生物社会的生成における生成の概念は、生物社会的存在を「関係論」的に見ていくならば必然的に現れうる概念である。インゴルドは二〇〇四年の論文「生物学と文化を越えて」［Ingold 2004］の中で、「関係論思考（relational thinking）」を以下のように定義している。

> それは、有機体を、個別の、あらかじめ特定された単位としてではなく、連続する関係性の場のうちに成長と発展の特定の座として扱うことを意味する。
> ［Ingold 2004: 219］

有機体を、成長と発展の座であると見ることが、関係論思考に他ならない。関係論思考に従えば、有機体とは実体ではなく、関係の展開に応じて絶えず生み出されつくられる存在となる。その考えが出てきた背景には、二十世紀後半に支配的だった構造的思考から、社会生活そのものを成り立たせる関係論思考への移行があったと、インゴルドは見ている。実在そのものが相関的なものとして捉えられるようになった時代背景があったのである。

生物社会的存在の関係論的な生成を、インゴルドはまた、以下のように表現する。

他者との関係が、あなたの中に入り込み、あなたをあなたという存在にしている。そして同じように、関係が他者の中にも入り込むということなのだ。だから、あなたがこうした他者と交わり、そして同時に、自分と彼らを区別する時、この交わることと区別することは、**内側から**進行していく。すべての存在は、相互に働きかけ合っているというよりも、**内側で働きかけている**のであり、存在は働きかけの内側にあるのだ。

［インゴルド 二〇二〇：一一八］

内側に関しては、注釈が必要であろう。インゴルドは『メイキング』［インゴルド 二〇一七］で、かつてフィンランドのサーミ人から、物事を本当の意味で知る方法とは、その人の存在の内側から自己発見のプロセスをつうじて知ることであることを学んだという。「物事を知るためには、それが自分自身の一部になるように自己がそれに向かって成長しなくてはならない。それから、自分のなかでそれを育てあげなくてはならない」という［インゴルド 二〇一七：一三］。

世界の外側に立っているだけでは知識を獲得することができないという、科学史家K・バラッドの言葉を引用しながらインゴルドは、自分が知ろうとする世界から、自分が恩恵を受けているというのは「内側から知る」ことだとも説明している［インゴルド 二〇一七：二二］。生物社会的存在が本当の意味で、その都度その都度生成してくるためには、そこに内側から働きかけるプロセスがなければならないのである。

7 局所的で関係論的な生成論

こうしたインゴルドの行論を、ここでは上妻世海の論評に照らしてなぞってみよう［奥野・上妻・能作 二〇二一：七六―九二］。上妻は『人類学とは何か』の生物社会的存在論を読んで、インゴルドは、Aを実体化された世界ではなく、「AはAでなくAでなくもない」という不安定な世界へと降りていく必要性を説いていると読み解いている。

インゴルドは生物社会的存在を説く際に、社会関係と有機体、社会の領域知と自然の領域がひとつであることに気づいたのである。だが間違ってはならないのは、それらをひとつにするのが、「全体論的で関係論的な存在論」ではなく、「局所的で関係論的な生成論」に進むことだという点である。あらかじめ全ては関係であるといった調和的な全体論に進むのではなく、何ら確定していない偶然による局所的なつながりによる不安定な生成へと進まねばならない。前者は、あらかじめ全てが分類されていて区画されているのと同じであり、そこに創造の余地はない。インゴルドが目指したのは、局所的なつながりによる不安定な生成だったのである。

その意味で、生物社会的存在という概念には、関係論的な生成論的特徴が最初から含意されていたことになる。存在と言ってしまうと、「Aかnot Aか」という形式論理を突き破ることはできない。その上で、インゴルドは詩的に「あなたの中に入り込んで」といった表現をしているが、そこには「自」か「他」かという問いが発生してしまう危険性がある。インゴルドの目的は「Aでもnot A」でもない空間を語ることだとすると、彼はそれをいかに言い表すのかという点で苦心しているようなのである。

上妻は、シベリアのユカギールの狩猟行動の調査をつうじて社会的な領域と生物的な領域を「私でなく私でなくもない」という動態の中に読み解いたウィラースレフ［ウィラースレフ 二〇一八］のように、生成論の動態の基礎を特定することから始めれば、インゴルドは、生物社会的存在の骨組みをよりすっきり提示できたのではないかと評している。生物社会的存在という表現では、静態的・実体的な存在が最初から想定されてしまい、関係論思考を組み入れた時に現れうる動態的・生成的な面が除外されてしまう危険性がある。

上妻がいうように、インゴルドは揺れている。ある時には「ビカミングス」と言ったり、またある時には「ヒューマニング」と言ったりもしている。しかし、それらは全て、一貫して関係論的な生成論の観点で捉えられている。

生物社会的存在というアイデアを手に入れた後、インゴルドは躍進する。『生きていること』［インゴルド 二〇二一］に収められた「つくることのテクスティリティ」を取り上げて、自然の領域と社会の領域のように、二極化した決定論的な論理がどのように突き崩されるのかを追ってみよう。

「形相」は心のうちにデザインを持つエージェントが押しつけるものであり、それに対して、不活性な「質料」が一方的な型を押しつけられる受動的な対象と見なされる。モノをつくることにおいて、こうしたアリストテレス的な「質料形相モデル」が、依然として繰り返しなぞられている。だが画家パウル・クレーがいうように、形とは「死」であり、形が生成しつつある状態こそが「生」なのではないか。

質料形相モデルを補正するために、人間「主体」が「対象」としてのモノに働きかけるという図式を反転させて、対象が主体に働きかけるのだと主張されたことがある。だが、そうした二極化の乗り越えは、主体と対象の二極化を生み出した当の論理と全く同一の理論体系にとどまったままなのである。

クレーのいう「形を与える過程」の創造性こそが示されねばならない。作り手の役割とは、事前に心のうちに抱いたアイデアを施行することではなく、当の作品の形をあらしめている素材の力と流動に合体し、それに随《したが》うことなのだと、インゴルドは唱える［インゴルド 二〇二一：一八七―二〇六］。

8 インゴルドの思考の現在

『ラインズ』［インゴルド 二〇一四］以降日本にも広く紹介されたインゴルドの思想と、民族誌的なフィールドワークを経て行われた、進化を軸とした彼の初期の人類学研究の間には、大きな隔たりがあるように見える。しかし、それらはバイオソーシャル・ビカミングスという概念の発見を介してつながっていたのである。

一九六六年にケンブリッジ大学に入学し、自然科学を専攻しようと考えていたインゴルドは、科学の進歩がもたらした諸課題に対して、自らこそがそれらを解決しうるのだと主張する科学の傲慢さに失望したという。他方、本や文献のみと向き合い、現代の諸課題に取り組もうとしない人文学の態度にも得心がいかなかった。インゴルドは科学と人文学の両方に疑念を抱き、それらを乗り越えるような学問を探していた。そんな中、初年度の終わりに、シェリー酒を飲みながらチューターと面談した折に、人類学を専攻するのはどうかと勧められたという［Ingold 2000: 2; インゴルド 二〇二〇：六六－六八］。意気揚々と人類学を専攻するようになったインゴルドは、だがその後、人類学もまた、自然を扱う人類学と社会・文化を探究する人類学の間で引き裂かれてしまっていることに気づいたのである。

「私は、人間が他の生物と同じように進化し、成長と発展の過程をたどる生物であるという事実を認めない社会人類学や文化人類学には、何か問題があるはずだと考えた。でも、人間の出来事に向かう際に、行為主体性、志向性あるいは想像力という近似的な役割以外を全て否定する自然人類学にも、同様に何か問題があるはずだ」［Ingold 2000: 2］。なぜ社会を考える人類学にも、自然を扱う人類学にも同様に問題があるのかを考える中で、インゴルドは、人類学を駆動させたおおもとの進化にまで遡ったのである。

人間の進化に関する体系的な説明を目指した学知である人類学はその後、自然の領域と社会の領域へと分断されてしまった。まずインゴルドは、自然の領域と社会の領域それぞれに発展してきた見方の折衷案としての相補命題を見究めようとした。その過程で、関係論思考を手に入れたインゴルドは、生物社会的存在＝生成というアイデアに辿り着いたのである。

その後インゴルドは、私たちの身の回りにある、人間と環境がひとつながりになった現象や実践へと目を転じていった。それらにもまた、本章で見たバイオソーシャル・ビカミングスへと至った理路と同系の論理を確認することができる。最後に、「大気＝雰囲気」をめぐってなされた「天候＝世界」の議論を一瞥してみよう。

気象学でいう「大気」とは圧力、気温、風速、湿度などの計器測定により集められたものであり、美学のいう「雰囲気」は感情、感覚、知覚とともに人間の意識の側に置かれるものである点で、大気＝雰囲気は二極化してしまっている。この二極化を越えるためには、「わたしたちが居住する世界は、固定され決められた形に結晶化されてきたものではまったくなく、生成し、変動し、流れる世界、つまり天候＝世界であるということを認める」必要がある［インゴルド 二〇一八］。私たちはこの言い回しの中に、インゴルドが、自然から社会を切り分ける自然と社会の二元論思考をすでに軽々と乗り越えてしまっていることに気づくのである。

終章
人類の残された耐用年数
厚い記述と薄い記述をめぐって

1 ヒューマニズムと人類学

フランスの歴史家J・ミシュレの用いた「ルネサンス」というフランス語を継承して、十九世紀の後半にイタリアのルネサンス史を著したのが、スイス人歴史家J・ブルクハルトであった。ブルクハルトによれば、イタリアでは十四世紀ころに、中世にはキリスト教の信仰のもとに抑圧されていた世俗的な価値に信頼がおかれるようになり、栄光の古代が復活された。さらに彼は、現世の世俗的価値の肯定、個人に対する無限の信頼、暗黒の中世の乗り越え、芸術と科学の発展などルネサンスの「世界と人間の発見」こそが、現行のヨーロッパ文明の起原に他ならないと唱えたのである。ブルクハルトの主張にはすでに幾つもの批判が寄せられているが、その説はいまだに、近代世界を理解するためのインスピレーションと示唆を多分に含んでいる［樺山 二〇〇八：二五―二九］。

ヒューマニズム（人文主義、ラテン語のウマニズモ）には本来、古代文献を渉猟《しょうりょう》し、人間精神の深奥に達することによって、人間らしい充実した生命を獲得するという意味があった［樺山 二〇〇八：一五五］。十四～五世紀ヨーロッパのルネサンス以降、ヒューマニズムの進展とともに、人間の力が見直されるようになった。人間の持つ才能や資質が啓発されるようになり、磨き上げられた結果、次第に人間は、自分たちにはできないことなどないと考えるようになり、ありとあらゆることを人間の力によって成し遂げようとしてきた。人間はその結果、近代世界を打ち立て、ついには地球のあらゆる存在の上に君臨する主人にまで上りつめたのである。

そうした経路を辿って、ヒューマニズムは、本来的な人文主義から「人間中心主義」にまで、その意味を増幅させていった。ヒューマニズムには、人文主義、人間中心主義、人間を尊重する「人間主義」、人間性を重んじる「人道主義」など、部分的に重なり合う、多様な意味が付与されている。いずれにせよ、西洋近代を形づくる重要な基盤とされてきた［岡本 二〇二二：五、一九―二〇；cf. 土佐 二〇二〇：九―三二］。

C・レヴィ＝ストロースは、ヒューマニズムが、人類学という学問体系の中でどのように進められてきたのについて語っている。彼は「人類学的なヒューマニズム（人文主義）」

を、人類の知的・精神的態度の一つのあり方だと位置づけた上で、それを時系列に沿って三つに分けている。一つは、自分たちの文化をある遠近法の中に置いて、違った時代、違った場所のそれと突き合わせてみた、ルネサンスの「貴族主義的なヒューマニズム」。二つめは、十八〜九世紀の地理的発見の進展とともに拡大し、中近東や極東も取り入れるようになった「ブルジョワ的なヒューマニズム」。そして、最後に、長らく蔑まれてきた社会から様々な発想をくみ取ることによって生み出された「民主的なヒューマニズム」である。それらのうち、現代の人類学は、この三つめのものに深く関わっていたという〔レヴィ＝ストロース 一九八八：二七一三三〕。

レヴィ＝ストロースによれば、人類学的なヒューマニズムの貢献は、総じて「豊かで強力な文明に属する私たちに、いくらかの謙虚さとある叡智を授ける」〔レヴィ＝ストロース 一九八八：二七一三四〕ことであった。とりわけ、三つめの「民主的なヒューマニズム」は、二十世紀になって、十九世紀の文化進化論的なまなざしのもとで「未開」と蔑まれてきた社会のど真ん中に入り込んで綿密な調査を行い、人々の発想を探り、私たちに「謙虚さ」と「叡智」をもたらした人類的なヒューマニズムでもあった。

2 ヒューマニズムの記述法としての「厚い記述」

私たちとは異なる文化に住んでいる人々の生活様式に関して調査し記述するようになった文化人類学が、長い間にわたるその記述法の探究の果てに辿り着いたのが、C・ギアーツが唱える「厚い記述（thick description）」である〔ギアーツ 一九八七〕。ギアーツは、人間とは、自らがはりめぐらした意味の網の目に囚われた存在であり、不可解な社会的現実に囚われているように見える人々が紡ぎ出す意味を、人類学者が参与観察に基づくフィールドワークにおいて解釈し、記述を厚くしていくことを、一九七〇年代に解釈人類学の基礎に据えた。

ギアーツは、哲学者G・ライルの「まばたき」に関する分析を引きながら、「薄い記述（thin description）」との対比において「厚い記述」を描き出している。ある男が目くばせをしている。「薄い記述」とは、例えば、それを「右目をまばたいている」と記述することである。他方、その所作を解釈して、「彼には秘密の企みがあって、人をだまそうとして、友だちがまばたくのを真似ている」と書けば、その記述は、複雑な概念構造の多重性をともなう文化的な行為を把握した結果としての「厚い記述」になる。

もし民族誌が厚い記述であり、民族誌学者が厚い記述を行なっているとすれば、…（中略）……決定的な問いは、それが目くばせをまぶたのけいれんから区別し、本当の目くばせを、まねごとの目くばせから区別しているかどうかというものである。

［ギアーツ 一九八七：二八］

ギアーツによれば、民族誌では、まぶたのけいれんを、目くばせであると解釈し、まねごとの目くばせではなく、本当の目くばせをしているのだと解釈することにより「厚い記述」がなされなければならない。ギアーツ以降の人類学者たちは、この解釈人類学の指針に基づいて「厚い記述」を目指すことにより、民族誌記述に努めてきた。「厚い記述」は、人類学的なヒューマニズム（人文主義）に適した記述法になったのである。

3 ポスト・ヒューマニズムとしてのマルチスピーシーズ人類学

ところで、ルネサンス以来、万物の尺度とされてきた「人間」は、現代、とりわけ二十一世紀になって、もはや中心的な役割を持たなくなりつつあるだけでなく、その消滅の可能性が人々に不安を与えるようになり始めている［ブライドッティ 二〇一九：一一；岡本 二〇二一：二二］。現存する私たち人類の残された耐用年数とはいったいあと、どれほどだろうか。

こうした差し迫った課題に促されて、この間、人類学もまた、人間のみの観察と記述に集中するヒューマニズムから脱しようと試みてきたのだと言える。そうした脱ヒューマニズムを明確に志した人類学者の一人が、『森は考える』を著したE・コーンである。コーンは、自らの挑戦を「人間的なるものを超えた人類学」と名づけている。

政治社会学者の土佐弘之は、コーンらは、近代科学的自然主義的な世界観からアニミズム的世界観への再転換を呼びかけたと評している［土佐 二〇二〇：二二一―二二六］。土佐は、アニミズムを「前近代的な存在論」であると規定して、そんなことはできないと断じているが、アニミズムとは決して「立ち戻るべき前近代」ではなく、本書で論じたように、「人間だけが地球上で主人なのではないという思想」である。その点の詳細は譲る（第3部参照）が、コーンらの研究が、マルチスピーシーズ人類学を生んだことは、本書でも見たとおりである（第2部参照）。

マルチスピーシーズ人類学もまた、人間というただ一つの生物種ではなく、あらゆる生物種を視野に入れ、人間を超えた広がりの中に人間を位置づける新たな思想へと踏み出した。マルチスピーシーズ人類学者であるT・ヴァン・ドゥーレン、E・カークセイとU・ミュンスターは、以下のように述べている。

大量絶滅から気候変動、グローバリゼーションからテロリズムまで、生物社会的な破壊のプロセスがエスカレートし、相互に強化されている時代には、人間だけの物語は誰の役にも立たない。

[van Dooren, Kirksey and Münster 2016: 2-3]

人間がつくり上げた世界の物語だけを語るのでは、生物社会的な危機を抱える時代においては、いかなる見通しも描くことはできないのだとまで、マルチスピーシーズ人類学者たちは言い切っている。

ところで、先述したように、人類学的なヒューマニズムに即した記述法が「厚い記述」であった。ポスト・ヒューマニズムの時代においても、はたして、その記述法はいまだに有効なのであろうか。

4「薄い記述」の再評価

近年「薄い記述」を再評価したのが、人類学者J・ジャクソン・ジュニアである[Jackson 2013: 15-6]。ジャクソン・ジュニアによれば、薄い記述とは、生活や民族誌的な情報がいかに流れていくのかに関するものであり、時間と空間の茂みの中を私たちがいかに旅するのかに関するものであり……（中略）……またデジタル時代に私たちが互いにいかに関わり合っているのかという問いに応えるために、これらの両方の道行きをいかに構成的に薄くし、理論化し、具体化し、あるいは取り除くのかに関するものである。

［Jackson Jr. 2013: 16］

ジャクソン・ジュニアは、日常の中で、研究対象者がいかに動的に生を営み、時空を過ごしているのかをできるだけ薄く記述することに向かうべきだという。その上で、世界を様々な視点、スケール、領域、角度から切り取っていく種類の「薄い記述」に基づいて書かれる民族誌を「フラットな民族誌（flat ethnography）」と呼ぶ。

マルチスピーシーズ人類学者J・ハーティガン・ジュニアは、この「薄い記述」こそが、マルチスピーシーズ民族誌に適した記述法だと述べている。彼は「厚い記述」を、一九七〇年代以降に主流であった人間の観察と記述を重視する人類学の傾向に即して培われた記述方法だったと評した上で、ウマは目くばせするのだろうかという、彼の同僚から投げかけられた問いを検討している。

ウマには、上まぶたと下まぶたに加えて、第三眼瞼（瞬膜）と呼ばれるまぶたがある。それらを用いて社会的な関係性を信号化し、それらを再現したり、先取りしたりしてアイ・コンタクトを行う。その意味で、ウマは民族誌の主体たりうると、ハーティガン・ジュニアは指摘している。

ハーティガン・ジュニアによれば、ウマのアイ・コンタクトは、ギアーツのいうようなメッセージの表象的な意味の解釈分析の可能性を秘めた行為ではない。ウマの信号伝達は、判読可能で明瞭である（legible）。その意味で、人外を取り上げる時には、「たんなる記録」であることを拒否する「厚い記述」ではなく、「薄い記述」に向かうべきなのだという［Hartigan Jr. 2020: 249-50］。

彼は、「薄い記述」に関して、以下のように記している。

> 「薄い」という形容詞が示すように、このもう一つのアプローチは、私たち主体の深さや内面性に関する解釈的なモデル――彼らのオカルト的で、不穏な意味が解明されなければならないのだ！――を避けて、専門家によるそのような様式を、私たち自身のものに沿って働くようにするフラット化された分析を行うものである。
>
> ［Hartigan Jr. 2017: xvi］

研究対象者が囚われている意味の網の目を解きほぐしてその内面性を探り当てるのではなく、私たちが日頃捉えているような対象の行動の流れに沿って記述することこそが、ここでいう「薄い記述」である。

ギアーツが想定していたのは、もっぱら文化の網の目に囚われている人間をめぐる観察と記述であった。しかし、人間だけでなく、人外までを視野に収めようとすれば、人外の振る舞いを私たちが感じ、考えているままに記述することのほうが適切なのではないだろうか。ハーティガン・ジュニアは、マルチスピーシーズ人類学は、解釈と記述を専門家から取り戻し、生の動きをそのまま記述するべきなのではないかというのである。

5 レヴィ＝ストロースのポスト・ヒューマニズム

ところで、本章の冒頭で、「人類学的なヒューマニズム」に関するレヴィ＝ストロースの見解に関して述べたが、人類学の記述をめぐる問いを検討する前に、今一度、彼のポスト・ヒューマニズム的な思想に関して触れておきたい。

レヴィ＝ストロースは、一般にヒューマニズム的ではないと思われていたようである。フランスのジャーナリスト、D・エリボンによるインタヴューの中で、自身が反ヒューマニズム（反人間主義）と評されることをどう思うかと問われている。レヴィ＝ストロースは、正しいヒューマニズム（人間主義）は自動的に始まるわけではないと答えた上で、以下のように続けている。

人間を世界の他のものから切り離したことで、西洋の人間主義はそれを保護すべき緩衝地域を奪ってしまったのです。自分の認識の限界を認識しなくなったときから、人間は自分自身を破壊するようになるのです。

［レヴィ＝ストロース／エリボン 一九九一：二九二］

人間は、人間だけを特権化し、自己の限界を超えて自己破壊に向かったのだという。そしてその事例として、彼は「強制収容所」や「環境汚染」を挙げている。強制収容所は、他の人間集団に対して自らの集団を尊ぶ人間主義であり、環境汚染は人間本位に自然を破壊する人間中心主義を示している。

ヒューマニズムに関して、レヴィ＝ストロースはまた、人間の諸権利（人権）を取り上げて、以下のように述べている。

人間の諸権利というものの根拠を、アメリカ独立とフランス革命以来そうだと普通に考えられているように、人間というただ一つの生物種の特権的な本性に置くのではなく、人権というのはあらゆる生物種に認められる権利の一つの特殊事例に過ぎないと考えるべきだ……。

［レヴィ＝ストロース／エリボン 一九九一：二九二］

ヒューマニズムの下では、人間というただ一つの生物種に限定して、人間の諸権利を語る傾向にある。しかし、レヴィ＝ストロースは、人権を、あらゆる生物種の権利の一つの特殊事例だと考えた方がいいのだという。

そう述べた時、レヴィ＝ストロースは、ヒューマニズムを超えていこうとしていたのだと言える。言い換えれば、ヒューマニズムの時代に、人間が地球のあらゆる存在の上に主人として君臨するようになったことに対して、レヴィ＝ストロースは揺さぶりをかけていたのである。

このようなレヴィ＝ストロースのポスト・ヒューマニズム的な思想が、二十一世紀を迎えた今、マルチスピーシーズ人類学という研究ジャンルとして生まれ変わったのだと見ていいだろう。マルチスピーシーズ人類学は、人間を世界に住まう他のものたちから切り離さないで、人間が自分の認識の限界を深く認識しつづけ、いかに自らを破壊しないでいたのか、あるいはいられるのかを、人間のためだけでなく、多種を含めて探究する学知だからである。

6 人間を超えた人類学へ

ひるがえって、ヒューマニズムを超えていこうとするマルチスピーシーズ人類学は、はたして「薄い記述」という記述法を採るべきなのだろうか。そのことを検討するために、本書の序論「平地における完全なる敗者」の記述を思い返してみよう。

私は、プナンとともに住み続けるうちに、彼らが、ヒゲイノシシ、シカ、オオミツバチ、ヤモリ、オナガサイチョウ、ベンガルヤマネコ、絞め殺しイチジク、小屋などと交わす対話に強く惹きつけられていった。私自身プナンとともに歩き回るうちに、彼らが経験する現実の先に広がる虫たちの世界に入り込んでいったこともあった。

それらの記述は、プナンとともに行動することから見えてくる人間理解の記述でもあり、またプナンが対話し、狩り、語る人外の生の動きの記述でもあった。その意味で、それらは、文化をテキストとして読むことによって解釈を厚くする「厚い記述」と、語る対象の内面性の解釈を排し、そこに流れている時空に沿ってフラットに分析する「薄い記述」の両方の記述法を併用することによって描き出された世界であったのかもしれない。マルチスピーシーズ人類学を含むポスト・ヒューマニズム的な民族誌記述には、ギアーツとハーティガン・ジュニアの両者が召喚《しょうかん》されるべきなのではないだろうか。

マルチスピーシーズ人類学は、人間のみを見ようとするだけでなく、人間を超えた先に広がっている生命の風景の記述に特大の関心を寄せている。そのことにより、人間だけ、動物だけ、あるいはモノだけを探究していては、見晴るかすことができない景色を見ようとしている。それは、レヴィ＝ストロースのいう人類学的なヒューマニズムを超えて、これまでの人類学の全体像とは大きく異なる「人間を超えた人類学」に挑むための新たな幕開けである。本書は、その幕を開くためのささやかな準備作業である。

「人間を超えた人類学」が立ち上がることによって、我々は「人間の耐用年数はあとどれほどか」という喫緊の課題へと挑む足掛かりを得るであろう。

あとがき

二〇二〇年春にウェブ連載「片づけの谷のナウシカ」が終了した段階で、亜紀書房の内藤寛さんから別の連載をというお誘いを受けていたが、折からのコロナ感染症の拡大の影響で、フィールドに行けない日々が長引いて、どのようなテーマで書こうか、考えあぐねるようになった。年が改まってもコロナはなかなか収まる兆しは見えなかったが、そのお誘いは、今まで書き溜めたものを本にしてはどうかというものに切り替わった。内藤さんのアイデアに沿って、二〇一六年から二〇二一年までの六年間に、様々なところに発表した論考やエッセイの中から、まとまりのありそうなものを編んで加筆したのが、本書である。

「まとまりのありそうなもの」とは書いたものの、その時々の求めや企画に応じて書いた原稿ばかりだったので、私は、それらには同じことの繰り返しがあり、全体としてまとめ上げるのは難しいのではないかと感じていたが、内藤さんの見通しでは、それぞれの原稿にはストーリーのつながりや何らかの一貫性がほの見えるということであった。まとまりのなさという点では、本ができた今となっても、自分自身では確信できないでいるが、ふと思いついたことがある。

それは、終章で、ヒューマニズムではない動きという言葉でつなげたが、今日の世界における、マルチスピーシーズ人類学とアニミズムの思想的な同型性・同質性を、私自身が無意識・無自覚のうちに、直観的に結びつけて語っていたのではなかったかということである。マルチスピーシーズ人類学だけをやっているのでは十分でないし、その反対にアニミズムだけやっているのでもまた見えてこない。マルチスピーシーズとアニミズムとが相俟ってつくり上げるような何かに向かって、私は書き続けてきたのではなかったのかと気づいたのである。そして、その先のより大きな問いに、生命《ライフ》がある。

「物質的なるもの」の探究から零《こぼ》れ落ちる霊的な、精神的な、観念的なるもの。他方で、「超越的なるもの」から滑り落ちる実体的、物質的なるもの。前者が、マルチスピーシーズ人類学から零れ落ちるアニミズムで、後者が、アニミズムから滑り落ちるマルチスピーシーズ人類学である。どちらも人間と人外が分かちがたくつながっており、それらを同じようなものと捉えている点で、実は同様のことを言っている。

私自身がやっていたことは、そのそれぞれの峰に、両サイドから攻め上がりながら、零れ落ちるもの、滑り落ちるものを拾い上げるだけでなく、零れ落ちる側、滑り落ちた側にも回り込んで、登攀《とうはん》を試みながら、それらを全体性の中で見通すことに向けて歩んでいたということではなかったのだろうか。山頂はまだなかなか見えないのだが。

そのことからひるがえって考えれば、本づくりとはまた、著者と編者の間で、最初から到達地点が決まっているようなものではなく、思考の断片を携えながら、それらを、ああでもないこうでもないと言い合いながら先に進め、新たに開けてくる見通しのその先へとアプローチしていくことだということになるのであろう。そういったことを、この本の物質性が完成するにあたって思い至った次第である。

そして、物質的な本書が読者に届けられ、別の精神的なるものや物質的なるものを生み出す何らかのきっかけのようなものになれば、そのことは、著者としてのこの上ない慶びである。

本書のそれぞれの章は、マルチスピーシーズ人類学研究会やその他の研究会などで発表した草稿や議論などがベースになっている。一人一人お名前を挙げることはできないが、特に、未熟で、とっ散らかった私の議論にいろいろな局面において付き合ってくださった、野田研一さん、清水高志さん、甲田烈さん、石倉敏明さん、上妻世海さん、近藤祉秋さん、新井康二さんには、この場を借りて、御礼を申し上げたい。また、自分の頭の上に池ができて、魚釣りをし、しまいにはそこに身を投げて死んでしまう落語「頭山」を想起させるボルネオ島の「頭森」のようなド迫力のカバーに仕上げてくださった芦澤泰偉事務所の五十嵐徹さんと、E・コーン著『森は考える』に続いて、素晴らしい動物のイラストを描いてくださった、にしざかひろみさんにも感謝を述べさせていただきます。最後に、雑多で重なりのある文章を整える作業に付き合ってくださり、新たな気づきに導いてくださった内藤さんに謝意を述べさせていただきたい。

なお本書の各章の初出一覧と原題は以下のとおりである。

第1章　「鳥から見た森の生きものたち――ボルネオ島・狩猟民プナンの環境中心主義世界」『フィールドプラス』一五：六―七、二〇一六年、東京外国語大学アジア・アフリカ言語文化研究所。

第2章　「リーフモンキー鳥のシャーマニック・パースペクティヴ的美学：ボルネオ島プナンにおける鳥と人間をめぐる民族誌」野田研一・奥野克巳共編著『鳥と人間をめぐる思考：環境文学と人類学の対話』七九―一〇一、二〇一六年、勉誠出版社。

第3章　「2でなく3――ハイブリッド・コミュニティー論――」『福音と世界』二〇二〇年五月：一八―二三、二〇二〇年、新教出版社。

第4章　「〈共異体〉でワルツを踊るネコと写真家」『ユリイカ』七三五：一四七―一五六、青土社。

第5章　「モア・ザン・ヒューマン――人新世の時代におけるマルチスピーシーズ民族

誌と環境人文学」三−三二、二〇二一年、以文社。

第6章「明るい人新世、暗い人新世 マルチスピーシーズ人類学から眺める」『現代思想』四五（二二）：七六−八七、二〇一七年、青土社。

第7章「「人間以上」の世界の病原体　多種の生と死をめぐるポストヒューマニティーズ」『現代思想』四八（七）：二〇七−二一五、二〇二〇年、青土社。

第8章「人類学の現在、絡まりあう種たち、不安定な「種」」『たぐい』Vol.1：四−一五、二〇一九年、亜紀書房。

第9章「「人間」と「人間以外」を繋ぐアニミズム」『Voice』五一八：一一四−一二一、PHP研究所。

第10章「アニミズムを再起動する：インゴルド、ウィラースレフ、宮沢賢治と、人間と非人間の「間」」『現代思想』四八（一）：一八一−一九七、青土社。

第11章「ぬいぐるみとの対話　アニミズム、身体の内と外から」『ユリイカ』七六九：一五八−一六六、青土社。

第12章「『森は考える』を考える：アヴィラの森の諸自己の生態学」『現代思想』四四（五）：二一四−二二五、二〇一六年、青土社。

第12章補論「考える、生きる——『森は考える』と人類学のこれから」『福音と世界』二〇一九年四月：二二−二七、新教出版社。

第13章　「人類学は生命を論じうるのか?」『たぐい』Vol.4：二〇―三四、亜紀書房。
第14章　「バイオソーシャル・ビカミングス抄　ティム・インゴルドは進化をどう捉え、どう越えたか」『現代思想』四九（一二）：一一四―一二三、青土社。

参考文献（邦文）

赤嶺淳　二〇二〇　「待ちつづけてみよう――アナ・チン『マツタケ』解題」『たぐい』二：一二六－一三三、亜紀書房。
東千茅　二〇一八　『つち式　二〇一七』ZINE。
アレント、ハンナ　一九九四　『人間の条件』志水速雄訳、ちくま文庫。
池田嘉昭　二〇一八　『西田幾多郎の実在論　AI、アンドロイドはなぜ人間を超えられないのか』明石書店。
池田善昭・福岡伸一　二〇一四　『福岡伸一、西田哲学を読む：生命をめぐる思索の旅　動的平衡と絶対矛盾的自己同一』明石書店。
石弘之　二〇一八　『感染症の世界史』角川ソフィア文庫。
石井倫代　一九九六　「エコフェミニスト・テクストとしての『鳥と砂漠と湖と』：共生のための女性性」スロヴィック、スコット／野田研一編著『アメリカ文学の〈自然〉を読む：ネイチャーライティングの世界へ』三九一－四〇八、ミネルヴァ書房。
石倉敏明　二〇一六　「今日の人類学地図：レヴィ＝ストロースから『存在論の人類学』まで」『現代思想』四四（五）：三一三、青土社。
市川浩　一九九一　『ベルクソン』講談社学術文庫。
五木寛之　二〇一五　『生かされる命をみつめて《見えない風》編　五木寛之講演集』実業之日本社文庫。
井上民二　一九九八　『生命の宝庫・熱帯雨林』日本放送出版協会。
今福龍太　二〇一〇　「野生の調教師：従順な猿、変身する鳥、神秘の猫」『レヴィ＝ストロース：入門のために　神話の彼方へ』河出書房新社、六八－八九。
岩合光昭　二〇〇七　『ネコを撮る』朝日新書。
岩合光昭　二〇一〇　『生きもののおきて』ちくま文庫。

岩合光昭　二〇一六『ネコへの恋文』日経BP。

岩崎秀雄　二〇一三『〈生命〉とは何だろうか――表現する生物学、思考する芸術』講談社現代新書。

岩田慶治　一九九八『自分からの自由』講談社現代新書。

インゴルド、ティム　二〇一一「つくることのテクスティリティ」野中哲士訳、『思想』一〇四四：一八七―二〇六。

インゴルド、ティム　二〇一四『ラインズ――線の文化史』工藤晋訳、管啓次郎解説、左右社。

インゴルド、ティム　二〇一七『メイキング　人類学・考古学・芸術・建築』金子遊＋水野友美子・小林耕二訳、左右社。

インゴルド、ティム　二〇一八『ライフ・オブ・ラインズ――線の生態人類学』筧菜奈子・島村幸忠・宇佐美達朗訳、フィルムアート社。

インゴルド、ティム　二〇二〇『人類学とは何か』奥野克巳・宮崎幸子共訳、亜紀書房。

ヴァンス、ガイア　二〇一五『人類が変えた地球：新時代アントロポセンに生きる』化学同人。

ヴィヴェイロス・デ・カストロ、エドゥアルド　二〇一五『食人の形而上学　ポスト構造主義人類学への道』檜垣立哉・山崎吾郎訳、洛北出版。

ヴィヴェイロス・デ・カストロ、エドゥアルド　二〇一六「アメリカ大陸先住民のパースペクティヴィズムと多自然主義」近藤宏訳、『現代思想（総特集：人類学のゆくえ）』四四（五）：四一―七九頁、青土社。

ウィットフォーゲル、カール・A.　一九九一『オリエンタル・デスポティズム――専制官僚国家の生成と崩壊』湯浅赳男訳、新評論。

ウィラースレフ、レーン　二〇一八『ソウル・ハンターズ：シベリア・ユカギールのアニミズムの人類学』奥野克巳・近藤祉秋・古川不可知訳、亜紀書房。

ウォード、ピーター／ジョゼフ・カーシュヴィンク　二〇一六『生物はなぜ誕生したのか　生命の起源と進化の最新科学』梶山あゆみ訳、河出書房新社。
梅原猛　二〇一三『人類哲学序説』岩波新書。
エイブラム、ディヴィッド　二〇一七『感応の呪文〈人間以上の世界〉における知覚と言語』結城正美訳、論叢社／水声社。
NHKスペシャル　二〇〇一「未知への大紀行　第4集　惑星改造〜もう一つの地球が生まれる〜」NHKソフトウェア（DVD）。
大石高典　二〇二一「媒介者としてのハチ――人＝ハチ関係からポリネーションの人類学へ」『文化人類学』八六（一）：四六－九五。
大前粟生　二〇二〇『ぬいぐるみとしゃべる人はやさしい』河出書房新社。
大村敬一　二〇一八「人新世」奥野克巳・石倉敏明編『Lexicon　現代人類学』四六－七、以文社。
大村敬一・湖中真哉　二〇二〇『「人新世」時代の文化人類学』放送大学出版会。
岡田浩樹・木村大治・大村敬一編　二〇一四『宇宙人類学の挑戦：人類の未来を問う』昭和堂。
岡本祐一朗　二〇二一『ポスト・ヒューマニズム――テクノロジー時代の哲学入門――』NHK出版新書。
岡部信彦　二〇二〇「新型コロナウイルス肺炎を必要以上に怖れない：新興感染症への備えを強化せよ」『中央公論』二〇二〇年四月号：四八、五二。
奥泉光　一九九四『石の来歴』文藝春秋。
奥野克巳　二〇一〇「アニミズム、『きり』よく捉えられない幻想領域」吉田匡興・花渕馨也・石井美保編『宗教の人類学』二一四－三七、春風社。
奥野克巳　二〇一四「超越者と他界」内堀基光・奥野克巳編『改訂新板　文化人類学』七七－八九頁、放送大学教育振興会。
奥野克巳　二〇一六「『森は考える』を考える：アヴィラの森の諸自己の生態学」『現代思想』四四（五）：

二一四－二二五、青土社。

奥野克巳　二〇一七「明るい人新世、暗い人新世――マルチスピーシーズ民族誌から眺める」『現代思想』四五－二二：七六－八七、青土社。

奥野克巳　二〇一八「マルチスピーシーズ民族誌」奥野克巳・石倉敏明編『Lexicon 現代人類学』五四―五七、以文社
奥野克巳　二〇一九「人類学の現在、絡まり合う種たち、不安定な『種』」『たぐい』Vol. 1、四－一五、亜紀書房。

奥野克巳　二〇二〇『モノも石も死者も生きている世界の民から人類学者が教わったこと』亜紀書房。

奥野克巳・中上淳貴　二〇一九「マルチスピーシーズ仏教論序説」『たぐい』Vol. 2：五六－六六、亜紀書房。

奥野克巳・吉村萬壱・伊藤亜紗　二〇二〇『ひび割れた日常』亜紀書房。

奥野克巳・上妻世海・能作文徳　二〇二一「ティム・インゴルド『人類学とは何か』を読む」『たぐい』Vol. 3：七六－九二、亜紀書房。

オゴネック、ニック　二〇一七「資本主義の歴史から見た環境クライシス：アントロポセンとキャピタロセンを手がかりに」『ER』六：三四－三五、富士通総研経済研究所。

オダム、ユージンP.　一九九一『基礎生態学』三島次郎訳、培風館。

カークセイ、S・エベン＋ステファン・ヘルムライヒ　二〇一七「複数種の民族誌の創発」『現代思想』（総特集：人類学の時代）四五（四）：九六－一二七、近藤祉秋訳、青土社。

カヴェル、スタンリー　二〇一〇「伴侶的思考」コーラ・ダイアモンドほか『〈動物のいのち〉と哲学』中川雄一訳、春秋社。

加藤裕美・鮫島弘光　二〇一三「動物をめぐる知：変わりゆく熱帯林の下で」市川昌広・祖田亮次・内藤大輔編『ボルネオの〈里〉の環境学：変貌する熱帯林と先住民の知』昭和堂、一二七－六三。

金森修　二〇〇三『ベルクソン——人は過去の奴隷だったのだろうか』NHK出版。

樺山紘一　二〇〇八『世界の歴史16　ルネサンスと地中海』中公文庫。

河合俊雄　一九九八『ユング：魂の現実性』講談社。

川上弘美　一九九九『蛇を踏む』文春文庫。

川田順造　一九九八『聲』ちくま学芸文庫。

ギアーツ、C.　一九八七『文化の解釈学［I］』吉田禎吾・柳川啓一・中牧弘允・板橋作美訳、岩波現代新書。

木岡伸夫　二〇一四『〈あいだ〉を開く：レンマの地平』世界思想社。

木村敏　二〇〇八『自分ということ』ちくま学芸文庫。

クリスチャン、デヴィッド　二〇一五『ビッグヒストリー入門』渡辺正隆訳、WAVE出版。

ケック、フレデリック　二〇一三「今日の政治学——フーコーとレヴィ＝ストロース——」小倉拓也・吉上博子訳、『思想』一〇六六：二一一、岩波書店。

ケック、フレデリック　二〇一七『流感世界：パンデミックは神話か？』小林徹訳、水声社。

ケネディ、リンジー、ネイサン・ポール・サザン『ニューズウィーク　日本版』二〇二〇年三月一七日号：二四－五。

上妻世海、二〇一八『制作へ　上妻世海初期論考集』オーバーキャスト。

コーン、エドゥアルド　二〇一六『森は考える：人間的なるものを超えた人類学』奥野克巳・近藤宏共監訳、近藤祉秋・二文字屋脩共訳、亜紀書房。

小林敏明（編）　二〇二〇『近代日本思想選　西田幾多郎』ちくま学芸文庫。

小林秀雄　二〇一四「信ずることと知ること」『学生との対話』一七〇－二〇九、新潮文庫。

コレット、リチャードT.　二〇一三『アジアの熱帯生態学』長田典之・松林尚志・沼田真也・安田雅俊共訳、東海大学出版会。

近藤祉秋　二〇一八「マルチスピーシーズ人類学の実験と諸系譜」『たぐい』Vol.１：一二六－一三八、亜紀書房。
近藤祉秋　二〇二二「内陸アラスカ先住民の世界と『利那的な絡まりあい』——人新世における自然＝文化批評としてのマルチスピーシーズ民族誌」『文化人類学』八六（一）：九六－一一四。
逆巻しとね　二〇一九「喰らって喰らわれて消化不良のままの『わたしたち』——ダナ・ハラウェイと共生の思想」『たぐい』Vol.１：五五－六七、亜紀書房。
貴家悠（作）・橘賢一（画）　二〇一二『テラフォーマーズ』集英社。
鮫島弘光　二〇一五「Kemena・Tatau 水系の一斉開花・一斉結実」鮫島弘光・中根英紀編『熱帯バイオマス社会』一七七－九、京都大学東南アジア研究所。
シービオク、T．A．　一九八五『自然と文化の記号論』池上嘉彦訳、勁草書房。
シービオク、T．A．　一九八九『動物の記号論』池上嘉彦編訳、勁草書房。
四方幸子　二〇二一「未来へと接続されるボイス」『美術手帖』二〇二一年六月号：一五一－一五四、美術出版社。
ジジェク、スラヴォイ　二〇一二『終焉の時代に生きる』山本耕一訳、国文社。
清水高志　二〇一七『実在への殺到』水声社。
清水高志　二〇一八「交差する現代思想と文化人類学」奥野克巳・石倉敏明編『Lexicon 現代人類学』一四八－一五一、以文社。
下道基行・安野太郎・石倉敏明・能作文徳・服部浩之編著　二〇二〇『Cosmo-Eggs｜宇宙の卵　コレクティブ以後のアート』、torch press。
シュレディンガー　二〇〇八［一九四四］『生命とは何か——物理的にみた生細胞』岡小天、鎮目恭夫訳、岩波文庫。

塩田弘・松永京子ほか編　二〇一七『エコクリティシズムの波を超えて：人新世の地球を生きる』音羽書房鶴見書店。
杉本舞　二〇一九「AI　人工知能が『ブーム』であるとはどういうことか？」『現代思想（総特集：現代思想43のキーワード）』四七–六：六四–六八、青土社。
鈴木和歌奈＋森田敦郎＋リウ・ニュラン・クラウセ　二〇一六「人新世における実験システム：人間と他の生命との関係の再考へ向けて」『現代思想』四四（五）：二〇五、青土社。
シンジルト　二〇二〇「家畜の夜行性化：内陸アジアにおける草原・ヒツジ・人間」第三十六回マルチスピーシーズ人類学研究会口頭発表（二〇二〇年二月一六日、於：熊本大学）。
卜田隆嗣　一九九六『声の力：ボルネオ島プナンのうたと出すことの美学』弘文堂。
シンジルト＋MOSA　二〇二一「畜糞はウンチになった」『たぐい』Vol. 3、一三六–一四四、亜紀書房。
菅原和孝　二〇一五『狩り狩られる経験の現象学：ブッシュマンの感応と変身』京都大学学術出版会。
鈴木和歌奈＋森田敦郎＋リウ・ニュラン・クラウセ　二〇一六「人新世における実験システム：人間と他の生命との関係の再考へ向けて」『現代思想』四四（五）：二〇五頁、青土社。
セール、ミシェル　二〇一六『作家、学者、哲学者は世界を旅する』清水高志訳、水声社。
タイラー、E. B.　一九六二『原始文化――神話・哲学・宗教・言語・芸術・風習に関する研究』比屋根安定訳、誠信書房。
タイラー、エドワード・B.　二〇一九『原始文化〈上〉』松村一男監修、奥山倫明＋奥山史亮＋長谷千代子＋堀雅彦訳、国書刊行会。
高田礼人　二〇一八『ウイルスは悪者か：お侍先生のウイルス学講義』亜紀書房。
ダルモン、ピエール　二〇〇五『人と細菌：一七～二〇世紀』寺田光徳・田川光能訳、藤原書店。
地球科学研究倶楽部編　二〇一四『地球46億年の秘密がわかる本：生命誕生のきっかけ』学研パブリッシン

グ。

チン、アナ　二〇一九　『マツタケ：不確定な時代を生きる』赤嶺淳訳、みすず書房。

ツィン、アナ　二〇一七　「自然も文化も織りなすもつれを追いかけて：マツタケが示すこと、そして傷つけられた地球で生きる技法について」『ER』六：一六‐九、藤田周訳、富士通総研経済研究所。

辻村信雄　二〇一九　「肉と口と狩りのビッグヒストリー――その起源から終焉まで」『たぐい』Vol.１：八二‐九四、亜紀書房。

デ・ラ・カデナ、マリソール　二〇一七　「アンデス先住民のコスモポリティクス：『政治』を超えるための概念的な省察」田口陽子訳、『現代思想』四五（四）：四六‐八〇、青土社。

ディーコン、テレンスW．一九九九　『ヒトはいかにして人となったか――言語と脳の共進化』金子隆芳訳、新曜社。

デネット、ダニエル　二〇一九　「自律　AIが『心』を持つと何が起きるか」丸山俊一＋NHK取材班『AI以後：変貌するテクノロジーの危機と希望』九七‐一三〇、NHK出版新書。

寺田匡宏、ダニエル・ナイルズ　二〇二一　「人新世（アンソロポシーン）をどう考えるか――環境をめぐる超長期的時間概念の出現とグローバルな地球システム科学ネットワークの展開――」寺田匡宏、ダニエル・ナイルズ編著『人新世を問う』一‐七二、京都大学出版会。

寺嶋秀明　二〇〇二　「イトゥリの鳥とピグミーたち」『人間文化』一七‐三二、人間文化研究機構。

寺嶋秀明　二〇一一　『平等論：霊長類と人における社会と平等性の進化』ナカニシヤ出版。

ドゥボール、ギー　二〇〇三　『スペクタクルの社会』木下誠訳、ちくま学芸文庫。

ドゥルーズ、ジル　二〇〇七　『差異と反復』（下）財津理訳、河出文庫。

独立行政法人海洋研究開発機構　二〇一一　『深海と深海生物：美しき神秘の世界』ナツメ社。

土佐弘之　二〇二〇　『ポスト・ヒューマニズムの政治』人文書院。

ナイト、ロブ＋ブレンダン・ビューラー　二〇一八　『細菌が人をつくる』山田拓司＋東京工業大学山田研究室訳、朝日出版社。
中沢新一　一九九九　『哲学の東北』幻冬舎文庫。
中沢弘基　二〇一四　『生命誕生：地球史から読み解く生命像』講談社現代新書。
ナダスディ、ポール　二〇一二　「動物にひそむ贈与──人と動物の社会性と狩猟の存在論」近藤祉秋訳、奥野克巳・山口未花子・近藤祉秋共編『人と動物の人類学』二九一－三六〇、春風社。
野地洋介　二〇二〇　『やさしくなりたい』ZINE。
パース、C.S.　一九八六　『パース著作集２［記号学］』内田種臣訳、勁草書房。
ハイザ、ウルズラ・K.　二〇一七　「未来の種、未来の住み処　環境人文学序説」森田系太郎訳、野田研一・山本洋平・森田系太郎編『環境人文学Ⅱ　他者としての自然』二四九－六八、勉誠出版。
長谷千代子　二〇〇九　「『アニミズム』の語り方──受動的視点からの考察」『宗教研究』八三（三）：七四一－七六三、日本宗教学会。
早川孝太郎　一九八二　「案山子のことから」「カガシと民間伝承」『早川孝太郎全集　第八巻』未来社。
ハラウェイ、ダナ　二〇一三　『伴侶種宣言：犬と人の「重要な他者性」』永野文香訳、以文社。
ハワード、ジュールズ　二〇一八　『動物学者が死ぬほど向き合った「死」の話：生き物たちの終末と進化の科学』木村宥訳、フィルムアート社。
平野弘道　一九九三　『繰り返す大量絶滅』岩波書店。
平野弘道　二〇〇六　『絶滅古生物学』岩波書店。
平林章仁　二〇一一　『鹿と鳥の文化史：古代日本の儀礼と呪術』白水社。
フーコー、ミシェル　一九八六　『性の歴史Ⅰ　知への意志』渡辺守章訳、新潮社。
ブーバー、マルティン　一九七九　『我と汝・対話』植田重雄、岩波文庫。

福永真弓　二〇一八　「「人新世」時代の環境倫理学」吉永明弘・福永真弓編『未来の環境倫理学』一四一－一五九、勁草書房。
藤江啓子　二〇一七　「メルヴィルの『雑草と野草――一本か二本のバラと共に読む』――自然の蘇生と自然を通しての人間の蘇生」塩田弘・松永京子ほか編『エコクリティシズムの波を超えて：人新世の地球を生きる』五二、音羽書房鶴見書店。
藤倉克則・木村俊一編著　二〇一九　『深海――極限の世界：生命と地球の謎に迫る』講談社ブルーバックス。
ブライドッティ、ロージ　二〇一九　『ポストヒューマン　新しい人文学に向けて』門林岳史監修、大貫菜穂、篠木涼、唄邦弘、福田安佐子、増田展大、松谷容作共訳、フィルムアート社。
ベイトソン、グレゴリー　二〇〇〇　「形式、実体、差異」『精神の生態学』佐藤良明訳、新思索社。
ペトラネック、スティーブン　二〇一八　『火星で生きる』石塚正行訳、朝日出版社。
ベルクソン　一九七九　『創造的進化』真方敬道訳、岩波文庫。
ベルクソン、アンリ　二〇一二　『精神のエネルギー』原章二訳、平凡社ライブラリー。
ベルクソン、アンリ　二〇一四　『精神のエネルギー（新訳ベルクソン全集）』竹内信夫訳、白水社。
ホフマイヤー、ジェスパー　一九九九　『生命記号論：宇宙の意味と表象』松野孝一郎＋高原美規訳、青土社。
ボルヘス、J. L.　一九九三　「記憶の人、フネス」『伝奇集』岩波文庫。
松尾豊　二〇一五　『人工知能は人間を超えるか――ディープラーニングの先にあるモノ』KADOKAWA。
松本京子　二〇一七　「はじめに」塩田弘・松永京子ほか編『エコクリティシズムの波を超えて：人新世の地球を生きる』五二、音羽書房鶴見書店。
マルクス、エンゲルス　二〇〇二　『ドイツ・イデオロギー　新編輯版』廣松渉、小林昌人訳、岩波文庫。
三木成夫　二〇一三a　『内臓とこころ』河出文庫。
三木成夫　二〇一三b　『生命とリズム』河出文庫。

三木成夫　二〇一三c　『生命の形態学――地層・記憶・リズム』うぶすな書院。
三木成夫　二〇一九　『三木成夫　いのちの波』平凡社。
宮沢賢治　一九九〇　「なめとこ山の熊」『注文の多い料理店』三四一－三五五、新潮文庫。
百瀬邦康　二〇〇三　『熱帯雨林を観る』講談社選書メチエ。
ヤッフェ、A．編　一九七二　『ユング自伝1』河合隼雄・藤縄昭・出井淑子訳、みすず書房。
安間繁樹　一九九一　『熱帯雨林の動物たち：ボルネオにその生態を追う』菊地書館出版社。
箭内匡　二〇一八　『イメージの人類学』せりか書房。
山口仲美　二〇〇八　『ちんちん千鳥のなく声は：日本語の歴史　鳥声編』講談社学術文庫。
山内一也　二〇一六　「ウイルスの世界に生きる人間」『現代思想（総特集：微生物の世界）』四四（一一）：九、青土社。
山尾三省　一九八四　『ジョーがくれた石――12の旅の物語』地湧社。
山田仁史　二〇一三　「媒介者としての鳥――その神話とシンボリズム」『BIOSTORY』二〇：二二、誠文堂新光社。
山田仁史　二〇一六　「コメント①」野田研一・奥野克巳編『鳥と人間をめぐる思考：環境文学と人類学の対話』一二五－一三一、勉誠出版。
山本太郎　二〇二〇　『感染症と文明――共生への道』岩波新書。
山本洋平　二〇一〇　「生物多様性の文学：加藤幸子『ジーンとともに』論」『水声通信』三三：二二一－七、水声社。
結城正美　二〇一一　「『苦海浄土』にみる汚染と食の言説」渡辺憲司・野田研一・小峯和明・ハルオ・シラネ編『環境という視座：日本文学とエコクリティシズム』一七五－一七九、勉誠出版。
結城正美　二〇一七　「環境人文学の現在」野田研一・山本洋平・森田系太郎編『環境人文学Ⅰ　文化のなか

の自然』二三五－二四八、勉誠出版。
結城正美　二〇一八　「環境人文学」奥野克巳・石倉敏明編『Lexicon 現代人類学』二〇〇－三、以文社。
ユクスキュル、ヤーコプ・フォン　一九七三　「意味の理論」ユクスキュル／クリサート『生物から見た世界 新装版』日高敏隆・野田保之訳、新思索社。
湯本貴和　一九九九　『熱帯雨林』岩波新書。
吉川浩満　二〇一八　『人間の解剖はサルの解剖のための鍵である』河出書房新社。
吉本隆明　二〇一五　「生命について」『吉本隆明〈未収録〉講演集〈2〉心と生命について』七八－一一六、筑摩書房。
吉本隆明　二〇〇八［一九九七］「三木成夫『ヒトのからだ』に感動したこと」三木成夫『ヒトのからだ——生物史的考察』一七七－一八四、うぶすな書院。
レヴィ＝ストロース　一九八八　『現代世界と人類学』川田順造・渡辺公三訳、サイマル出版会。
レヴィ＝ストロース　二〇〇一　『悲しき熱帯Ⅱ』川田順造訳、中公クラシックス。
レヴィ＝ストロース／エリボン　一九九一　『遠近の思想』竹内信夫訳、みすず書房。
ワイズマン、アラン　二〇〇九　『人類が消えた世界』鬼澤忍訳、ハヤカワ・ノンフィクション文庫。
渡辺公三　二〇一八　『批判的人類学のために』言叢社。

参考文献（英文）

Ackerman, Dianne 2014 *The Human Age: The World Shaped by Us*. Headline Publishing Group.
Alegado, Rosanna A. and Nicole King 2014 "Bacterial Influences on Animal Origins", *Cold Spring Harbor Spring Perspectives in Biology* 2014; 6: a016162: 1-16.
Asdal, Kristin, Tone Druglitrø, Steve Hinchliffe(eds) 2016 *Humans, Animals And Biopolitics: The more-than-human*

condition. Routledge: London and New York.

Chakrabarty, Dipesh 2009 “The Climate of History: Four Theses”, *Critical Inquiry* 35: 197-222.

De La Cadena, Marisol 2015 *Earth Beings: Ecologies of Practice Across Andean Worlds*. Duke University Press: Durham and London.

Descola, Philippe 1996 “Constructing natures: symbolic ecology and social practice”, in Descola, Philippe and Gisli Palsson(eds.) *Nature and Society: anthropological perspectives*. pp.82-102, Routledge.

Descola, Philippe 2006 “Beyond Nature and Culture”, *Proceedings of the British Academy* 139: 137-141.

van Dooren, Thom 2010 “Pain of Extinction: The Death of a Vulture”, *Cultural Studies Review*, 16(2): 271-289.

van Dooren, Thom 2014 *Flight Ways: Life and Loss at the Edge of Extinction*. Columbia University Press: New York Chichester, West Sussex.

van Dooren Thom 2017 “Spectral Crows in Hawai’i: Conservation and the Work of Inheritance”, In Rose, Deborah Bird, Thom van Dooren, and Matthew Chrulew. Foreword by Cary Wolfe (eds.) *Extinction Studies: Stories of Time, Death, and Generations*. pp. 187-215, Columbia University Press.

van Dooren, Thom, Eben Kirksey and Ursula Münster 2016 “Multispecies Studies: Cultivating Arts of Attentiveness”, *Environmental Humanities* 8(1): 1-23.

Druglitro and Steve Hinchliffe(eds.) *Humans, Animals and Biopolitics: The more-than-human condition*. pp.136-51, Routledge.

Emmett, Robert S. and David E. Nye(eds.) 2017 *The Environmental Humanities: A Critical Introduction*. MIT Press: Cambridge, MA.

Fuentes, Agustin 2010 “Naturalcultural Encounter in Bali: Monkeys, Temples, Tourists, and Ethnoprimatology”, *Cultural Anthropology* 25(4): 600-624.

Garay, Gotzone 2006 *The Literature Review of Penan Religion*. UM Press.

Haraway, Donna 2016 *Staying with the Trouble: Making Kin in the Chthulucene*. Duke University Press.

Hartigan, Jr., John 2017 *Care of the Species: Races of Corn and the Science of Plant Biodiversity*. University of Minnesota Press.

Hartigan, Jr., John 2020 *Shaving the Beasts: Wild Horses and Ritual in Spain*. University of Minnesota Press.

Heise, Ursula K., Jon Christensen, and Michelle Niemann(eds.) 2017 *The Routledge Companion to the Environmental Humanities*. Routledge: London and New York.

Halowell, A. Irving 1960 "Ojibwa ontology, behavior and world view" in *Culture and History: Essays in Honor of Paul Radin*. Diamond, Stanley(ed.), pp.19-52, Columbia University Press.

Helmreich, Stefan 2009 *Alien Ocean: anthropological voyages in microbial seas*. University of California Press: Berkeley, Los Angeles, London.

Herman, David 2018 "Introduction: More-than-human Worlds in Graphic Storytelling", In Herman, David (ed.) *Animal Comics: Multispecies Storyworlds in Graphic Narratives*. pp.1-25, Bloomsburg Academic.

Hoag, Colin, Filippo Bertoni and Nils Bubandt 2018 "Wasteland Ecologies: Undomestication and Multispecies Gains on an Anthropocene Dumping Ground", *Journal of Ethnobiology* 38(1): 88-104.

Huxley, Thomas Henry 1894 *Man's Place in Nature and Other Essays*. Macmillan.

Ingold, Tim 1986 *Evolution and Social Life*. Routledge.

Ingold, Tim 1987 T*he Appropriation of Nature: Essays on Human Ecology and Social Relations*, University of Iowa Press.

Ingold, Tim 1996 "The Optimal Forager and Economic Man", In *Nature and Society*. pp.25-44.

Ingold, Tim 2000 *The Perception of the Environment: Essays on livelihood, dwelling and skill*. Routledge: London and New York.

Ingold, Tim 2004 "Beyond biology and culture. The meaning of evolution in a relational world", *Social Anthropology* 12(29).

Ingold, Tim 2013 "Anthropology beyond humanity", *Suomen Anthropology: Journal of the Finish Anthropological Society* 38(3): 5-23.

Ingold, Tim and Gisli Pálsson(eds.) 2013 *Biosocial Becomings: Integrating Social and Biological Anthropology*. Cambridge University Press.

Kirksey, Eben and Stephan Helmreich 2010 "Special Issue: Multispecies Ethnography". *Cultural Anthropology* 25(4): 545-687.

Jackson, Jr., John L. 2013 *Thin Description: Ethnography and the African Hebrew Israelites of Jerusalem*. Harvard University Press.

Jayl Langub 2001 Suket: *Penan Folk Stories*. Universiti Malaysia Sarawak.

Jayl Langub 2009 Failed Hunting Trip, Lightning, Thunder, and Epidemic. Paper Presented at the Seminar on "the Perceptions of Natural Disasters among the Peoples of Sarawak", IEAS, UNIMAS.

Jayl Langub 2011 "Making Sense of the Landscape: Eastern Penan Perspective", *Sarawak Museum Journal* 90: 79-126.

Kawa, Nicholas 2016 *Amazonia in the Anthropocene: People, Soils, Plants, Forests*. pp.17-8, University of Texas Press.

Kirksey, Eben (ed.) 2014 *The Multispecies Salon*. Duke University Press: Durham and London.

Kirksey, Eben, Costelloe-Kuehn, Brandon and Dorion Sagan 2014 "Life in the Age of Biotechnology", in Kirksey Eben(ed.) *The Multispecies Salon*. pp.185-220. Duke University Press: Durham and Landon.

Kirksey, Eben, Craig Schuetze, and Stefan Helmreich 2014 "Tactics of Multispecies Ethnography", Kirksey, Eben (ed.) *The Multispecies Salon*. pp. 1-24, Duke University Press: Durham and London.

Knighton, Mary A. 2018 "Invasive Species: Manga's Insect-Human Worlds", In Herman, David (ed.) *Animal Comics: Multispecies Storyworlds in Graphic Narratives*. pp.139-158, Bloomsburg Academic.

Kohn, Eduardo 2007 "How dogs dream: Amazonian natures and the politics of transspecies engagement", *American Anthropologist* 34(1): 3-24.

Lainé, Nicholas 2019 "Why did the Khamti not domesticate their elephants? Building a hybrid sociality with tamed elephants", in Stepanoff, Charles and Jean-Denis Vigne(ed.) *Hybrid Communities: Biosocial Approaches to Domestication and Other-Species Relationships*. pp.221-234, Routledge: London and New York.

Locke, Piers 2018 "Multispecies Ethnography", *The International Encyclopedia of Anthropology*. John Wiley & Sons, Ltd.

Lowe, Celia 2010 "Viral Clouds: Becoming H5N1 in Indonesia", *Cultural Anthropology* 25(4): 625-649.

Lowe, Celia and Ursula Munster 2016 "The Viral Creep: Elephants and Herpes in Times of Extinction," *Environmental Humanities* 8:1, pp. 118-142.

Lowe, Celia 2017 "Viral Ethnography: Metaphors for Writing Life", *RCC Perspectives* No. 1, p.91, Rachel Carson Center.

Melissa, J. Remis & Carolyn A. Jost Robinson 2020 "Elephants, Hunters, and Others: Integrating Biological Anthropology and Multispecies Ethnography in a Conservation Zone", *American Anthropologist* 122(3): 459-72.

Moore, Jason W. 2016 *Anthropocene or Capitalocene?: Nature, History and the Crisis of Capitalism*. PM Press/Kairos.

Needham, Rodney 2007 "Penan", In Sercombe, Peter and Bernard Sellato(eds.) *Beyond the Green Myths: Borneo's Hunter-Gatherers in the Twenty-First Century*. Nias Press.

Ogden, Laura A. Billy Hall and Kimiko Tanita 2013 "Animals, plants, people and things: a review of multispecies ethnography", *Environment and Society* 4(1): 5-24.

Plumwood, Val 2009 “Nature in the Active Voice”, *Australian Humanities Review* (http://australianhumanitiesreview.org/2009/05/01/nature-in-the-active-voice/)

Porter, Natalie 2013 “Bird flu biopower: Strategies for multispecies coexistence in Viet Nam”, *American Ethnologist* 40(1): 132-148.

Porter, Natalie 2017 “One Health, Many Species: Towards a multispecies investigation of bird flu” in Asdal, Kristin, Tone Rose, Deborah 2009 “Introduction: Writing in the Anthropocene”. (http://australianhumanitiesreview.org/2009/11/01/introduction-writing-in-the-anthropocene/)

Rose, Deborah Bird 2011 “Flying Fox: Kin, Keystone, Kontaminant”, *Australian Humanities Review* 50: 119-136.

Simun, Mirium 2014 Human Cheese, in Kirksey Eben(ed.) *The Multispecies Salon*. pp.135-144. Duke University Press.

Singer, Merrill 2014 “Zoonotic Ecosyndemics and Multispecies Ethnography”, *Anthropological Quarterly* 87(4), pp. 1279-1309.

Spottiswoode, C.N, K.S. Begg and C.M.Begg 2016 “Reciprocal signaling in honeyguide-human mutualism”, *Science* 353: 387-389.

Stepanoff, Charles and Jean-Denis Vigne 2019 Introduction, in Stepanoff, Charles and Jean-Denis Vigne(eds.) *Hybrid Communities: Biosocial Approaches to Domestication and Other-Species Relationships*. pp.1-20. Routledge: New York, London.

Reinert, Hugo 2016 “About a Stone: Some Notes on Geologic Conviviality”, *Environmental Humanities* 8: 95-117.

Takai, Ken, Toshitaka Gamo, Urumu Tsunogai, Noriko Nakayama, Hisako Hirayama, Kenneth H. Nealson and Koki Horikoshi 2004 “Geochemical and microbiological evidence for a hydrogen-based, hyperthermophilic subsurface lithoautotrophic microbial ecosystem (HyperSLiME) beneath an active deep-sea hydrothermal field", *Extremophiles* 8: 269–282.

Taylor, Affrica and Veronica Pacini-Ketchabaw 2015 "Learning with children, ants, and worms in the Anthropocene: towards a common world pedagogy of multispecies vulnerability", *Pedagogy, Culture & Society* 23(4): 507–529.

Tsing, Anna 2013 "More-than-Human Sociality: A Call for Critical Description", Kristen Hastrup (ed.) *Anthropology and Nature*. pp.27-42. Routledge: New York, London.

Tsing, Anna Lowenhaupt 2015 *The Mushroom at the End of the World: On the Possibility of Life in Capitalist Ruins.* Princeton University Press.

Viveiros de Castro, Eduardo 1998 Cosmological Deixis and Amerindian Perspectivism. *Journal of the Royal Anthropological Institute*, n.s. 4(3): 469-88.

奥野克巳（おくの・かつみ）

立教大学異文化コミュニケーション学部教授。1962年生まれ。20歳でメキシコ・シエラマドレ山脈先住民テペワノの村に滞在し、バングラデシュで上座部仏教の僧となり、トルコのクルディスタンを旅し、インドネシアを一年間経巡った後に文化人類学を専攻。1994~95年に東南アジア・ボルネオ島焼畑民カリスのシャーマニズムと呪術の調査研究、2006年以降、同島の狩猟民プナンとともに学んでいる。著作に、『モノも石も死者も生きている世界の民から人類学者が教わったこと』、『ありがとうもごめんなさいもいらない森の民と暮らして人類学者が考えたこと』、『マンガ人類学講義』など多数。共訳書に、エドゥアルド・コーン著『森は考える』、レーン・ウィラースレフ著『ソウル・ハンターズ』、ティム・インゴルド著『人類学とは何か』など。

絡《から》まり合《あ》う生命《せいめい》

人間《にんげん》を超《こ》えた人類学《じんるいがく》

2022年1月8日　第1版第1刷発行

著者　奥野克巳

発行者　株式会社亜紀書房

〒101-0051
東京都千代田区神田神保町1-32
電話(03)5280-0261
振替00100-9-144037
https://www.akishobo.com

装幀　五十嵐 徹（芦澤泰偉事務所）

本文イラスト　にしざかひろみ

DTP　コトモモ社

印刷・製本　株式会社トライ
https://www.try-sky.com

Printed in Japan
ISBN978-4-7505-1724-7　C0010

奥野克巳の本

モノも石も死者も生きている世界の民から人類学者が教わったこと

ありがとうもごめんなさいもいらない森の民と暮らして人類学者が考えたこと

吉村萬壱・伊藤亜紗との共著

ひび割れた日常——人類学・文学・美学から考える

コロナ禍をどう読むか
——16の知性による8つの対話

奥野克巳・近藤祉秋・辻陽介編

森は考える——人間的なるものを超えた人類学

エドゥアルド・コーン著
奥野克巳・近藤宏監訳／
近藤祉秋・二文字屋脩共訳

ソウル・ハンターズ
——シベリア・ユカギールのアニミズムの人類学

レーン・ウィラースレフ著
奥野克巳・近藤祉秋・古川不可知訳

人類学とは何か

ティム・インゴルド著
奥野克巳・宮崎幸子共訳

いかもの喰い——犬・土・人の食と信仰

山田仁史著

食と健康の一億年史

スティーブン・レ著／大沢章子訳

生き物を殺して食べる

ルイーズ・グレイ著／宮﨑真紀訳

失われた宗教を生きる人々——中東の秘教を求めて

ジェラード・ラッセル著
臼井美子訳／青木健解説

人喰い——ロックフェラー失踪事件

カール・ホフマン著
奥野克巳監修・解説／古屋美登里訳

野生のごちそう――手つかずの食材を探す旅

ジーナ・レイ・ラ・サーヴァ著
棚橋志行訳

【新装版】森の探偵――無人カメラがとらえた日本の自然

宮崎学著
小原真史 文・構成

「シェルパ」と道の人類学

古川不可知著

コレスポンデンス【近刊】

ティム・インゴルド著／奥野克巳訳

教育と（しての）人類学【近刊】

ティム・インゴルド著／古川不可知訳